金融衍生品系列丛书

中国期货业协会◎编

DERIVATIVES

# 场外衍生品

（第二版）

中国财经出版传媒集团
中国财政经济出版社

**图书在版编目（CIP）数据**

场外衍生品／中国期货业协会编．--2版．--北京：中国财政经济出版社，2020.3

（金融衍生品系列丛书）

ISBN 978-7-5095-9596-1

Ⅰ.①场…　Ⅱ.①中…　Ⅲ.①金融衍生产品-基本知识　Ⅳ.①F830.95

中国版本图书馆CIP数据核字（2020）第029206号

责任编辑：贾延平　　　　责任校对：李　丽

封面设计：陈宇琰

中国财政经济出版社 出版

**URL**：http：//www.cfeph.cn

E-mail：cfeph@cfeph.cn



社址：北京市海淀区阜成路甲28号　邮政编码：100142

营销中心电话：010-88191537

北京时捷印刷有限公司印刷　各地新华书店经销

787×1092毫米　16开　16印张　309 000字

2020年5月第2版　2021年8月北京第2次印刷

定价：48.00元

ISBN 978-7-5095-9596-1

（图书出现印装问题，本社负责调换）

本社质量投诉电话：010-88190744

**打击盗版举报热线：010-88191661　QQ：2242791300**

# 序

20世纪70年代初期，随着布雷顿森林体系解体，汇率、利率等基础金融要素价格的波动加剧，企业与金融机构面临的风险骤然增加，金融市场脆弱性暴露更加明显。为了更充分、更平稳、更持续地发挥金融市场的功能，降低金融脆弱性累积带来的负面影响，外汇期货、国债期货以及股指期货等一系列金融风险管理工具应运而生。

40多年的发展实践表明，外汇期货、利率期货、股指期货等金融期货产品已经成为管理金融风险最基础、最高效的市场化工具，不仅对化解金融风险、避免市场脆弱性的积累具有重要意义，在全球金融定价体系的重构中也发挥了巨大作用，有效增强了金融服务实体经济的能力和效率。目前，金融衍生品的风险管理功能已得到全球主要经济体的广泛认可，已成为全球多层次资本市场体系中不可缺少的重要组成部分。据统计，2018年，在全球场内衍生品总成交量中，金融期货与期权成交量占比达到80%。其中，股票指数类、个股类、利率类、外汇类衍生品分别占33.67%、19.89%、13.12%、11.24%。

近年来，随着我国资本市场规模不断扩大，基础制度建设稳步推进，各项法律法规日益完善，我国的衍生品市场结合中国实际，借鉴国际成熟市场经验，也在逐步起步发展，并努力做好“一个扩面、两个加深”工作。“一个扩面”，就是扩大期货和衍生品对基础资产的覆盖面，加大产品供给，让资产定价和风险缓释的市场功能惠及更多行业、更广领域。2010年4月，我国坚定推出沪深300股指期货，标志着我国资本市场改革发展又迈出了全新的一大步，对完善资本市场体系具有重要而深远的意义。此后，上证50股指期货、中证500股指期货、5年期国债期货、10年期国债期货、2年期国债期货陆续上市，产品体系不断完善。“两个加深”，一是深化发展产品类型，每一类基础资产，既要有期货，又要有期权，满足不同的投资交易和风险管理需求。2019年12月23日，我国第一只股指期权品种——沪深300股指期权在中国金融期货交易所上市，这是资本市场供给侧结构性改革的崭新成果，是金融衍生品市场创新发展的全新尝试。二是深化投资者参与。既要培育和发展国内的产业和机构投资者，也要吸引境外投资者广泛参与我国期货市场。2020 年 2 月 14 日，中国证监会与财政部、中国人民银行、中国银保监会联合发布公告，符合条件的试点商业银行和具备投资管理能力的保险机构，可按照依法合规、风险可控、商业可持续的原则，参与中国金融期货交易所国债期货交易。这不仅可以优化投资者结构，完善市场生态，还有利于通过交易者充分博弈完善价格形成机制，提升市场运行质量，促进市场稳定运行。

现阶段，我国衍生品市场运行秩序平稳、风控有效，服务现货市场的各项功能逐步发挥，积极作用日益显现。2019 年，我国金融期货市场总成交量 0.664 亿手，累计成交金额 69.62 万亿元，同比分别增长 144.12% 和 166.54%，成交量和成交额占我国期货市场比重分别为 1.69% 和 24.06%。

人才是行业发展的核心要素。与金融期货的发展前景和市场需求相比，我国急需培养金融衍生品方面的专业人才，也需要普及金融衍生品方面的专业知识。目前，不仅普通投资者对外汇期货、金融期权、场外衍生品、结构化产品这些专业知识比较陌生，期货业内的从业人员也缺少系统和全面的知识储备。同时，金融衍生品是一把“双刃剑”，它能促进国民经济发展，但是如果运用不当，也会反受其害。纵观世界各国，金融衍生品市场的建设与发展都不是一帆风顺的。我国金融衍生品市场应始终将风险防范放在第一位，从全面深化资本市场改革大局出发，扎实做好市场监管和风险防范工作。要大力开展投资者教育和宣传普及工作，帮助实体企业、金融机构以及各类投资者加深对金融期货及衍生品规则和风险的认识，引导他们理性、有序参与和正确利用金融衍生品市场，逐步培育成熟的市场参与者队伍。

基于此，中国期货业协会推出《金融衍生品系列丛书》，一方面为期货从业人员提供了一套成体系的衍生品知识工具书，为我国金融衍生品市场尽一份微薄之力；另一方面帮助广大普通投资者了解金融衍生品的应用，使他们理性参与市场。希望这套丛书在金融衍生品的功能宣传和投资者教育方面发挥积极作用。

**中国期货业协会**

2020 年 3 月

# 前　言

从全球发展历程来看，金融期货市场是市场经济发展到一定阶段的产物，是现代金融体系不可或缺的重要组成部分。从世界范围看，金融期货在整个期货市场占据重要位置。一般来讲，期货市场中90%都是金融期货，剩下的10%是商品期货。随着我国利率、汇率市场化改革的不断推进，股指期货、国债期货以及股指期货期权陆续推出，以金融期货为代表的金融衍生品市场在整个国民经济发展中的重要性日益凸显，为各类市场参与者提供了基础的风险管理工具，提升了现货市场运行效率和资源配置效率。

2013年，中国期货业协会组织编写了《金融衍生品系列丛书》，旨在普及金融衍生品方面的专业知识，为期货业内及相关领域从业人员提供专业的参考书，帮助中小投资者了解金融衍生品市场，树立风险意识，理性参与期货交易，同时为金融衍生品方面专业人才的培养做出了努力。作为期货市场上第一套全面介绍金融衍生品理论与实操的权威性书籍，《金融衍生品系列丛书》一经面世，便受到了业内的广泛好评。随着国内外金融衍生品市场的不断发展，金融期货期权品种不断丰富，金融法律法规环境发生变化，《金融衍生品系列丛书》的部分理论、实操案例、数据已比较陈旧，故中国期货业协会再次组织了丛书的修订工作，形成了新版丛书。概括起来，本套丛书的特点如下：

一是新版丛书体系更加完整。全套丛书以金融衍生品的产品大类为主线，分为七册，即《股指期货（第二版）》《国债期货（第二版）》《外汇期货（第二版）》《场外衍生品（第二版）》《金融期权（第二版）》《结构化产品（第二版）》和《金融衍生品习题集（第二版）》，基本上包括了当今国际金融衍生品市场的主要品种。为了帮助读者加深理解，学懂弄通，方便自己测试及检验，特更新了配套习题集。

二是通俗易懂，可读性强。新版丛书依然力图通俗易懂，在语言表达上力求清晰、准确、深入浅出，还辅以“小贴士”“延伸阅读”等内容以增加信息量、可读性和阅读趣味性，更利于读者扩展金融衍生品相关内容的知识面。

三是案例丰富，操作性强。新版丛书的编写更强调案例与习题的重要性，要求对基本原理与公式都通过案例加以说明，一些应用公式的推导、使用方法，也要通过对习题讲解和运算来使读者深刻领悟。在实务操作层面，丛书重点讲清楚了各类投资者及相关企业如何利用这些衍生工具，将金融衍生品知识与金融机构或实体企业的投资与经营相结合。与风险管理相结合是新版丛书的一个突出特点。

本次修订工作得益于中国期货业协会“期货投资者教育专项基金”的设立。自2009年这一公益性基金运作以来，中国期货业协会在出版、拍摄制作投资者教育产品和组织投资者教育活动方面得到了该基金的大力支持，一大批投资者教育产品投放市场，获得了业内和广大投资者的高度评价。新版《金融衍生品系列丛书》的修订工作和出版发行同样是在该基金的资助下完成的。在此，我们特别感谢中国证监会有关部门对中国期货业协会投资者教育工作及本套丛书的指导和支持。

最后，衷心希望新版《金融衍生品系列丛书》能够为金融衍生品市场的参与者了解金融衍生品市场、树立风险意识、理性参与交易提供有益帮助，也祝愿中国金融衍生品市场充分发挥功能作用，更好地服务于实体经济。

《金融衍生品系列丛书》编委会

2020年3月

# 目　录

# 第一章　场外衍生品概述

**本章要点**

> 本章首先介绍了衍生品以及场外市场的基本情况，讨论场外市场的主要参与者以及如何使用这些衍生品，其次介绍了我国场外衍生品的发展状况。在以后的章节中，我们将按照不同的品种进行更加详细的讨论。

## 一、什么是衍生品？

很多人听到金融衍生品，可能会认为它是复杂、晦涩、难懂的金融工具，其实它是很多金融工具的统称，许多常见的衍生品也是非常简单、易懂的，并且已经交易上百年了。衍生品的英文为“derivatives”，翻译过来就是派生的、衍生的意思，即这些衍生品的价值是由其他资产或者利率、指数等其他变量（称为标的资产，Underlying Asset）确定的，随着标的资产的变化而变化。经济合作与发展组织（OECD）给出的衍生品的定义是：“衍生交易是一份双边合约或支付交换协议，它们的价值是从基本的资产或某种基础性的利率或者指数上衍生出来的。衍生交易依赖的基础包括利率、汇率、商品、股票及其他指数。”

## 二、常见的衍生品有哪些?

在国际上，衍生品的种类很多，而且由于不断的金融创新活动，还在推出越来越多的新品种。

### (一) 按照金融产品的形态分类

按照金融产品的形态来划分，常见的衍生品有远期、期货、互换、期权、资产支持证券、信用衍生品等。

1. 远期 (Forwards/Forward Contract)。远期合约是指交易双方约定在未来的某一确定时间，以确定的价格买卖一定数量的某种金融资产的合约。远期于20世纪80年代初兴起，最早是作为一种套期保值的工具。交易双方需要确定交易的标的物、有效期和交割时的执行价格等内容，双方都必须履行协议。一般来说，双方协议确定合约的各项条款，其合约条件是为买卖双方量身定制的，满足了买卖双方的特殊要求，通常通过场外交易 (OTC) 市场达成。

2. 期货 (Futures)。期货与远期比较类似，也是在未来某一特定时间、以某一特定价格、买卖某一特定数量和质量的资产，但期货合约是期货交易所制定的标准化合约，对合约到期日及其买卖的资产的种类、数量、质量做出了统一规定。期货交易指的是在交易所内或通过交易所交易系统进行的期货合约买卖交易。

期货是从现货远期交易发展而来的，随着现货远期交易范围的扩大，交易日益复杂化，需要有中间人来担保，以便监督买卖双方按期交货和付款，于是世界上第一家商品远期合同交易所——皇家交易所于1571年在英国伦敦成立。后来随着经济的不断发展、运输和储存条件的改善及合约转手买卖需求的增加，1865年芝加哥谷物交易所推出第一个被称为“期货合约”的标准化协议。之后，随着保证金制度的推出，允许以对冲方式免除履约责任等制度的改革，提高了期货的流动性，逐步形成了现代期货交易机制。

3. 互换 (Swaps)。互换是指交易双方商定在未来的一段时间内彼此相互交换某种资产的金融交易。较为常见的互换是利率互换合约和货币互换合约。互换最早源于“背对背”贷款。例如，一家法国的银行向一家美国的银行贷出5年期的欧元贷款，利率为5%，而这家美国的银行反过来向这家法国的银行贷出一笔等值的5年期美元贷款，利率为4%。本质上讲，两家银行交换了本金和利息，即法国银行按照固定汇率以一定量的欧元换取了一定量的美元，可以看作一系列的外汇远期交易，其现金流与货币互换一致，这种背对背贷款在20世纪70年代很盛行，正式的货币互换是1981

年出现的，之后有了利率互换、货币利率混合互换等。

4. 期权（Options）。期权是一种选择的权利，即买方能够在未来的特定时间或者一段时间内按照事先约定好的价格买入或者卖出某种约定好的商品的权利。给予期权买方（或持有者）购买或出售标的资产的权利，期权持有者可以在规定的时间内选择买或者不买、卖或者不卖，就是说，可以行使该权利，也可以放弃该权利，而期权的卖出者则负有相应的义务，当持有者行使权利时必须按照指定的价格买入或者卖出。期权有在交易所交易的，这种交易是标准化的合同，也有在柜台市场交易的，它由交易双方协商确定合同的要素，签订非标准化的合同，满足交易双方的特殊需求。

5. 信用衍生品（Credit Derivatives）。根据国际互换和衍生品协会（ISDA）的定义，信用衍生品是用来分离和转移信用风险的各种工具和技术的统称，主要指以贷款或债券的信用状况为基础资产的衍生金融工具。具体来说，信用衍生品，是指信用衍生品交易双方签订的一项金融性合约，该合约允许信用风险从其他风险中分离出来，并从交易的一方转移至另一方。

信用衍生品主要包括信用互换、信用期权、信用远期和信用联系票据等。它实际上是在互换、期权交易和证券市场发展比较成熟的基础上开发出来的一种复合金融衍生品，可以看作基础性的衍生品在信用风险管理中的具体应用，其实质是对传统金融衍生品的再造，赋予其管理信用风险的新功能。

### （二）按照标的资产的不同分类

衍生产品按照标的资产的不同可以划分为利率、汇率、股权、信用和商品五大类。其中，利率类产品又分为以短期存款利率为代表的短期利率产品和以长期债券利率为代表的债券产品；股权类产品也可以按照股票和股票指数来划分。综上所述，衍生产品的分类见表1－1。

**表1－1　　衍生产品的分类**

| 对象 | 标的资产 | 金融衍生品 |
|---|---|---|
| 利率 | 短期存款 | 利率期货、利率远期、利率期权、利率互换等 |
| | 长期债券 | 债券期货、债券期权等 |
| 股票 | 股票 | 股票期货、股票期权等 |
| | 股票指数 | 股票指数期货、股票指数期权等 |
| 货币 | 货币 | 现汇保证金交易、货币远期、货币期货、货币期权、货币互换等 |
| 商品 | 商品 | 商品远期、商品期货、商品期权、商品互换等 |
| 信用 | 信用相关工具 | 信用违约互换、总收益互换、信用联系票据、信用利差期权等 |

## 三、场外衍生品市场是如何运转的?

场外衍生品市场的发展是一个不断演进的过程，如今的场外衍生品市场的主要参与者由投资者、交易商、第三方清算机构（中央对手方，即CCP）以及监管方和自律组织四个主体组成。由于场外衍生品市场是一个分散化的、没有固定交易场所的市场，且各个市场也存在差异，整体来看通常有以下三种组织方式。

### （一）传统的交易商（Dealer）市场——双边协商

传统的场外衍生品市场通常由一个或多个交易商（Dealer）组成，这些交易商相当于做市商，为市场参与者提供买卖报价。虽然通过电子报价板可以提高交易商报价的效率，但是，报价和协商实际交易的价格往往还是通过电话来确定。由于无论是交易商之间还是交易商与终端客户之间，都是通过电话完成交易的，整个流程仅有两个市场参与者直接参与，这类市场被称为双边交易市场。

虽然从监管的角度来看，双边交易在交易的便利性上不如多边市场，但实际上整个市场的运作是高效的，交易商与其他交易商以及主要客户之间通常会有电话专线，可以很快地向多家交易商询价，以便了解整个市场的情况。

交易商把客户的需求聚集在自己的柜台，然后与交易双方或者在批发市场中进行搭配交易，赚取交易差价。

上面所述的交易过程如图1-1所示。

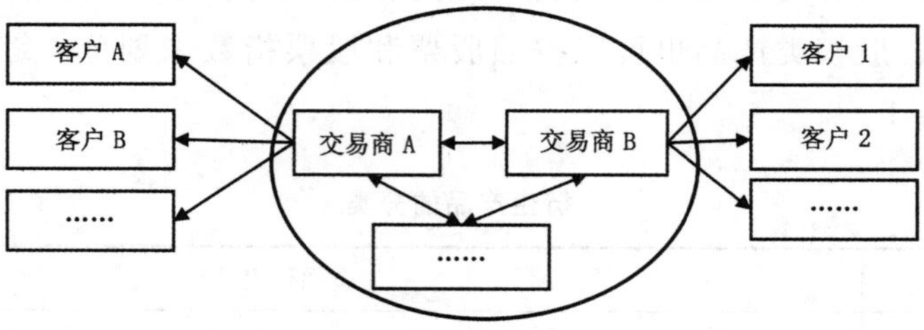


图1-1 传统交易商市场交易示意图

### （二）电子经纪市场

如今，场外交易市场的交易方式更加多样化，一些场外市场可以通过电子经纪平台（类似于交易所的电子交易平台）公开竞价交易，交易商更类似于一个经纪商

(Broker)[①]，本身不进行交易，不持有任何头寸，构成了类似于交易所的多边交易环境。交易商把客户的需求递交至电子经纪平台，进行公开竞价交易，交易商从中赚取手续费。电子经纪市场交易见图 1－2。

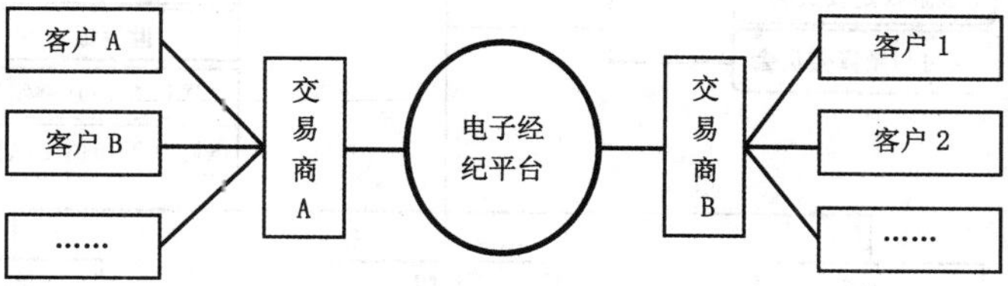


图 1－2 电子经纪市场交易示意图

**（三）混合模式**

一些场外市场将传统做市模式与电子经纪平台相结合，交易商建立了自己的电子交易平台，交易商既是经纪商又是做市商，称为经纪自营商（Broker-Dealer）[②]。其独自在电子交易平台上提供买卖报价，市场的参与者都与该交易商交易，这就构成了单向多边市场。这个市场是单向的，只有交易商的报价是可以看到的，市场上所有的参与者只能与交易商进行交易。交易商在电子交易平台上提供买卖报价，客户通过电子交易平台与交易商交易。混合模式市场交易见图 1－3。

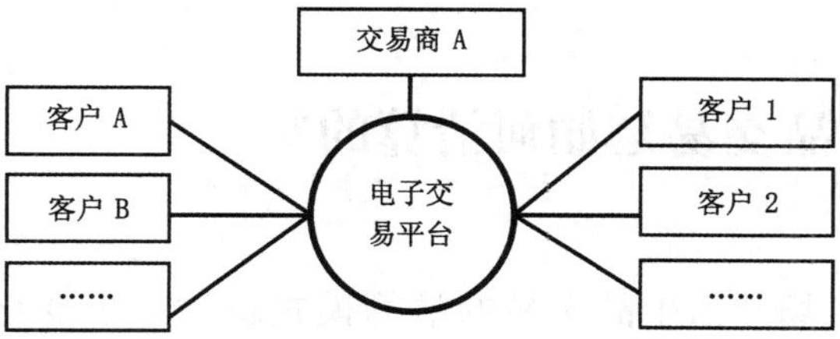


图 1－3 混合模式市场交易示意图

由于历史原因和市场发达程度的差异，各国对衍生品市场的监管模式并不相同。2008 年金融危机之前，场外衍生品的监管以行业自律为主导，官方监管和国际组织监管合作补充，形成了一个宽松、有弹性的监管体系。在行业自律方面，国际上通过国际掉期与衍生品协会（ISDA）制定了相关文件，各国一般都设有类似的行业自律组织，引导市场发展。

2008 年金融危机爆发以来，场外衍生品市场备受争议，包括美国、欧盟在内的各个国家和经济体在意识到需要进行金融监管之后，便着手重塑金融监管体系（见图

---

① 经纪商（Broker）：个人或者企业为投资者递交买卖报单并收取一定的费用或者佣金。

② 经纪自营商（Broker-Dealer）：个人或者企业在交易中买卖证券，既可以作为经纪商为客户成交，也可以作为自营商，这些都取决于交易情况。

1-4)，特别是场外衍生品市场监管体系。

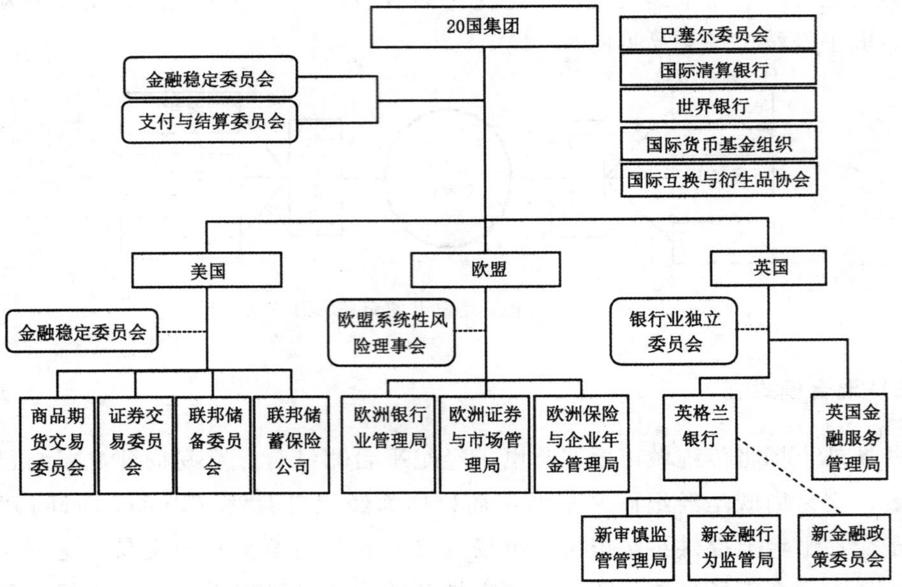


图1-4　欧美金融监管新框架

资料来源：中国银行间市场交易商协会：《中国场外金融衍生品市场发展报告（2010）》。

## 四、场外衍生品交易是如何清算的？

随着市场的发展，场外衍生品交易的清算模式也发生了变化。目前，场外衍生品清算主要有三种模式：非标准化双边清算、标准化双边清算、中央对手方清算。

### （一）非标准化双边清算模式

场外衍生品市场发展的优势在于可以根据投资者的不同需求设计不同的产品，满足投资者个性化的风险管理、投资等需求。早期的场外衍生品市场的交易是在两个交易方之间完成的，或在第三方信用机构的协助下完成，往往采用非标准化的双边清算（见图1-5）。交易双方仅凭各自的信用或者第三方信用作为履约的担保，因而面临巨大的信用风险，特别是进行多笔交易时则更要承担多个对手的信用风险。

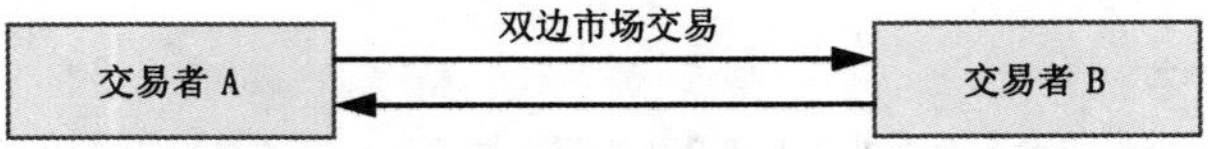


图1-5　非标准化双边清算模式下的市场结构

### （二）标准化双边清算模式

非标准化、高度定制化的衍生品交易虽然在满足个性化需求方面有优势，但由于合约的高度定制化使交易者在提前退出时比较困难，且在合约签署前的谈判细节上需要耗损大量的时间，这就增加了企业的运营成本和时间成本。20 世纪 80 年代开始，以互换为代表的场外衍生品快速发展起来。随着企业参与度的深化，违约的连锁放大风险不断累积，整个市场充满极大的系统性风险。国际掉期与衍生品协会（ISDA）在 1987 年发布了 ISDA 主协议，将场外衍生品合约的内容进行标准化处理，减少了交易双方的谈判时间和起草协议的法律风险，降低了法律成本。另外，在定制的基础上引入标准化元素，方便交易双方净额结算，降低交易成本，即当交易双方不止一笔交易而是一系列交易时，盈亏可以相互抵销，按照净额进行结算即可。还有，增加的抵押金的措施，可降低交易双方的违约风险，提高市场效率。

由于交易者长久以来形成的习惯，ISDA 主协议的应用并不广泛，直到 20 世纪 90 年代，新英格兰银行等多家金融企业相继破产和倒闭，引起了市场信用风险集中爆发后 ISDA 主协议才开始真正意义上的普及，推动了以做市商为核心的标准化双边清算模式的发展。ISDA 主协议成为市场主流，使做市商能够方便地对冲风险，从而可以为市场提供流动性，赚取信用利差。做市商一般为大型的商业银行或者投资银行，以自身的良好信用作为担保，为投资者提供合适报价。清算模式也变为标准化的双边清算模式。标准化双边清算模式下的市场结构见图 1－6。

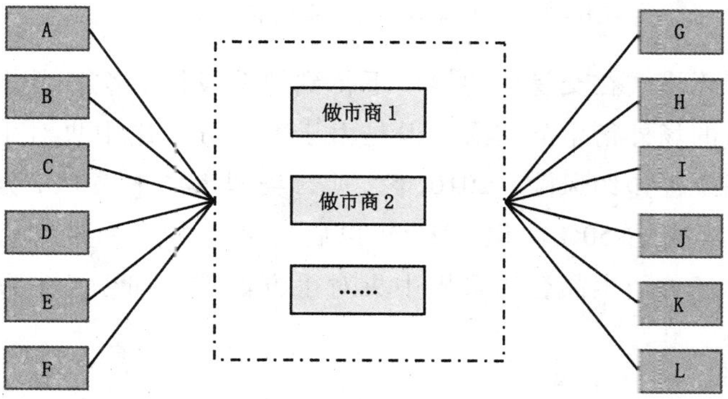


图 1－6　标准化双边清算模式下的市场结构

### （三）中央对手方清算模式

以做市商为核心的标准化双边清算模式并没有消除交易者之间的信用风险，而是将信用风险集中在做市商身上。做市商一般是资金实力雄厚、规模大、信誉好的机构，违约风险较低，但是如果做市商本身违约，则会给市场带来毁灭性的冲击。2001 年的安然破产事件为整个场外衍生品市场敲响了警钟。安然的破产使得市场中大量的交易者受到牵连，标准化双边清算模式的缺陷暴露出来。

2002年，纽约商业交易所（NYMEX）和洲际交易所（ICE）宣布以其清算所作为场外衍生产品的中央对手方（Central Counter Party，CCP），市场开始步入中央对手方清算模式，即“场外交易，场内清算”。

中央对手方清算模式的核心是合约替换，即清算所作为中央交易对手为场外合约进行统一清算。清算所作为交易双方的法定对手方，原来的场外成交合约就转化为两张与中央对手方（CCP）的清算型合约。中央对手方清算模式与做市商在性质上有相似之处，但最大的区别在于中央对手方永远不承担交易风险，而做市商则需要在市场上寻找相反交易方向的交易者来对冲风险。中央对手方清算模式下的市场结构见图1-7。

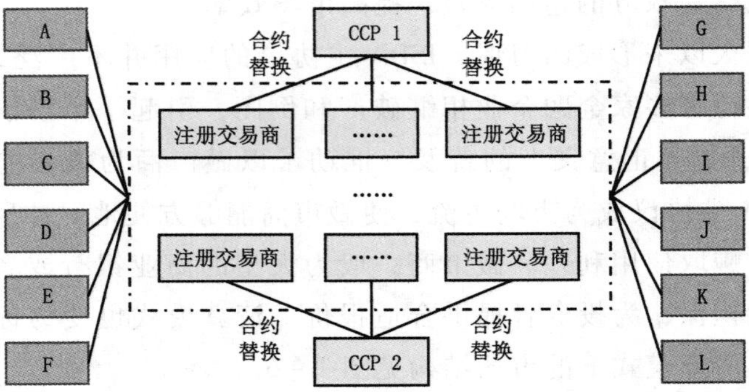


图1-7　中央对手方清算模式下的市场结构

中央对手方清算模式在交易所的推动下得到快速发展。次贷危机爆发时，尽管雷曼兄弟参与了大量的场外衍生品交易，但是由于大部分采用中央对手方清算模式，其破产并没有引发系统性违约风险。2010年之前，美国市场中央对手方清算模式与标准化双边清算模式几乎各占50%。但2010年以后，以《多德-弗兰克法案》为代表的监管法律强制要求场外衍生品合约采用中央对手方清算。如今，中央对手方清算模式已经占据绝对优势。

**什么是中央对手方？**

中央对手方（Central Counter Party，CCP），是指在证券交割过程中，以原始市场参与人的法定对手方身份介入交易结算，充当原买方的卖方和原卖方的买方，并保证交易执行的实体，其核心内容是合约更替和担保交收。合约更替，是指买卖双方的原始合约替换为买方与CCP之间的合约以及卖方与CCP之间的合约，原始合约随之撤销。担保交收，是指CCP在任何情况下必须保证合约的正常进行，即便买卖中的一方不能履约，CCP也必须首先对守约方履行交收义务，然后再向违约方追究违约责任。CCP的清算模式有点类似于做市商制度，它并没有把信用风险化解，而是将信用风险集中到CCP身上，一旦CCP本身发生问题，则整个市场都会受到巨大的打击。CCP一般是各大交易所旗下的清算所，实力雄厚，风险控制能力强，风险爆发的概率很低。CCP广泛应用于场内衍生品交易，已经建立了一套成熟的风险控制体系，比较常见的是设立高标准的会员制度，建立多层防护的风险缓冲池。图1－8是典型的CCP的风险控制体系。

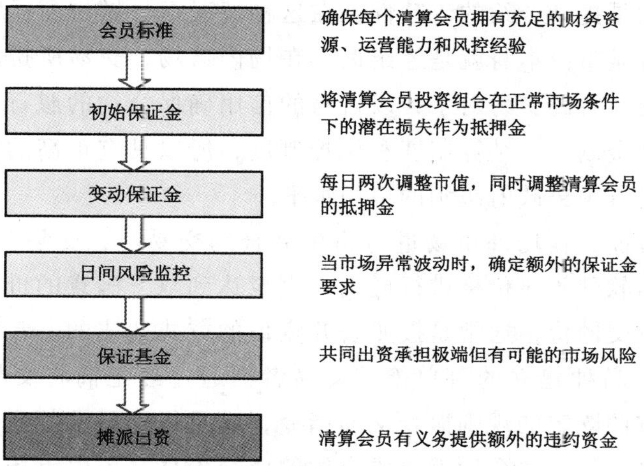


图1－8　中央对手方风险控制体系

## 五、场外市场与场内市场有什么不同?

场外市场，也称为柜台交易市场（Over－the Counter，OTC），最早源于银行兼营股票买卖业务，在柜台向客户出售股票，是最古老的证券交易市场。如今的OTC市场已不是传统意义的柜台交易市场，而是指交易者通过私下直接议价的交易方式进行交易的场所，与交易所的集中交易方式有区别。场内市场，又称为交易所市场（Exchange－Traded Derivatives，ETD），是指所有的供需方集中在固定的场所（交易所）进行竞价交易。交易所作为交易中间方，收取交易保证金并承担履约担保。可以看到，场外市场通常是分散的、无形的交易市场，而场内市场则是具有固定交易场所的市场。在电子化交易时代，场内市场的固定交易场所体现为证券或期货交易所建设或指定计算机服务器网络，各类市场参与方必须按照交易所制定的规则接入指定的计算机服务器网络进行交易或者开展相关事宜。

在交易组织形式方面，场外市场通常采用双边协商或者做市商模式，场内市场则通常采用经纪商模式。场外市场的双边协商模式是指衍生品合约主要条款通常由双方协商确定，具有很高的自由度；而在做市商模式中，做市商会对一些常见的衍生品合约进行报价，也回应客户基于自身需求而拟定的合约的询价，在价格协商一致的基础上达成交易。场内市场的经纪商模式是指经纪商作为交易所的会员，接受客户关于买卖交易所上市的衍生品合约的委托指令并进行交易。在电子化交易时代，客户通常在经纪商那里开立必要的交易账户和资金账户，并通过经纪商指定的软件平台将交易指令下达交易所进行交易。场内市场在某些情况下也针对特定的衍生品合约而引入做市商制度，主要目的是提高合约的流动性。在这种情况下，做市商通常也必须经过经纪商进行交易，或者做市商本身就是经纪商。在场内市场，交易所扮演中央对手方的角色，即充当所有交易者的交易对手，以自身的信用确保合约的履行。交易所通常采用了较为严格的保证金制度、结算制度和风控制度，所以具有很高的信用水平，在某些国家和地区甚至具有中央政府级别的信用水平。

在定价方式方面，在场外市场进行衍生品合约交易时，交易双方可以通过电话、邮件或者即时通信软件等对价格进行磋商，直至达到双方满意的价格并成交，而在场内市场，交易和成交的价格通常是按照公开竞价的方式达成的。常见的模式是交易所针对每一个衍生品品种建立的订单簿，交易者则通过经纪商将交易指令下达给订单簿，而交易所则按照既定的规则撮合交易指令，满足规则要求的指令则成交，否则留在订单簿直至收盘。指令撮合后就形成合约的成交价格。场内市场常用的指令撮合规则是“价格优先、时间优先”。

在衍生品合约类型方面，场外市场通常交易非标准化的合约，即合约的主要条款由交易双方协商确定，如合约标的、交易量、交割时间、结算方式等，常见的衍生品种类是远期合约和互换合约，也有期权合约，尤其是奇异期权合约。而场内市场交易的都是标准化的合约，即合约的主要条款已经由交易所确定，对所有交易者都相同，交易者只需报出价格或者接受价格即可进行交易。场内市场交易的衍生品类型以期货合约和普通期权为主，一些标准化程度很好的利率互换也逐渐在场内市场进行交易。

在市场参与者方面，场外市场类似于批发市场，交易者通常是大型的企业机构、投资基金或者金融中介机构。其中，金融中介机构内部有各种类型的部门，有的部门充当场外市场做市商，有的部门或者接受客户委托进行交易，或者主动进行交易。个人投资者或者信用级别较低的机构通常难以参与甚至不具备资格参与场外市场的交易。而在场内市场，交易者类型更加多样化，个人投资者或者中小客户所占的比例通常较高。

## 六、什么是场外衍生品交易主协议？

国际掉期与衍生品协会（International Swaps and Derivatives Association，ISDA）成立于 1985 年，主要致力于促进场外衍生品市场高效、稳健地发展。ISDA 建立了强大的金融监管框架，目的在于降低交易对手的信用风险，增加市场透明度。

ISDA 是全球规模和影响力最大、最具权威性的场外衍生品的行业组织，目前，有来自 71 个国家的 900 多个机构会员，包括全球大部分从事场外衍生品交易的企业、投资公司、保险公司、政府及国际组织、能源和大宗商品类企业、国际和地区性银行等，其所建立的整套标准化文件已经成为国际衍生品市场的基础性制度安排和交易的重要发展平台。

场外衍生品的重要特征之一就是产品的非标准化，非标准化协议的协商和制定相当复杂，会极大地阻碍衍生品的交易，这促使交易者尽可能地寻求标准化。衍生品交易主协议（ISDA Master Agreement）极大地降低了市场参与者的风险，减少了交易所需的时间与成本，提高了市场运作的效率，对衍生品市场的迅速发展起到了非常重要的作用。

### （一）ISDA 协议的整体框架

ISDA 协议是国际掉期与衍生品协会（ISDA）为国际场外衍生品交易提供的标准协议文本及其附属文件，目前已经成为全球金融机构签订场外衍生品交易的协议范本。ISDA 协议包括主协议（Master Agreement）、交易定义协议（Definitions）、信用支持文件（Credit Support Annex，CSA）。其中，最为重要、应用最广泛的是主协议。

ISDA 主协议包括主协议正文、主协议附件（Schedule）和交易确认书（Transaction Confirmations）。

ISDA 主协议对合约提前结束、抵押金、交易确认、定期现金重置、净额结算等各个方面进行了规定。这些规定是一个单一协议的标准框架，可以减少交易双方的谈判时间，减少协议起草的法律风险，降低法律成本，减少协议中术语的误解，增加协议的全面性，切实提高市场的运作效率，降低市场的整体信用风险。

在开展场外衍生品交易之前，交易双方需就正文部分签署意见，就协议中各项条款达成一致，明确交易可能涉及的所有内容和双方的权利、义务。

主协议签署后，每次交易只需对价格、数量等具体条款进行谈判并签订协议附件和交易确认书。附件的作用是让交易双方对主协议的条款进行修改与补充，以适应双方当事人之间的特定交易情形。当附件内容与主协议不一致的时候，以附件为准。

交易确认书需要对主协议项下每项具体交易的交易条款进行确认，是每笔交易中最重要的法律文件，当确认书内容与主协议、附件不一致的时候，以交易确认书为准。

值得注意的是，主协议的此种制度安排使得每项交易并不构成当事人双方之间的独立合同关系，而仅是在主协议这一合同关系下的一笔交易，因此每份交易确认书中都会说明主协议条款适用于该交易。

目前，ISDA 主协议有 1987 年、1992 年和 2002 年三个版本，最常用的是 1992 年和 2002 年的版本。ISDA 协议的整体框架如图1－9所示。ISDA 主协议文件见表 1－2。

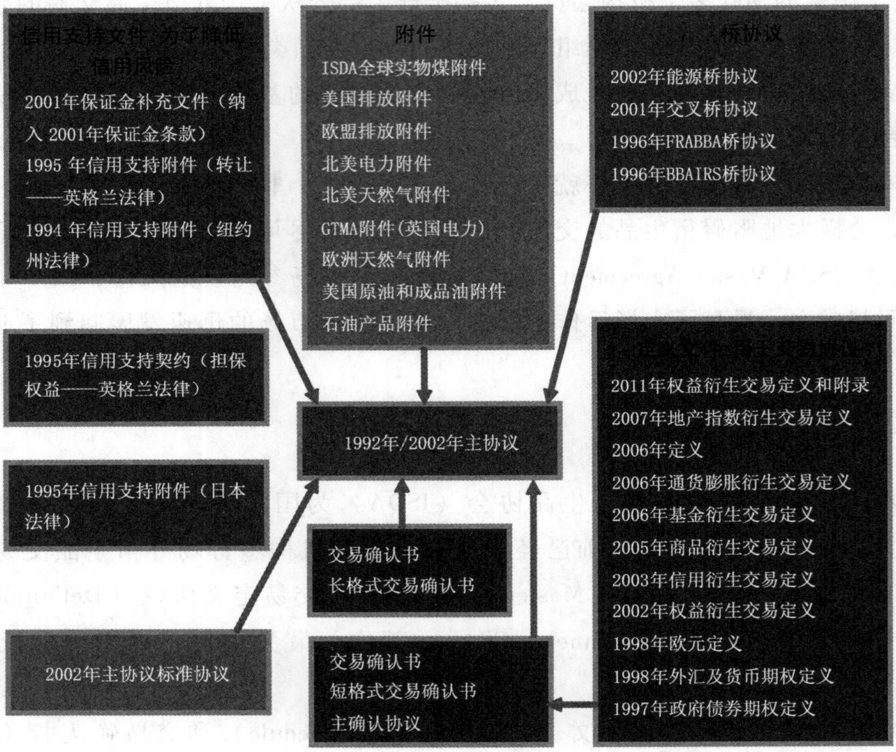


图 1－9　ISDA 协议整体框架图

资料来源：ISDA。

**表 1－2　　ISDA 主协议文件一览表**

| | |
|---|---|
| 主协议（Master Agreement） | |
| 1992/2002 年主协议 | 1992/2002 Master Agreement |
| 标准协议（Master Agreement Protocol） | |
| 2002 年主协议标准协议 | 2002 Master Agreement Protocol |

续表

| | |
|---|---|
| 附件（Annex） | |
| ISDA 全球实物煤附件 | ISDA Global Physical Coal Annex |
| 美国排放附件 | US Emissions Annex |
| 欧盟排放附件 | EU Emissions Annex |
| 北美电力附件 | North American Power Annex |
| 北美天然气附件 | North American Gas Annex |
| GTMA 附件（英国电力） | GTMA Annex (UK Power) |
| 欧洲天然气附件 | European Gas Annex |
| 美国原油和成品油附件 | US Crude Oil and Refined |
| 石油产品附件 | Petroleum Products Annex |
| 交易确认书（Transaction Confirmations） | |
| 长格式交易确认书 | Long form Confirmations |
| 短格式交易确认书 | Short form Confirmations |
| 主确认协议 | Master Confirmation Agreements |
| 信用支持文件（Credit Support Documents） | |
| 2001 年保证金补充（纳入 2001 年的保证金条款） | 2001 Margin Supplement (Incorporating 2001 Margin Provisions) |
| 1995 年信用支持附件（转让——英格兰法律） | 1995 Credit Support Annex (Transfer-English Law) |
| 1994 年信用支持附件（纽约州法律） | 1994 Credit Support Annex (New York Law) |
| 1995 年信用支持契约（担保权益——莫格兰法律） | 1995 Credit Support Deed (Security Interest-English Law) |
| 1995 年信用支持附件（日本法律） | 1995 Credit Support Annex (Japanese Law) |
| 桥协议（Bridge） | |
| 2002 年能源桥协议 | 2002 Energy Agreement Bridge |
| 2001 年交叉桥协议 | 2001 Cross-Agreement Bridge |
| 1996 年 FRABBA 桥协议 | 1996 FRABBA Bridge |
| 1996 年 BBAIRS 桥协议 | 1996 BBAIRS Bridge |
| 交易定义文件（Definition Documents） | |
| 1991 年定义 | 1991 ISDA Definitions |
| 1992 年 ISDA 美国市政交易方定义 | 1992 US Municipal Counterparty Definitions |
| 1993 年商品衍生交易定义 | 1993 ISDA Commodity Derivatives Definitions |
| 1996 年权益衍生交易定义 | 1996 ISDA Equity Derivatives Definitions |
| 1997 年政府债券期权定义 | 1997 Government Bond Option Definitions |
| 1997 年金银贵金属定义 | 1997 ISDA Bullion Definitions |
| 1998 年外汇及货币期权定义 | 1998 FX & Currency Option Definitions |
| 1998 年欧元定义 | 1998 ISDA Euro Definitions |
| 2000 年定义 | 2000 ISDA Definitions |
| 2002 年权益衍生交易定义 | 2002 ISDA Equity Derivatives Definitions |

续表

| 交易定义文件（Definition Documents） | |
|---|---|
| 2003 年信用衍生交易定义 | 2003 ISDA Credit Derivaives Definitions |
| 2005 年商品衍生交易定义 | 2005 ISDA Commodity Derivatives Definitions |
| 2006 年定义 | 2006 ISDA Definitions |
| 2006 年基金衍生交易定义 | 2006 ISDA Fund Derivatives Definitions |
| 2006 年通货膨胀衍生交易定义 | 2006 Inflation Derivatives Definitions |
| 2007 年地产指数衍生交易定义 | 2007 Property Index Derivatives Definitions |
| 2011 年权益衍生交易定义和附录 | 2011 ISDA Equity Derivatives Definitions and Appendix |

资料来源：ISDA。

### （二）ISDA 主协议的两大核心——单一协议制度和净额结算制度

ISDA 主协议的核心由单一协议制度与净额结算制度两大基础性制度构成。这两项制度相辅相成，共同构成了 ISDA 主协议的核心，有效地推动了主协议在场外衍生品市场中的发展。

1. 单一协议制度。单一协议制度的本质就是将主协议作为整个文件群的唯一代表，标准化文本以及在此基础上签订的所有协议将被视为同一个法律关系，双方进行的每一次交易均是这个合同法律关系下的一项具体交易。

主协议 1（c）款明确规定，“所有交易之进行乃基于信赖本主协议以及所有确认书构成双方之间之单一协议，否则双方不会进行任何交易”。围绕这一原则，ISDA 文件群架构如图 1－10 所示，各类文件的具体作用如下：

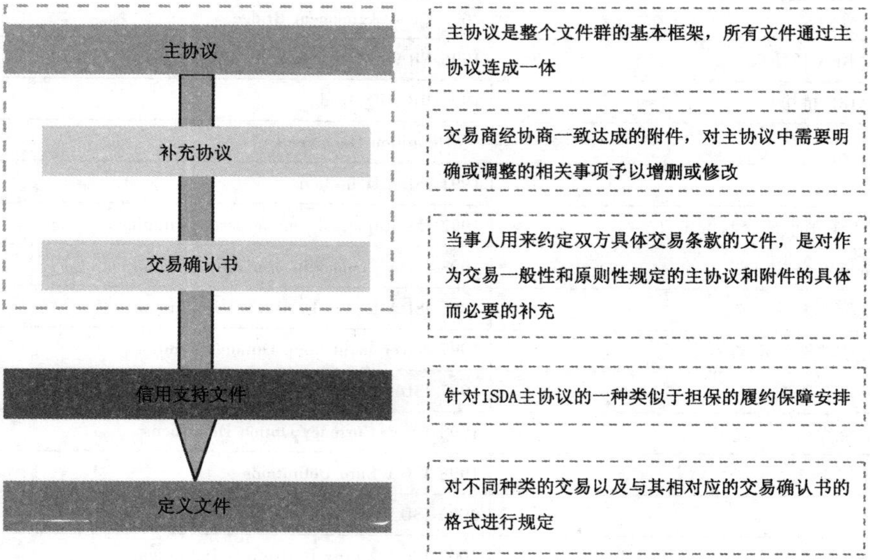


图 1－10　ISDA 主协议文件群架构

主协议是整个文件群的基础框架，所有的协议和文件都围绕主协议联成一个有机整体。主协议的签订目的在于规范当事人之间达成的一系列交易和行为。从内容上看，主协议主要由格式条款组成，其中，除名称和日期外，当事人可通过附件修改主协议中的相关条款或者选择是否适用主协议中的某些条款。主协议一旦签订，便成为当事人之间最基本的法律约束，之后当事人之间发生的所有具体交易均不得违反相关的规定。

补充协议（也称作附件）是主协议不可分割的组成部分，对衍生产品交易具有重要的意义。在 ISDA 主协议制度下，交易者在签订主协议的同时，往往一并签订经协商一致达成的补充协议，它对主协议中需要明确或调整的相关事项予以增删或修改。可见，主协议的补充协议才是当事人为控制自身法律风险而进行博弈的主要对象。

交易确认书是当事人用来约定双方具体交易条款的文件，它是对作为交易一般性和原则性规定的主协议和附件的具体而必要的补充。通过交易确认书，双方当事人既可以确定每笔交易的具体条款，也可以针对该笔交易对主协议及附件的内容作相应的修改。如双方当事人已经签署了 ISDA 主协议及附件，则交易确认书构成对 ISDA 主协议的补充，对双方当事人具有约束力。虽然交易确认书受主协议管辖，但当确认书就单笔交易的约定与主协议及附件的约定发生冲突时，以交易确认书为准。

信用支持文件是针对 ISDA 主协议的一种类似于担保的履约保障安排。考虑到各国担保法律制度可能相去甚远，ISDA 组织分别编制了五份以不同法律制度为背景的担保类文件，供当事人根据交易情况及不同的法律适用和司法管辖选择使用。

定义文件对不同种类的交易以及与其相对应的交易确认书的格式进行了规定。

总体而言，ISDA 主协议的单一协议制度通过标准化文本降低了交易双方的时间成本和谈判成本。交易双方无须就法律、信用条款等细节问题进行谈判，可以将精力集中在经济条款谈判上，有效地提高了市场的整体交易效率。另外，单一协议制度还降低了结算时双方承担的信用风险，并有效地避免了协议一方出现破产事件时选择性执行部分协议的行为，为交易者提供了必要的法律保护。

2. 净额结算制度。ISDA 主协议为交易双方提供了净额结算的制度，因为交易双方往往不是仅有一笔交易，而是一系列交易，互有盈亏，可以相互抵销，按照净额进行结算，可降低交易成本和交易双方的违约风险。

主协议规定，在场外交易中，双方计算出各自的合约价值后，以净额而非总额进行结算。每笔交易的价值计算都必须以双方在市场上获取同样敞口的必要成本作为合约的市场价值。在结算日期，若双方当事人均须以相同货币向另一方付款，则他们之间的付款义务可以进行冲抵，只需要交割双方的结算净额即可。在净额结算制度下，仅由原支付义务数额较大的参与方向对手进行净额支付，极大地降低了交易双方的风险。尤其在互换衍生品中，双方的交割金额往往很高，而净额结算则有效降低了对双方的流动性要求。净额结算制度，既可以针对一个具体的交易项，也可以针对整个ISDA主协议项下所涵盖的多笔交易。在多笔交易净额结算中，交易双方可以在附件中选择是否执行该选项。在互换等场外衍生品市场中，很多交易商都会选择ISDA跨产品的多笔交易净额结算方式。

净额结算不只适用于正常终止的合约，对于违约事件或终止事件导致的提前结束的合约同样适用，该条款也被称为终止净额结算制度。在终止净额结算制度下，当发生合约提前终止时，交易双方之间所有现存未到期交易结束，并对上述提前终止的交易计算盈利和亏损轧差结算净额，以该净额的价值作为交易双方权利义务的最终确定金额，以替代或更新之前存在于双方之间的权利义务。终止净额结算制度在主协议中有非常完整的体现。值得注意的是，终止净额结算的优先级要高于正常结算条款。

净额结算制度有效降低了场外衍生品市场的系统性风险。一方面，在净额结算制度下，交易对手的风险敞口大大降低，有助于控制交易对手的信用风险；另一方面，净额结算有利于金融机构提高资本金的利用效率，降低了流动性风险。

总而言之，净额结算制度与单一协议制度共同构成了主协议制度在市场上普及的核心动力。单一协议是主协议的基础与前提，单一协议使净额结算制度成为可能。只有在单一协议前提下，交易双方才能将所有未到期的交易视为一个整体，从而计算整体合约价值数额。只有在单一协议下，交易一方由于主观或客观的原因未履行任何一个文件或交易项下的义务，才会被视为整个协议的提前终止，另一方因此得以启动主协议项下的违约事件或终止事件处理程序，以维护自身权益。从风险控制角度讲，单一协议与净额结算制度均有降低和控制信用风险的目的，在两者的共同作用下，场外衍生品市场的系统性风险可被有效降低，市场整体效率可得到极大提高。

## 七、全球场外衍生品的历史与现状是怎样的?

衍生品的历史悠久。有人认为，《创世纪》第29章记录的雅各布（Jacob）用为拉本（Laban）工作7年换取迎娶他的女儿的权利——期权，是最早的衍生品。也有人认为，古美索不达米亚时期，美索不达米亚人通过与其他地区的人签订未来食物供应的合约——在合约签订时，买方即向卖方支付价款（可以是谷物，也可以是银币），而卖方则在收获谷物或其他作物后以实物形式偿还贷款（交割）——远期，为最早的衍生品。不管怎么说，衍生品交易至少拥有了将近4 000年的历史。

在之后很长的一段时间里，衍生品虽然取得了一定发展，但其发展一直都很缓慢，默默无闻。直到20世纪70年代，随着经济全球化的发展，特别是布雷顿森林体系瓦解，浮动汇率代替了固定汇率，并且不少国家逐步放松了利率管制，全球金融自由化的浪潮导致各国汇率、利率剧烈波动，金融市场风险不断增大，传统的财务风险管理制度已经不能满足人们的需求，迫切需要一种新的方式来有效地管理、规避风险。所以金融机构才不断创立新的金融工具以满足跨国企业、贸易商、交易者规避风险的需求，这种情况下，金融衍生品获得了前所未有的蓬勃发展。

2000 年，欧元的使用极大地促进了衍生品市场的发展，特别是利率衍生品市场。2000 年以前，很多专业人士，包括美国期货业协会（FIA）的衍生品专家、年度市场报告主要撰写人 Galen Burghardt 都曾经预测欧元的推出会使得利率产品的交易量有所下降。而实际情况是，欧元的推出造就了更广阔和更具流动性的市场，推动了欧洲衍生品市场，特别是利率衍生品市场的持续高速发展。图 1 - 11 为国际清算银行统计的场外衍生品市场未平仓名义金额历史变动图。

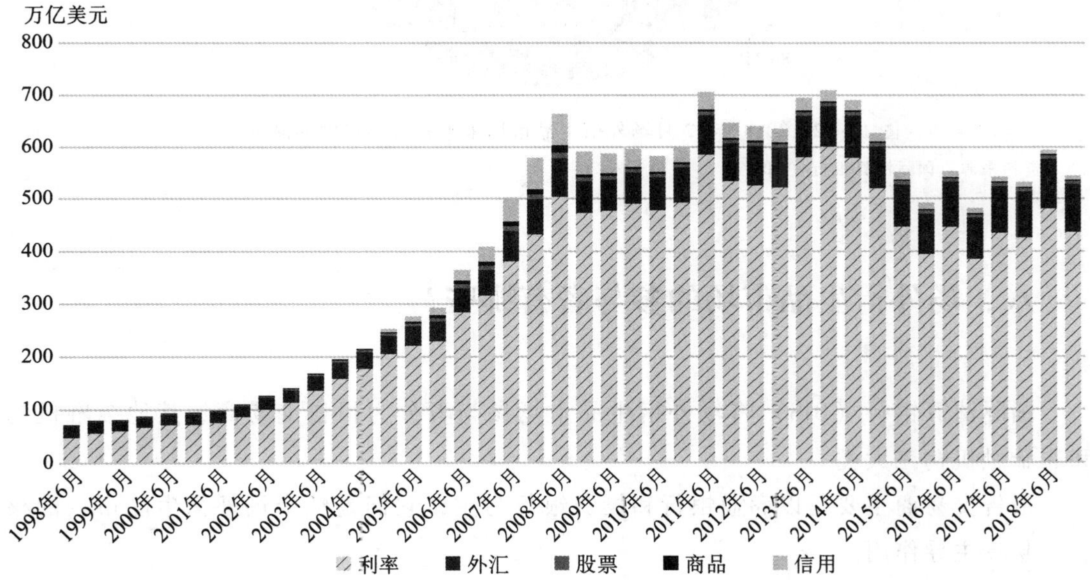


图 1 - 11　场外衍生品市场未平仓名义金额

注：信用违约互换自 2014 年 12 月底开始统计。

资料来源：国际清算银行（Bank for International Settlements，BIS）。

据 BIS 统计，截至 2018 年 12 月，在金融衍生品的未平仓名义金额中，按交易对象划分，利率类衍生品占了绝对优势，比重为 80.31%；其次是外汇类衍生品，占到 16.67%。信用违约互换（Credit Default Swap，CDS）是 21 世纪以来发展最快的金融衍生品，2004 年国际清算银行（BIS）第一次将其编入报告中时其名义金额便达到 6.4 万亿美元，该数据是 2001 年的 6 倍。之后几年，CDS 仍保持快速增长。受次贷危机的影响，CDS 自 2008 年开始下降，所占比重也从最高的 9.94% 降至 2018 年的 1.50%。然而，即使遭受了挫折，CDS 依然排在利率、外汇之后，是场外衍生品市场的第三大衍生品品种（见图 1 - 12）。

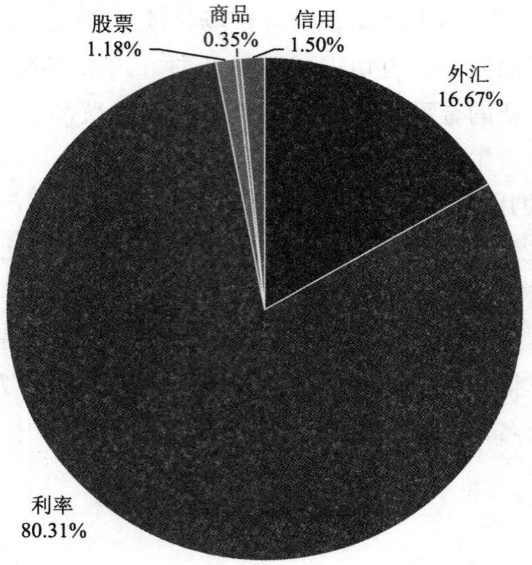


图 1－12　2018 年 12 月场外衍生品市场未平仓合约规模的品种分布

资料来源：国际清算银行（BIS）。

## 八、场外衍生品市场的参与者有哪些？

国际清算银行（BIS）将场外衍生品市场参与者分为报告交易商、其他金融机构和非金融机构三大类。

报告交易商主要是以商业银行和投资银行为主，它们是整个场外衍生品市场的核心，起着主导作用。

从图 1－13 以及图 1－14 可以看出，在 2008 年金融危机以后的两年时间里，以银行（包括投资银行）为代表的报告交易商的未平仓金额明显减少，而其他金融机构和非金融机构的未平仓金额只有少量减少，市场份额有所增加。

2010 年以后，场外衍生品市场重新得到快速发展，以银行（包括投资银行）为代表的报告交易商的未平仓金额和占比明显增加。

不同的机构、不同的参与者在场外衍生品市场中扮演着不同的角色。

### （一）商业银行和投资银行

以银行为代表的交易商在现代场外衍生品市场处于核心地位，它不仅是市场的组织者，也是市场的参与者。传统的场外衍生品市场上，以银行为代表的交易商主要提供中介服务，将客户的衍生品需求集中到自己的柜台或者市场进行搭配交易，以赚取

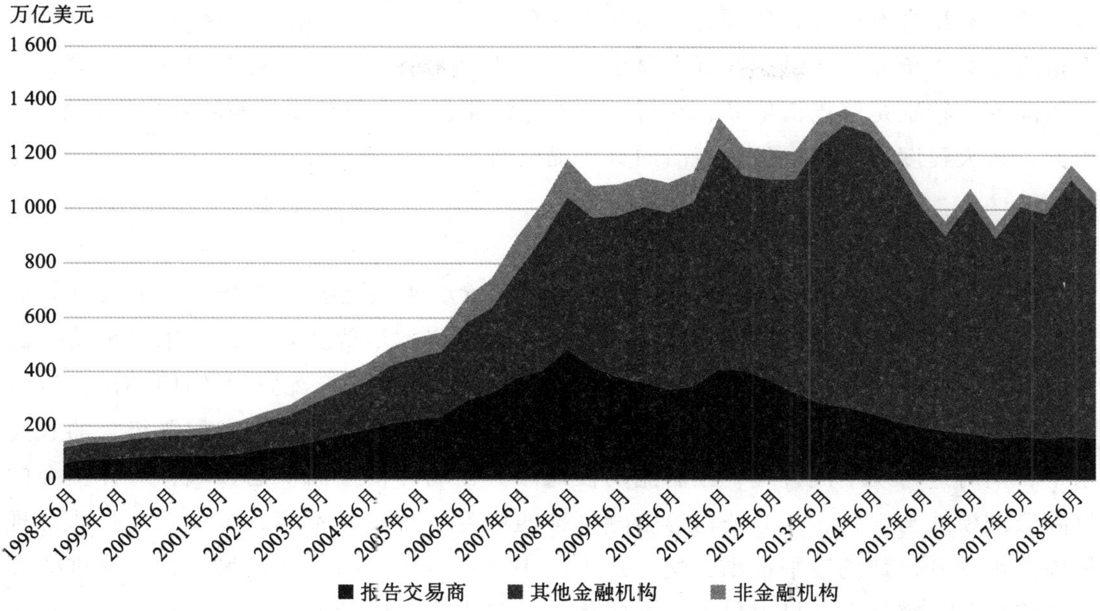


图 1－13 场外衍生品市场各类参与者的未平仓名义金额

资料来源：国际清算银行（Bank for International Settlements，BIS）。

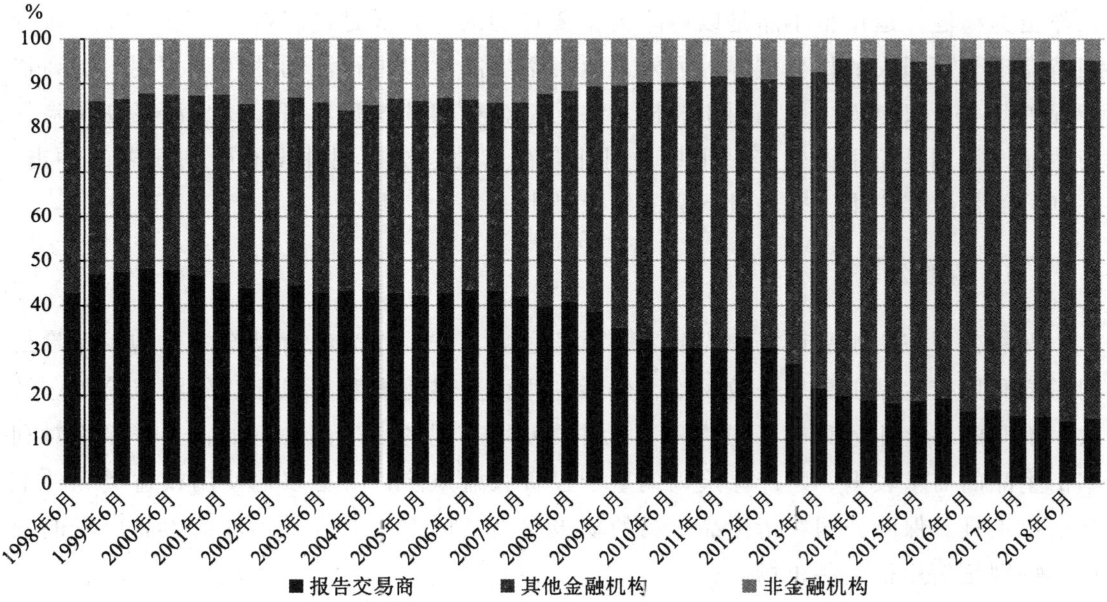


图 1－14 场外衍生品市场各类主体的未平仓合约规模占比

资料来源：国际清算银行（BIS）。

交易佣金。

随着市场的发展，交易商不再只是配对交易的中介，而是改为与交易双方分别签订合约，利用自有资金和信誉为交易双方担保，提供管理合约违约风险的服务，以赚取衍生品买卖价差。同时，银行本身也需要衍生品来管理，对冲自身的利率风险、信用风险等。特别是信用衍生品，银行需要利用信用衍生品将信用风险转移出银行系统。因此，很大程度上银行也是衍生品的直接提供商。

### （二）基金公司

基金公司管理的基金分为对冲基金和共同基金，两者无论在市场定位、投资策略或者交易行为上都存在巨大差异。对冲基金往往以资本增值为目标，追求高风险、高收益，使用金融衍生品的现象非常普遍，金融衍生品在其资产配置中的地位日益突出。对冲基金往往利用衍生品的杠杆作用，以小博大，或者用来提高资产配置组合的收益水平，同时进行现金流管理，控制流动性风险。在场外衍生品市场领域，对冲基金的风险管理模式与银行、证券公司等金融机构的风险管理模式不同，对冲基金是非常规风险的承受者，帮助熨平市场波幅，是市场中必不可少的参与者。另外，其激进的投资风格使其很容易在危机中付出巨大的代价，陷入亏损的漩涡，这也增加了市场整体的波幅。

共同基金与对冲基金的投资理念截然不同，它在安全、稳定的基础上追求收益，操作更为稳健。运用衍生品是以避险为主要目的的，其次是进行现金的证券化，减少因持有现金而损失的机会成本。另外，运用衍生品可以进行流动性风险控制，提高资产配置效率，仅有极少数是用于投机。共同基金稳健的投资风格，较少涉足高风险的衍生品，特别是信用衍生产品市场，因此，在金融危机期间并没有受到显著的冲击，在细分的传统客户中，交易量下降的幅度最小。

### （三）保险公司

保险公司在衍生品市场中扮演着多重角色。首先，作为经营风险的机构，保险公司需要利用衍生品工具来分散风险，包括利用衍生品管理利率风险、外汇风险等。其次，不同的保险业务具有不同的风险，需要使用不同的衍生品。例如，人寿保险对利率衍生品的需求较多，财产保险则偏重于投资收益风险，要更多地使用权益类和外汇类衍生工具。保险公司在衍生品市场的积极参与，极大地促进了场外衍生品市场的发展，特别是信用衍生品市场。

### （四）非金融机构

各个行业受金融国际化和贸易国际化影响日益加深，受利率、外汇波动的影响同样日益加深。国际互换与衍生产品协会（ISDA）2009 年 4 月的调查报告指出，全球 500 强企业中 94% 的企业使用衍生品来管理或对冲其面临的风险，对冲利率风险和汇率风险的企业分别占到了92%和85%。发达国家和地区的企业，具有较强的风险管理意识和较高的风险管理水平，会更多地通过金融衍生品来管理风险。

## 九、我国场外衍生品市场的发展及现状如何?

1997年1月18日，随着《中国人民银行远期结售汇业务暂行管理办法》的发布，揭开了我国场外衍生品交易的历史。至今，我国场外衍生品市场体系日益完善，交易规模快速增长，市场参与者多元化特征显著，标的资产覆盖主要大类资产，衍生品结构日渐丰富。

### （一）市场体系

目前，我国场外衍生品市场已经逐渐形成了以商业银行为主导的银行间场外市场，以证券公司为主导的柜台交易市场和以期货风险管理公司为主导的大宗商品类场外市场。

商业银行是国内最早开展场外衍生品业务的金融机构。在2005年，银行间市场推出债券远期交易，标志着我国银行间衍生品市场的初步建立。后来，人民币利率互换、远期利率协议、人民币外汇远期和掉期等品种陆续上市。随着我国利率和汇率市场化进程的不断推进，众多金融机构和实体企业面临越来越显著的利率风险和汇率风险，对相关风险管理工具的需求越来越多，带动银行间场外衍生品市场规模不断扩大，产品创新日益增多。

2013年以来，中国证券业协会发布《证券公司金融衍生品柜台交易业务规范》及相关配套文件，开始了证券公司场外衍生品业务的试点工作。获得试点资格的证券公司陆续推出场外期权和收益互换等场外衍生品，挂钩于权益类资产，为各类权益资产投资者提供了定制化的资产配置和风险管理工具。

2013年，中国期货业协会发布了《期货公司设立子公司开展以风险管理服务为主的业务试点工作指引》，拓宽了期货公司的业务范围，激发了期货公司进行产品创新和服务实体经济的动力。期货公司通过子公司开展场外衍生品业务，为实体企业量身定制大宗商品类衍生品作为风险管理的工具，也充当交易对手为金融机构的复杂金融产品提供对冲方案，使期货公司成为中国场外衍生品市场体系中不可缺少的构成部分。

### （二）交易规模

银行间市场是场外衍生品交易的主要市场。2018年，银行间场外衍生品市场累计成交金额为134.91万亿元，交易的主要品种是利率和汇率类衍生品。其中，汇率类衍生品交易规模为113.83万亿元，占当年成交额的84.12%；利率类衍生品交易规模为21.09万亿元，占当年成交额的15.88%。汇率类衍生品占比较大，反映出我国经济开放的步伐越迈越大，各类实体企业境外业务规模扩大，越来越多的外资投资中国，对人民币汇率风险管理工具的需求不断提高。

证券公司和期货公司的场外衍生品业务处于试点阶段，市场交易规模虽然出现过高速增长，但是受多方面因素影响而出现较大波动。2018年，证券公司场外衍生品业务累计新增初始名义本金8 772.06亿元，同比增长17.13%，相比往年增速放缓。

2017年，期货风险管理公司衍生品业务累计新增初始名义本金3 282.20亿元，同比增长10倍。2018年末，期货公司的场外衍生品业务累计名义本金存量为571.05亿元，受政策红利影响，远期、互换、期权业务分别同比增长79 679%、690%和519%，虽然总体交易规模不大，但增幅显著，处于高速上升期。其中，场外期权业务占比遥遥领先。

### （三）市场参与者

近年来，场外衍生品的市场参与者呈现多元化趋势。在银行间场外衍生品市场，商业银行和证券公司等银行间金融机构以及众多实体企业是主要的参与者，商业银行通过场外衍生品为其他金融机构和非金融机构提供风险管理服务，充当交易对手。此外，商业银行和部分金融机构作为资产管理者，其发行的资产管理产品也可以作为市场主体从而参与场外衍生品的交易。

在以证券公司和期货公司为主导的场外衍生品市场中，证券和期货经营机构充当场外衍生品的提供者和交易对手，为其他金融机构，如商业银行及其资管产品、私募基金等提供风险管理、资产配置和杠杆投资的工具，也为实体企业提供价格风险管理的工具。此外，在某些交易中，证券公司也充当期货公司的交易对手，特别是当期货公司在特定的场外衍生品业务中承接了实体企业或者其他金融机构的价格风险时。但是，当期货公司自身尚不具备相应风险对冲能力的时候，它通常将风险转移给报价更高、交易能力更强的证券公司。

虽然市场参与者众多，但是监管政策要求金融机构制定和实施较为严格的投资者适当性制度，所以，不同的参与者可以开展的场外衍生品交易并不完全相同。总体而言，场外衍生品市场的参与者以机构投资者为主，个人通常通过金融机构发行的各类资产管理产品而间接地参与场外市场。

### （四）标的资产

目前，国内场外衍生品市场上交易的衍生品合约，其标的资产范围日益扩大，逐渐覆盖了利率、汇率、权益和大宗商品等主要大类资产。

银行间场外衍生品业务以汇率类衍生品为主，人民币兑美元的汇率是最主要的标的，人民币兑欧元、兑英镑等的汇率也是汇率类场外衍生品重要的标的资产。此外，由于中国有相当多的实体企业在南美、东南亚和非洲等地开展境外业务，对当地货币与美元之间的汇率类衍生品也有一定的需求。在利率类衍生品方面，其规模低于汇率类衍生品，主要是金融机构之间用其来对冲利率风险或者利用其进行杠杆投资，也有部分实体企业使用利率类产品来管理融资业务的利率风险。

证券公司场外衍生品业务中的场外衍生品主要以权益类资产为主要标的，但范围较广，包括 A 股股指、A 股个股、黄金期/现货、其他期/现货、境外标的和其他。其中，A 股股指标的主要为沪深 300、中证 500 和上证 50 等具有代表性特征且具有相应的场内衍生品的股票价格指数，A 股个股则主要以蓝筹股和指数成分股为主。权益类场外衍生品是证券公司交易的最主要的场外衍生品。

期货公司的场外衍生品业务以大宗商品类场外衍生品为主，金融类衍生品占比较低。期货公司通过子公司开展场外衍生品业务，通过大宗商品类远期、互换和期权等为实体企业规避采购、库存和销售等环节中存在的价格风险，或者协助盘活实体企业的沉淀资金。

## 十、我国场外衍生品交易主协议有哪些内容?

目前，我国的场外衍生品市场分为银行间市场主导的部分和证券期货经营机构主导的部分，在分业经营、分业监管的格局下，二者所用的场外衍生品交易主协议有所不同，下面将分别介绍银行间市场的衍生品交易主协议和证券期货市场的场外衍生品交易主协议。

### （一）中国银行间市场金融衍生品交易主协议

中国银行间市场交易商协会（NAFMII）作为银行间市场的自律组织首次将 ISDA 主协议引入中国，其在 2007 年制定了《中国银行间市场金融衍生产品交易主协议》（简称“2007 年版 NAFMII 主协议”）。中国外汇交易中心也发布了被业内称为 CFETS 主协议的标准文本，适用范围为通过中国外汇交易中心系统进行的人民币外汇衍生品交易。为了统一市场标准，2009 年 3 月 16 日，中国人民银行和国家外汇管理局同意中国银行间市场交易商协会发布新的《中国银行间市场金融衍生产品交易主协议》（即 2009 年版 NAFMII 主协议，简称“NAFMII 主协议”）。

与 ISDA 主协议类似，NAFMII 主协议同样采用了单一协议制度和净额结算制度，其文件群包含主协议、补充协议、交易有效约定、履约保障文件及定义文件。其中，主协议的内容以及细则规定既接近于ISDA主协议，又与国内实情紧密相连。

NAFMII主协议覆盖了利率类、债券类、外汇类、信用类等大部分种类的金融衍生品，具有广泛的适用性。以定义文件为例，它以适用性为基本出发点，对于市场上已推出的产品注重概念的周延性和精确性，并做了适度扩展，以引导市场惯例制度化。对于尚未推出但具有市场前景的产品，也充分考虑到国内市场的特点，并做出了框架性的选择，具有一定的先导性作用。

NAFMII主协议明确了违约或终止事件发生时的净额结算制度。终止净额结算缩小了交易对手方之间的信用风险敞口，也降低了金融机构监管所需的风险匹配资本要求，从而提高了整个市场的效率，降低了系统风险和处理成本。

NAFMII主协议为履约保障提供了开放性选择机制，安排了交易双方之间提供履约保障品、第三方担保等形式。其中，转让式履约保障和质押式履约保障制度充分吸收了中国市场的实践基础（即质押担保仍占重要地位），使之覆盖范围较ISDA主协议更为广泛，具有鲜明的原创性和本土性。

金融机构在银行间市场开展利率和外汇衍生品交易时需签订中国银行间市场交易商协会发布的《中国银行间市场金融衍生产品交易主协议（NAFMII主协议）》。

《中国银行间市场金融衍生产品交易主协议（NAFMII主协议）》是供银行间金融衍生品交易双方使用的规范、标准合同文本。主协议不仅通过了为金融衍生品交易设立相对固定的交易条件以及较为明确的违约处理机制，方便共同采用主协议的市场参与者便捷地达成交易，减少了大量重复性劳动和文本制作成本，提高了交易效率，降低了法律风险，而且主协议中关于单一协议和终止净额等基础制度安排，也可以有效降低金融衍生品的系统风险。采用同一主协议的市场参与者范围越广，这一作用的效果就越明显。国际上许多场外金融衍生品交易市场均存在由自律组织制定和发布的标准化场外金融衍生品交易主协议。

在我国场外金融衍生品市场发展之初，由于缺乏经验以及自律组织缺位，市场参与者往往签订简单的一对一合同，或者照搬ISDA主协议等国际通用主协议文本。但是，随着市场的发展，市场规模和参与者数量不断增加，我国场外衍生品市场需要一个能够覆盖多个产品、统一的金融衍生品交易主协议。2007年，NAFMII发布了适用范围包括但不限于利率衍生品交易、债券衍生品交易、汇率衍生品交易和信用衍生品交易的《中国银行间市场金融衍生产品交易主协议（2007年版）》（简称2007年版NAFMII主协议），国家外汇管理局发布了《全国银行间外汇市场人民币外汇衍生产品主协议》（简称《CFETS主协议》）。由于两份协议并存，存在重叠管辖的问题，人民银行决定对其合并。2009年《中国银行间市场金融衍生产品交易主协议（2009年版）》正式发布。

《中国银行间市场金融衍生产品交易主协议（2009年版）》整体采用文件群形式，

由主协议、补充协议、转让式履约保障文件、质押式履约保障文件及定义文件组成。主协议、补充协议以及交易有效约定共同构成了交易双方之间单一协议和完整协议。单一协议原则的确立为终止净额制度的实施提供了重要基础。

主协议是文件群的核心文件，共25条，主要分为3个部分：

1. 基础性条款（第一条至第五条）明确了主协议文件群的构成与各文件间的效力等级以及单一协议原则、主协议的适用范围、交易双方需要做出的声明与保证、交易正常履约情况下交易双方的支付或交付义务，以及交易双方可能采用的履约保障机制等。

2. 核心条款（第六条至第十一条）分别就违约事件和终止事件的类型、对某一事件可能同时具备违约事件和终止事件构成要素的情况下的事件等级、发生违约事件和终止事件后的处理，以及各种未能正常履约情形下的利息计算与支付安排等做出约定。

3. 辅助性条款（第十二条至第二十五条）对主协议项下的合同货币与终止货币、抵销机制、转让机制、权利保有、电话录音、保密与信息披露、争议解决、通知方式与生效、费用、标题、累积补救、协议的修改、协议的签署和定义等一般性问题进行了约定。

补充协议是供交易双方对主协议进行修改或补充时的示范文件，对主协议中需双方另行约定的多笔交易支付净额、履约保障、特定实体、特定交易违约、交叉违约、公允市场价值计算方法等条款预置了选项或提示。

质押式履约保障文件和转让式履约保障文件均是为保障交易履行而签署的支持性文件。从法律关系上说，转让式履约保障文件是主协议的补充，是一种交易有效约定，为单一协议的一部分，参与终止净额结算；质押式履约保障文件与主协议属主合同与从合同的关系，不参与终止净额结算。两份文件均分为标准条款和补充条款两部分，对各自履约保障形式下的释义与效力等级、交付金额与返还金额、计算与估值、保障品替换、计算与估值争议处理、利息金额以及定义等问题进行了约定。根据履约保障形式的不同特点，质押式履约保障文件对履约保障品的担保范围、无须履行义务的情况、质权设立与解除方式、出质方和质权方享有的救济权利等进行了约定；转让式履约保障文件对履约保障品的转让和提前终止处置等进行了约定。

定义文件为一份独立的参考文件，供交易双方在交易有效约定中引用，以降低交易双方因对相关术语理解不一致而产生的纠纷或法律风险，提高交易效率。定义文件是对金融衍生品交易中所使用的交易术语进行界定的文件，分为一般定义、利率衍生品、债券衍生品、汇率衍生品和信用衍生品五大部分。

NAFMII主协议的诞生正式宣告了我国场外衍生品市场进入了标准化时代。目前，NAFMII主协议的发布目的和运用范围都是围绕银行间金融衍生品市场运行的，而场外商品衍生品市场的统一交易规范却仍停留在空白阶段。我国场外商品衍生品市场还处于起步阶段，仍存在诸多问题和风险，还缺乏有效监管，也缺少统一交易标准。

主协议制度的本质就是为高度定制的场外市场提供必要的交易标准，进而降低市场交易成本，减少系统性风险，并最终带来市场效率的提高。我国场外商品衍生品市场引入主协议制度，提供统一的标准交易制度，有利于我国商品衍生品市场在市场组织形式、资本金、商品类别和品种、交易形式、交易规则、风险管理制度等方面进行统一规划。

我国场外商品衍生品市场交易主协议可以借鉴 ISDA 主协议的基本架构，单一协议制度是 ISDA 主协议的立足之本，其有效性及可行性早已被国际市场所证实。因此，引入主协议制度时，在文件架构设计上采用以主协议加附件（补充协议）再加交易确认书（交易有效约定）的单一协议框架，辅之以信用支持文件和定义文件，构成完整的文件群。NAFMII 主协议采用单一协议制度验证了其在国内市场中能够切实提高市场的运行效率。

净额结算制度同样是 ISDA 主协议不可或缺的组成部分。该制度的设计充分考虑了市场运行的实际情况，在为交易双方提供信用保障的前提下降低了交易者的流动性要求。场外商品衍生品市场在发展初期，其产品结构以远期为主，未来随着互换等衍生品的出现，采用净额结算制度能够切实有效地降低单笔或多笔交易之间的流动性风险，从而使整个市场的运行效率得到提高。

在设计我国场外商品衍生品市场的主协议制度时，还可以根据我国市场的实际情况增加必要的协议原则和细则，从而更好地指导市场主体参与市场交易。具体包括：

1. 严格市场准入制度原则。场外商品衍生品市场的本质属性是为具有现货交易需求的企业提供风险管理工具，因此，其交易主体应为存在购销需求的行业企业，限制个人和非相关企业的进入，严格管理市场交易主体，增加市场准入门槛，可以规避过度投机问题。

2. 信息披露。场外商品衍生品市场是一个透明度不足的市场，主协议制度仅为双方交易提供了规范性约束，并不涉及对市场的监管。但是，可以要求交易双方必须遵守法律关于信息披露的要求，待相关法规出台后，能够促使双方依法进行信息披露。

3. 争议解决。场外商品衍生品市场中，交易双方可能在交易过程中存在纠纷，协议中可以约定仲裁机构。若交易双方不进行协商或协商未果，可将争议、纠纷或索赔提交至仲裁机构以仲裁方式解决。若交易双方不采用仲裁，则可另行约定诉讼方式。

### （二）中国证券期货市场场外衍生品交易主协议

1. 演变过程。为了对证券业的场外衍生品业务进行管理，2013 年 3 月，中国证券业协会发布了《中国证券市场金融衍生品交易主协议（2013 年版）》及补充协议，同时还发布了《证券公司金融衍生品柜台交易业务规范》和《证券公司金融衍生品柜台交易风险管理指引》，对证券业的场外衍生品业务进行规范，并要求证券公司签署主协议后在中国证券业协会进行备案。

2014 年 8 月，随着期货公司的场外衍生品业务试点的推开，为解决跨行业进行场外衍生品交易的问题，中国证券业协会、中国期货业协会、中国证券投资基金业协会在《中国证券市场金融衍生品交易主协议（2013 年版）》的基础上，联合制定发布了《中国证券期货市场场外衍生品交易主协议（2014 年版）》及补充协议，使其适用范围扩大到基金、期货市场，证券公司、基金公司和期货公司在签署《中国证券期货市场场外衍生品交易主协议（2014 年版）》及补充协议后，在各自分属的协会进行备案。同时发布的还有《中国证券期货市场场外衍生品交易权益类衍生品定义文件（2014 年版）》。2015 年，三家协会发布了《中国证券期货市场场外衍生品交易商品衍生品定义文件（2015 年版）》。

2018 年 12 月，中国证券业协会、中国期货业协会、中国证券投资基金业协会将《中国证券期货市场场外衍生品交易主协议（2014 年版）》的名称修改为《中国证券期货市场衍生品交易主协议》（简称《SAC 主协议》），其适用范围明确为除信用保护合约外的场外衍生品，也就是说，新的主协议将不适用于信月保护合约交易。此外，中国证券业协会也针对新老版本的衔接做了规定，以前签署的《中国证券期货市场场外衍生品交易主协议（2014 年版）》及补充协议将继续有效，交易双方如需开展新的证券期货市场场外衍生品交易，应当签署 2018 年新版主协议及补充协议。

2. 针对信用保护合约的主协议。信用保护合约是由交易双方一对一协商达成的创新性金融衍生品。在约定期内，合约卖方替合约买方承担合约中参考实体、特定债务种类及其他具备债务特征的债务的相关信用风险，同时定期按照约定向合约买方收取保护费用；当发生信用事件或违约事件时，合约卖方按合同条款对合约买方进行赔偿。信用保护合约与 NAFMII 推出的信用风险缓释合约较为类似，二者与国际上常见的信用违约互换（Credit Default Swap，CDS）在本质上也并无太大区别，均是为底层资产的违约风险提供保护措施的一种衍生工具。

针对信用保护合约交易，三家协会在 2018 年 12 月发布了《中国证券期货市场衍生品交易主协议（信用保护合约专用版）》（简称《信用版 SAC 主协议》）。《信用版 SAC 主协议》是在《SAC 主协议》的基础上制定的，内容与《SAC 主协议》相比大同小异，有部分细微的调整，如在通知期限及履约宽限期方面较为宽松等。此外，《信用版 SAC 主协议》还对协议项下支付货币、违约事件（或潜在违约事件）与终止事件的构成和处理、适用法律及争议解决、通知送达等方面的内容进行了相应调整与细化。

《信用版 SAC 主协议》与《SAC 主协议》最大的不同在于：《信用版 SAC 主协议》不允许对协议下的权利及义务进行转让，转让也无效，且在协议中明确了交易双方应及时将《信用版SAC主协议》和补充协议（及其修改）送中国证券业协会备案，即《信用版SAC主协议》的备案仅能在中国证券业协会进行。

3.《SAC主协议》的主要内容。从结构上来看，《SAC主协议》与《NAFMII主协议》基本类似，同样采用了包括单一协议、提前终止权、净额结算等主要机制，主要条款包括协议的构成，单一协议与协议效力等级，支付与交付义务，净额支付，违约事件，违约事件的处理，终止事件，终止事件的处理，终止净额的计算，利息、赔偿和费用，陈述与保障，适用法律及争议解决，通知，定义等。

《SAC主协议》与《ISDA主协议》的主要区别在于税务的安排，《SAC主协议》与《NAFMII主协议》的主要区别在于配套的定义文件，这样的差别使得《NAFMII主协议》主要适用于银行间市场衍生品交易，而《SAC主协议》则主要适用于证券期货经营机构开展的场外衍生品交易。

# 第二章 远期合约

## 本章要点

本章主要介绍了远期合约这一场外衍生品工具，主要包括以利率、汇率、股票为标的的远期合约以及 NDF。

## 一、什么是远期合约?

远期合约是一种比较简单的衍生品，它是在将来某一特定时刻以约定价格买入或者卖出某一产品的合约。与所有场外衍生品的交易一样，远期合约通常是在场外交易市场中金融机构之间或金融机构与其客户之间的交易。

在远期合约中，同意在将来某一时刻以约定价格买入资产的一方被称为多头，而同意在将来某一时刻以约定价格卖出资产的一方被称为空头。

远期合约在到期日交割。空头的持有者交付标的资产给多头的持有者，多头按远期合约的协议价格支付现金给空头。

按照标的资产的不同，远期合约可分为利率远期、外汇远期和商品远期等。本章我们主要介绍利率远期和外汇远期，其中，介绍的产品主要以人民币为标的，包括人民币远期利率协议和人民币外汇远期协议。

### （一）远期利率协议和远期利率的区别

从字面上看，远期利率协议和远期利率好像说的是一件事，但实际上它们有着本质区别。远期利率，是指隐含在给定的即期利率中从未来的某一时点到另一时点的利率水平。远期利率协议是一种远期合约，也称“利率远期协议”，强调了远期合约的性质。以人民币为标的的利率远期合约习惯上被称为“人民币远期利率协议”，这就使人们感觉它好像不是远期合约，而是一个远期利率。

### （二）远期合约与期货合约的不同

期货合约作为远期合约的发展产物，是远期合约的标准化，但两者之间仍有很多不同之处（见表2-1）。

**表2-1　远期合约与期货合约的不同**

| | 远期合约 | 期货合约 |
|---|---|---|
| 合约方式 | 非标准化合约 | 标准化合约 |
| 交易地点 | 双方私下交易 | 期货交易所交易 |
| 交割方式 | 一般只有单一交割日 | 一系列交割日 |
| 定价方式 | 私下协商 | 交易所竞价 |
| 交易风险 | 有信用风险 | 几乎没有信用风险 |
| 流动性 | 流动性差 | 流动性好 |
| 结算方式 | 合约到期结算 | 每日结算 |

期货合约是由期货交易所推出的标准化合约，合约标的资产的品质、交易规模、交割日期等都已由交易所确定；远期合约则是由买卖双方通过协商达成，是为了满足双方要求特别制定的非标准化的合约。期货合约在交易所内进行集中买卖；远期合约在场外交易，是双方私下达成的合约。期货合约通常有一系列的交割日，而一般情况下，远期合约只有单一的交割日。期货合约众多买者和卖者选择适合自己的合约后，按照各自的意愿出价和报价，以竞价方式来确定成交价格；远期合约的交易价格则是由买卖双方私下协商确定、一对一达成的。

期货交易所通过实行严格的保证金制度，为买卖双方提供了信用担保，因此，市场参与者只承担价格波动的风险，不承担信用风险；远期合约交易不但存在价格风险，还存在信用风险，因而买卖双方一般要根据对方信用状况在合约中约定违约赔偿的条款，以降低信用风险。即使远期合约在签约时采取了交纳定金、第三方担保等措施，在交易中违约、毁约现象也时有发生。期货合约在到期前可以通过相反的交易，对冲平仓来了结履约责任；远期合约受条款个性化的限制，很难找到交易对手，因此，多数情况下只能等到期时履行合约，进行实物交割，否则就属于违约。与期货合约的每日结算不同，远期合约签订后，只有合约到期才能进行交割清算，其间均不能进行结算。

## 二、什么是远期利率协议？

远期利率协议（Forward Rate Agreement，FRA）是远期合约的一种，是指交易双方约定在未来某一日期交换未来某个期限内一定名义本金基础上的协议利率与参考利率的利息差额金融合约。协议利率通常为交易双方在合同中约定的固定利率，参考利率为合同结算日的市场利率。远期利率协议的交易，不进行本金交易，只结算利息差额。

**【案例 2-1】**

2012 年 7 月，A 企业财务主管预期企业需要在 3 个月后进行 6 个月的贷款，当时的 6M Shibor① 为 3.95%。该财务主管判断远期利率会上涨，为了控制企业的贷款成本，其向中国银行询价远期利率协议（FRA）。中国银行报价 4.05% 的利率卖出 3×9M 的 FRA（即 2012 年 10 月到期时，企业支付 4.05% 的利率给中国银行），参考利率为 6M Shibor（即中国银行支付 6M Shibor 给 A 企业），从而企业将 3 个月后的 6M 贷款成本锁定在 4.05% 上。2012～2013 年 6M Shibor 走势见图 2-1。

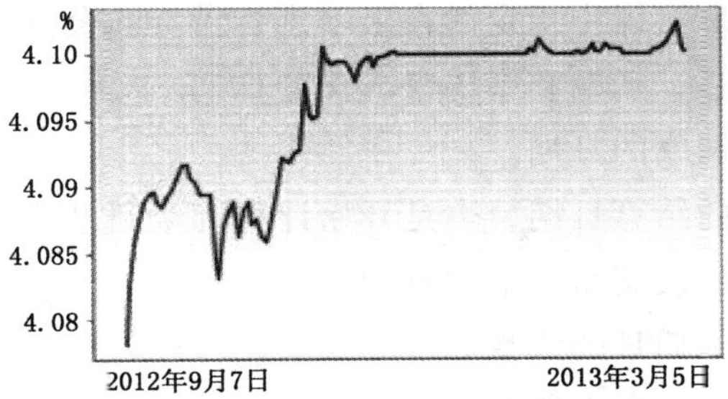


图 2-1　2012～2013 年 6M Shibor 走势

资料来源：上海银行间同业拆放利率网站。

远期利率协议（FRA）交易最早起源于 1983 年的伦敦银行间同业拆借市场，是为了管理远期利率风险和调整利率期限不相匹配而进行的金融创新之一。

进入 21 世纪以来，全球 FRA 市场的发展非常迅猛，不过近几年开始趋于平稳。

2008 年金融危机爆发后，全球 FRA 市场的增长一度陷入了停滞。从总市值来看，FRA 市场的规模更是出现了明显的下滑。

FRA 市场的交易主体包括报告交易商（Reporting Dealer）、其他金融机构（Other Financial Institutions）、非金融机构和高净值个人投资者。从交易目的来看，场外衍生

① 6 个月的上海银行间同业拆放利率。

品市场的投机力量主要由交易商或对冲基金构成，而金融机构和非金融机构参与交易的目的主要是套期保值或对冲主营业务风险。

## 三、人民币远期利率协议是如何交易的？

### （一）人民币远期利率市场简介

2007年8月，中国人民银行发布报告称，今后将积极配合利率、汇率制度改革进程，积极稳妥推进衍生品市场发展，全面开展人民币利率互换交易，研究推出远期利率协议等衍生品，同时研究并择机推出人民币外汇货币互换以及信用衍生品。之后，中国外汇交易中心暨全国银行间同业拆借中心发布通知，将开展以上海银行间同业拆放利率（Shibor）为基准的远期利率协议报价。

2007年，中信银行达成第一笔人民币远期利率协议，本金为2亿元，以3个月的Shibor为基准利率，达成3M×6M的协议。

### （二）人民币远期利率协议的基本要素

名义本金：远期利率协议中规定的在未来进行借贷的金额。

交易日：也称成交日，远期利率协议成交的日期。

基准日：确定参照利率的日期。

交割日：名义借贷的结算日期，也是开始计算资金利息的日期。

到期日：远期利率协议交易结束的日期。

合约期：交割日至到期日的天数。

合同利率：协议中双方商定的固定利率。

参考利率：也称结算利率，即结算日期的市场利率。

结算金额：按合约利率和参考利率差额计算的由交易一方支付给另一方的金额。

远期利率协议交割过程见图2-2。

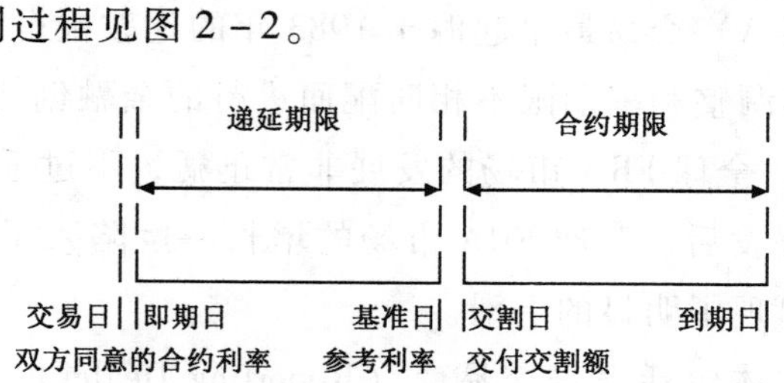


图2-2 远期利率协议交割过程

### （三）人民币远期利率协议中的重要交易规则及数据定义

1. 营业日规则。如果远期利率协议中的某一相关日期并非营业日，则根据以下准则进行调整：

（1）下一营业日：顺延至下一营业日。

（2）经调整的下一营业日：顺延至下一营业日，但如果下一营业日跨至下一月，则提前至上一营业日。

（3）上一营业日：提前至上一营业日。

2. 计息基准。除非交易双方另有约定，在应计利息时，所适用的计息基准根据下列规则确定：

（1）实际天数/实际天数（简写为 A/A），指计息期实际天数除以 365 的商。如果该计息期的任何部分属于闰年，则应为以下两者之和：计息期属于闰年那部分的实际天数除以 366 的商；计息期属于非闰年的那部分的实际天数除以 365 的商。

（2）实际天数/365（简写为 A/365），指该计息期实际天数除以 365 的商，若计息期包含 2 月 29 日，则计算该日利息。

（3）实际天数/实际天数（债券）（简写为 A/A－Bond），指计息期实际天数，除以当前付息周期实际天数与年付息次数的乘积。其中，当前付息周期实际天数指下一个付息日与上一个付息日之间的实际天数，算头不算尾，含闰年的 2 月 29 日。

（4）实际天数/365（固定）（简写为 A/365F），指该计息期实际天数除以 365 的商，若计息期包含 2 月 29 日，不计算该日利息。

（5）实际天数/360（简写为 A/360），指该计息期实际天数除以 360 的商。

（6）30/360，指该计息期天数除以 360 的商。计息期天数的计算根据一年 12 个月，每个月 30 天的原则计算，但下述两种情况应按以下规定的天数计算当月天数：若计息期第一天不是 30 日或者 31 日，但最后一天为 31 日，计息期最后一天所在月份应为 31 天；若计息期最后一天是 2 月的最后一天，则 2 月计息天数为当月的实际天数。

3. 参考利率。目前，我国人民币远期利率协议的参考利率为 3M Shibor，Shibor 是上海银行间同业拆放利率（在 http：//www. shibor. org 发布），包括 O/N、1W、2W、1M、3M、6M、9M 和 1Y 共 8 个品种。计息基准为 A/360。

### （四）人民币远期利率的报价

人民币远期利率的报价可参照表 2－2 进行。

报价表中，1M×4M 的意思是从交易日（5 月 20 日）起 1 个月末（即 6 月 20 日）为起息日，而交易日后的 4 个月末为到期日，协议利率的期限为 3 个月期。它们之间的时间关系见图 2－3。

表 2-2　　5月20日 FRA 市场报价

| TERM | 3M Shibor | |
|---|---|---|
| | Bid | Ask |
| 1M×4M | 1.5055 | 1.6055 |
| 2M×5M | 1.4655 | 1.6655 |
| 3M×6M | 1.4255 | 1.7255 |
| 4M×7M | 1.4588 | 1.7255 |
| 5M×8M | 1.4922 | 1.7255 |
| 6M×9M | 1.5255 | 1.7255 |
| 9M×12M | 1.5655 | 1.7655 |

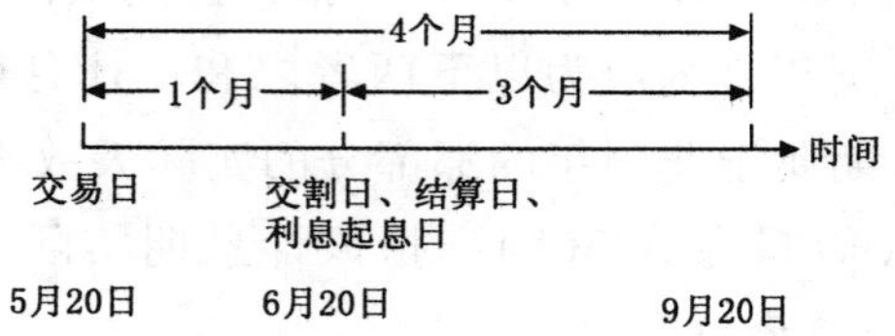


图 2-3　远期利率协议时间关系

Bid 和 Ask 为报价方报出的 FRA 的买价、卖价：前者是报价银行的买价，若与询价方成交，则意味着报价银行（买方）在结算日应支付 1.5055% 的利率给询价方（卖方），并从询价方处收取参考利率。后者是报价银行的卖价，若与询价方成交，则意味着报价银行（卖方）在结算日从询价方（买方）处收取 1.6055% 的利率，并支付参考利率给询价方。

**（五）远期利率协议结算金额计算**

考虑以下远期利率协议，A 银行同意在 $T_1$ 和 $T_2$ 之间将资金借给 B 公司。其中，$R_K$ 为远期利率协议中约定的利率，$R_F$ 为今天计算的介于 $T_1$ 和 $T_2$ 之间的市场利率价格，$R_M$ 为在 $T_1$ 时刻的 $T_1$ 和 $T_2$ 之间的市场利率价格，L 是远期利率协议中的本金。

一般来讲，B 公司在市场上贷款的利率为 $R_M$，而远期利率协议会使 B 公司的贷款利率为 $R_K$，参与了远期利率协议交易之后，会给 B 公司带来额外利率（也可能为负）"$R_M - R_K$"；对于 B 公司而言，额外利率会导致其在 $T_2$ 时刻有以下现金流：$L(T_2 - T_1)(R_M - R_K)$。通常，FRA 的交割时间是 $T_1$，而不是 $T_2$，因此，必须将 $T_2$ 时刻的收益贴现到 $T_1$ 时刻：$\dfrac{L(R_M - R_K)(T_2 - T_1)}{1 + R_M(T_2 - T_1)}$。

而对于 A 银行，在 $T_1$ 时刻的收益为：$\frac{L(R_K - R_M)(T_2 - T_1)}{1 + R_M(T_2 - T_1)}$，即结算金额公式为：

$$S = \frac{L(R_M - R_K)(T_2 - T_1)}{1 + R_M(T_2 - T_1)}$$。

当 $S>0$，FRA 卖方支付给买方结算金额；当 $S<0$，FRA 买方支付给卖方结算金额。

**【案例 2－2】**

A 公司卖出一份 3×9 的 FRA，买方为 B 银行，合约金额为 100 万美元，FRA 协议利率为 10.78%，结算日时的市场参考利率为 11.35%，该 FRA 的结算金额为多少？谁支付给谁？

案例的意思可表达为：$R_M = 11.35\%$，$R_K = 10.78\%$，$T_2 = 270/360$，$T_1 = 90/360$，$L = 100$ 万美元。

$$结算金额\ S = \frac{1\,000\,000 \times (11.35\% - 10.78\%) \times \frac{270-90}{360}}{1 + 11.35\% \times \frac{270-90}{360}}$$

$= 2\,696.95$（美元）

因为 $S>0$，所以 B 银行获得结算金额，A 公司支付给 B 银行。

**（六）远期利率协议的定价**

首先，当 $R_K = R_F$ 时，FRA 的价值等于 0。当 $R_K$ 不等于 $R_F$ 时，我们来比较两个 FRA：第一个 FRA 承诺在 $T_1$ 和 $T_2$ 之间的收益率为远期利率 $R_F$，本金为 L；第二个 FRA 承诺在同样期限内的收益率为 $R_K$，本金为 L。

以上两个 FRA 唯一不同之处是 $T_2$ 时刻的付款数额，第二个 FRA 价格与第一个 FRA 价格之间的差是这两个利息之间的差，即 $L(R_K - R_F)e^{-R_2(T_2 - T_1)}$。

其中，$R_2$ 为 $T_2$ 时刻的无风险利率，因为收益率为 $R_F$ 的 FRA 在 0 点的价值为 0，所以收益率为 $R_K$ 的 FRA 的价值为：

$V_{FRA} = L\ (R_K - R_F)\ e^{-R(T_2 - T_1)}$

上述可以看出，我们可以采用以下步骤计算 FRA 的价值：

（1）假定在远期利率会被实现的前提下（$R_M = R_K$）计算收益；

（2）将收益用无风险利率进行贴现。

**远期利率的计算**

假设现在时刻为 t，T 时刻到期的即期利率为 r，$T^*$ 时刻（$T^* > T$）到

期的即期利率为 $r^*$，则 t 时刻的 $T^*-T$ 期间的远期利率 $r_F$ 应满足以下等式：

$$e^{r(T-t)} \cdot e^{r_F(T^*-T)} = e^{r^*(T^*-t)}$$

$$r_F(T^*-T) = r^*(T^*-t) - r(T-t) \quad (2-1)$$

若式（2-1）不成立，就存在套利空间。

对 $r_F(T^*-T) = r^*(T^*-t) - r(T-t)$ 变形可得：

$$r_F = \frac{r^*(T^*-t) - r(T-t)}{T^*-T} \quad (2-2)$$

这是远期利率的常用计算公式，进一步变形可得：

$$r_F = \frac{r^*(T^*-T) + r^*(T-t) - r(T-t)}{T^*-T} = r^* + (r^*-r)\frac{T-t}{T^*-T}$$

## 四、人民币远期利率协议有哪些功能？

人民币远期利率协议作为利率衍生品的一种，最大的用途就是用来管理利率风险，主要体现在以下几个方面。

### （一）有利于企业进行套期保值

企业作为存款贷款的主要参与者，总是被动地接受利率风险，而在运用了远期利率协议之后，企业可以根据自己的判断、实际需要对利率进行套期保值，减少利率波动的风险。例如，有贷款需求的企业，为了规避未来利率发生不利于自己的变动而产生的风险，企业可以提前将贷款利息锁定在自己预期的利率水平上。假设某企业 3 个月后需要贷款，可以买入远期利率协议，将预期利率作为协议利率，3 个月后的贷款利率作为参考利率，进行远期利率协议交易。3 个月后，企业支付协议利率（即预期利率），收入以即期贷款利率计算的利息，从而锁定贷款成本。

### （二）帮助银行进行利率风险管理

随着利率市场化的快速发展，利率风险管理成为银行风险管理的重要组成部分。银行的利率风险主要体现在资产负债期限结构不匹配上。通过运用远期利率协议，可以在不改变资产负债期限结构的情况下，分散利率风险。例如，对于长期资产占比和短期负债占比较高的银行来说，可以通过购买远期利率协议来对冲风险，其中，长期利率作为协议利率，短期利率作为参考利率。

### （三）有利于发现利率市场价格

金融机构、企业可以根据自己对未来利率波动的判断进行远期利率协议交易。例如，某公司预计未来3M Shibor将会上升70基点（BP），则公司可以购买远期利率协议。协议利率为当下"Shibor+20BP"，参考利率为3个月后的即期3M利率。3个月后，如果即期Shibor高于协议利率，则该公司获得投资收益。远期利率协议达成的利率水平体现了套期保值、套利、投机等多方面的需求，是市场参与者基于各自信息对于未来市场的综合判断，有利于促进利率市场价格的发现。

**【案例2-3】**

某公司3个月后需要一笔3 000万元人民币的3个月贷款，公司财务人员判断未来市场利率有上升的风险，为了避免3个月后的筹资成本上升，公司买入远期利率协议来避免利率风险。具体交易如下：

买方：某公司　　　　乙方：乙银行

交易类型：3M×6M　　　　协议利率：4.55%

交易日：3月7日　　　　起息日：6月7日（见图2-4）

到期日：9月7日　　　　交割日：6月7日

参考利率：上海银行间折放利率网站公布的3M Shibor

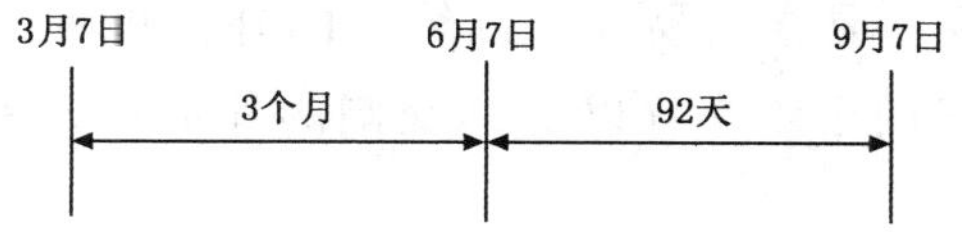


图2-4 起息日

3个月后，市场利率上涨，3M Shibor为4.85%，参考利率>协议利率，因此，交割日乙银行向某公司支付结算差额（折算现值）：

[30 000 000×(4.85%-4.55%)×92/360]/[1+4.85%×92/360]=22 718.42（元）

公司的实际贷款成本为：

6月7日，公司在市场上借入3个月的资金，利率为4.85%，通过远期利率协议，公司实际只需要借入：

30 000 000-22 718.42=29 977 281.58（元）

公司支付的本息和为：

29 977 281.58×(1+4.85%×92/360)=30 348 833.33（元）

公司实际承担的利息为：

(30 348 833.33-30 000 000)/30 000 000×360/92=4.545%

低于当时的市场利率4.85%，规避了利率的波动风险。

如果3个月后，市场利率下跌为4.05%，则交割日公司支付结算差额给乙银行，公司因此亏损：

[30 000 000×(4.55%-4.05%)×92/360]/(1+4.05%×92/360)=37 940.65（元）

## 五、什么是外汇远期交易?

外汇远期交易（Forward Exchange Transaction），又称期汇交易，是指外汇买卖双方签订外汇远期买卖合同，规定买卖外汇的币种、金额、汇率和将来交割的时间，到未来规定的交割日期，按合同由卖方交汇、买方付款的一种预约性外汇交易。最常见的外汇远期交易的交割期一般有1个月、2个月、3个月、6个月、12个月。

## 六、什么是人民币外汇远期交易?

### （一）人民币外汇远期交易的概念

人民币外汇远期交易，是指交易双方以约定的外汇币种、金额、汇率，在约定的未来某一日期（距成交日两个工作日以上）交割的外汇兑人民币的交易。即期起息日示意图见图2-5。

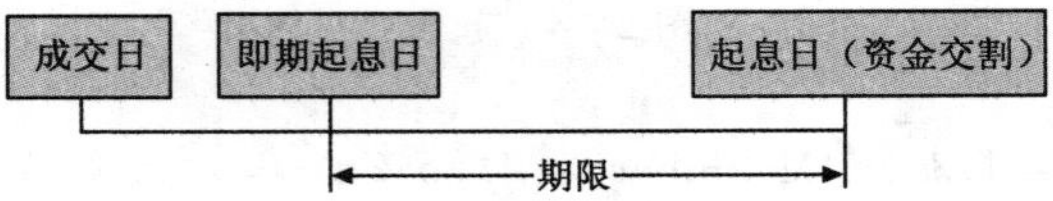


图2-5　即期起息日示意图

交易方式：双边询价

交易时间：北京时间9：30~17：30，中国境内法定假日不开市

清算方式：由交易双方按约定方式进行清算，目前主要采用双边清算

人民币外汇远期交易主要包括两种业务：人民币远期结汇和人民币远期售汇。结汇是外汇收入所有者将外汇卖给外汇指定银行。售汇是外汇指定银行将外汇卖给外汇使用者。

远期结售汇业务，是指外汇指定银行与境内机构签订远期合同，约定将来办理结汇或者售汇的外币币种、金额、汇率和日期，到期时按照合同约定办理结汇或售汇业务。远期结售汇业务是一项确定汇价在前，实际外汇收支发生在后的结售汇业务。

### （二）远期结售汇业务的交割和违约

1. 交割。按照远期结售汇合同约定的交割日期办理交割，如交割日为节假日，则顺延至下一个银行工作日；客户应在交割日前备足卖出货币的全部金额；如果客户因履行贸易合同遇到困难等合理原因无法准时交割，还可以在交割日前3个工作日向银行提出申请，并于原交割日办理远期结售汇的展期，展期期限最长不超过6个月。

2. 违约。违约是指若申请人因履行贸易合同遇到困难，可于交割日前3个工作日向银行提出违约申请；在进行违约交易时，因违约造成的损失由申请人承担，产生的收益银行没收。

**【案例2-4】**

2019年5月，某进口企业预期6个月后收到国外企业的美元货款。为保障企业收益，降低汇率风险，该企业与银行提前签订了6个月的远期结汇合同。交易金额为1 000万美元；交割日为2019年11月1日~2019年11月30日；远期结汇价为1美元=6.8100元人民币。这样，6个月后，无论当时人民币兑美元的汇率如何变动，企业都可以按照事先约定的6.8100的汇率将美元卖给银行，降低了汇率风险。

交割：2019年11月，客户将1 000万美元交给银行，银行支付给客户人民币6 810万元（USD1 000万×6.8100）

违约：2019年11月30日，银行公布美元即期购汇价为1美元=7.0298元人民币，则客户将差额USD1 000万×(6.8100-7.0298)=219.8万元人民币交给银行即可。

**【案例2-5】**

2019年5月17日，机构A通过外汇交易系统与机构B成交一笔一年期美元兑人民币远期交易。约定机构A卖出15 000 000美元，买入人民币。机构A为发起方，机构B报出即期汇率为USD/CNY=6.8245，远期点是40.00基点（BP），即机构A以USD/CNY=6.8285的汇率在2020年5月18日向机构B卖出15 000 000美元。

### （三）人民币外汇远期交易要素

人民币外汇远期交易涉及的交易要素见表2-3。

**表2-3　　交易要素**

| 发起方 | 机构A | 报价方 | 机构B |
|---|---|---|---|
| 成交日 | 2009年5月19日 | 远期全价 | 6.8285 |
| 货币对 | USD/CNY | 折美元金额 | USD15 000 000 |
| 交易货币 | USD | 交易货币金额 | USD15 000 000 |
| 对应货币 | CNY | 对应货币金额 | CNY102 427 500 |
| 即期汇率 | 6.8245 | 远期点 | 40.00 |
| 交易方向和金额 | 机构A卖出USD15 000 000，买入CNY102 427 500<br>机构B买入USD15 000 000，卖出CNY102 427 500 | | |
| 期限 | 1年 | 起息日 | 2010年5月21日 |
| 清算模式和方式 | 双边全额清算 | | |

资料来源：中国货币网。

### (四) 人民币外汇远期报价

人民币外汇远期交易中涉及的汇率报价方法通常有两种：直接报价法和点数报价法。

1. 直接报价法是直接报出外汇的买价、卖价。表2-4为2020年5月13日不同期限的中国银行人民币外汇远期牌价，报价方式是人民币/100美元，标的资产为美元。以7天外汇远期为例，表中的报价意味着在2020年5月13日，中国银行愿意以707.61925元的价格在7天后向市场交易者买入美元（银行买入美元价格），以713.05925元的价格在7天后向市场交易者卖出美元（银行卖出美元价格）。对应的企业解释为：买入价707.61925元指的是企业以707.61925元的价格进行结汇交易（企业承诺远期卖出美元给银行，银行支付对应的人民币给企业，是企业卖出美元的价格），企业以713.05925元的价格进行售汇交易（银行承诺远期卖出美元给企业，企业支付对应的人民币给银行，是企业买入美元的价格）。如果以一种银行和企业的对应关系来看，银行的买入价对应的是企业的结汇交易，银行的卖出价对应的是企业的售汇交易，银行作为中介，始终要赚取买卖价之间的差价。

表2-4　中国银行远期结售汇牌价　(单位：元)

| 货币名称 | 货币代码 | 交易期限 | 买入价 | 卖出价 | 中间价 | 汇率日期 |
|---|---|---|---|---|---|---|
| 英镑 | GBP | 1周 | 866.059559 | 877.962159 | 872.010859 | 2020-05-13 |
| 英镑 | GBP | 1个月 | 866.263302 | 878.688802 | 872.476052 | 2020-05-13 |
| 英镑 | GBP | 2个月 | 866.851604 | 879.240604 | 873.046104 | 2020-05-13 |
| 英镑 | GBP | 3个月 | 867.420544 | 880.000344 | 873.710444 | 2020-05-13 |
| 英镑 | GBP | 4个月 | 868.121856 | 880.711856 | 874.416856 | 2020-05-13 |
| 英镑 | GBP | 5个月 | 868.598986 | 881.566286 | 875.082636 | 2020-05-13 |
| 英镑 | GBP | 6个月 | 869.426464 | 882.259664 | 875.843064 | 2020-05-13 |
| 英镑 | GBP | 7个月 | 870.039149 | 883.223749 | 876.631449 | 2020-05-13 |
| 英镑 | GBP | 8个月 | 870.777309 | 884.467809 | 877.622559 | 2020-05-13 |
| 英镑 | GBP | 9个月 | 871.580172 | 884.891272 | 878.235722 | 2020-05-13 |
| 英镑 | GBP | 10个月 | 872.435704 | 885.954404 | 879.195054 | 2020-05-13 |
| 英镑 | GBP | 11个月 | 873.125308 | 887.252008 | 880.188658 | 2020-05-13 |
| 英镑 | GBP | 1年 | 874.239195 | 887.916895 | 881.078045 | 2020-05-13 |
| 美元 | USD | 1周 | 707.61925 | 713.05925 | 710.33925 | 2020-05-13 |
| 美元 | USD | 1个月 | 707.8505 | 713.5005 | 710.6755 | 2020-05-13 |
| 美元 | USD | 2个月 | 708.22 | 713.93 | 711.075 | 2020-05-13 |
| 美元 | USD | 3个月 | 708.575 | 714.375 | 711.475 | 2020-05-13 |
| 美元 | USD | 4个月 | 709.02695 | 714.84695 | 711.93695 | 2020-05-13 |
| 美元 | USD | 5个月 | 709.4209 | 715.3409 | 712.3809 | 2020-05-13 |
| 美元 | USD | 6个月 | 709.8718 | 715.8318 | 712.8518 | 2020-05-13 |
| 美元 | USD | 7个月 | 710.24425 | 716.50425 | 713.37425 | 2020-05-13 |

续表

| 货币名称 | 货币代码 | 交易期限 | 买入价 | 卖出价 | 中间价 | 汇率日期 |
|---|---|---|---|---|---|---|
| 美元 | USD | 8 个月 | 710.7929 | 717.0729 | 713.9329 | 2020-05-13 |
| 美元 | USD | 9 个月 | 711.2675 | 717.6275 | 714.4475 | 2020-05-13 |
| 美元 | USD | 10 个月 | 711.8984 | 718.3584 | 715.1284 | 2020-05-13 |
| 美元 | USD | 11 个月 | 712.4841 | 719.0041 | 715.7441 | 2020-05-13 |
| 美元 | USD | 1 年 | 713.0516 | 719.6116 | 716.3316 | 2020-05-13 |
| 欧元 | EUR | 1 周 | 765.39875 | 776.30105 | 770.8499 | 2020-05-13 |
| 欧元 | EUR | 1 个月 | 766.05635 | 777.32455 | 771.69045 | 2020-05-13 |
| 欧元 | EUR | 2 个月 | 766.88505 | 778.39005 | 772.63755 | 2020-05-13 |
| 欧元 | EUR | 3 个月 | 767.99585 | 779.43895 | 773.7174 | 2020-05-13 |
| 欧元 | EUR | 4 个月 | 768.83645 | 780.34015 | 774.5883 | 2020-05-13 |
| 欧元 | EUR | 5 个月 | 769.9525 | 781.566 | 775.75925 | 2020-05-13 |
| 欧元 | EUR | 6 个月 | 770.9733 | 782.7444 | 776.85885 | 2020-05-13 |
| 欧元 | EUR | 7 个月 | 771.86155 | 783.91775 | 777.88965 | 2020-05-13 |
| 欧元 | EUR | 8 个月 | 773.50015 | 785.58645 | 779.5433 | 2020-05-13 |
| 欧元 | EUR | 9 个月 | 774.4076 | 786.6107 | 780.50915 | 2020-05-13 |
| 欧元 | EUR | 10 个月 | 775.84425 | 788.29905 | 782.07165 | 2020-05-13 |
| 欧元 | EUR | 11 个月 | 777.17815 | 789.72775 | 783.45 | 2020-05-13 |
| 欧元 | EUR | 1 年 | 778.5384 | 791.0857 | 784.81 | 2020-05-13 |

资料来源：中国银行网站。

2. 点数报价法，是指以即期汇率加升水、贴水的点数报出汇率的方法。人民币即期汇率报价见表 2-5。

**表 2-5　　人民币外汇即期报价（2020 年 5 月 19 日）**

| 货币对 | 买报价 | 卖报价 | 货币对 | 买报价 | 卖报价 |
|---|---|---|---|---|---|
| USD/CNY | 7.1030 | 7.1036 | EUR/CNY | 7.7524 | 7.7529 |
| 100JPY/CNY | 6.6120 | 6.6132 | HKD/CNY | 0.91636 | 0.91646 |
| GBP/CNY | 8.6719 | 8.6732 | AUD/CNY | 4.6359 | 4.6361 |
| NZD/CNY | 4.2896 | 4.2910 | SGD/CNY | 5.0082 | 5.0094 |
| CHF/CNY | 7.3115 | 7.3116 | CAD/CNY | 5.0931 | 5.0932 |
| CNY/MYR | 0.61000 | 0.61500 | CNY/RUB | 10.2141 | 10.2580 |
| CNY/ZAR | 2.5829 | 2.5847 | CNY/KRW | 172.24 | 172.26 |
| CNY/AED | 0.51700 | 0.51707 | CNY/SAR | 0.52894 | 0.52913 |
| CNY/HUF | 45.5399 | 45.5947 | CNY/PLN | 0.58836 | 0.58852 |
| CNY/DKK | 0.9615 | 0.9616 | CNY/SEK | 1.3661 | 1.3664 |
| CNY/NOK | 1.4119 | 1.4122 | CNY/TRY | 0.96776 | 0.96860 |
| CNY/MXN | 3.3294 | 3.3358 | CNY/THB | 4.4975 | 4.4992 |

注：本行情为询价报价行情（美元为 ODM），实时更新。

资料来源：中国货币网。

人民币外汇远期报价见表2-6。

表2-6　人民币外汇远期报价（2020年5月19日　9：59）　（单位：BP）

| 货币对 | 1周 | 1月 | 3月 | 6月 | 9月 | 1年 |
|---|---|---|---|---|---|---|
| USD/CNY | 13.00/13.30 | 49.50/50.00 | 142.50/152.50 | 290.00/293.00 | 455.00/455.00 | 650.00/659.00 |
| EUR/CNY | 23.64/23.97 | 100.92/101.21 | 302.82/306.70 | 634.89/635.14 | 1003.05/1006.53 | 1375.88/1393.24 |
| 100JPY/CNY | 17.03/17.34 | 73.20/73.97 | 226.74/227.42 | 491.95/491.99 | 795.21/798.95 | 1099.00/1114.00 |
| HKD/CNY | 1.38/1.55 | 3.49/4.09 | 10.69/10.82 | 23.52/24.34 | 37.13/38.64 | 56.54/57.06 |
| GBP/CNY | 16.07/16.57 | 68.91/70.51 | 206.66/220.30 | 427.45/429.80 | 677.55/683.06 | 939.48/963.03 |
| AUD/CNY | 8.77/8.83 | 34.79/34.81 | 98.30/106.12 | 196.40/197.43 | 295.69/299.63 | 413.60/423.91 |
| NZD/CNY | 4.90/5.85 | 20.10/28.35 | 58.30/64.90 | 128.10/136.10 | 205.50/211.70 | 319.90/326.20 |
| SGD/CNY | 10.23/10.58 | 38.00/47.00 | 118.10/132.00 | 245.00/266.00 | 359.00/383.00 | 501.00/529.00 |
| CHF/CNY | 26.39/27.23 | 113.10/114.37 | 354.30/354.31 | 719.80/721.06 | 1132.60/1135.25 | 1565.60/1579.20 |
| CAD/CNY | 9.83/9.94 | 38.12/38.20 | 114.00/121.97 | 231.60/233.51 | 359.40/363.80 | 498.60/510.76 |

资料来源：中国货币网。

根据《中国银行间市场汇率衍生产品交易定义文件（2012年版）》，上述报价中的点数称为远期点，是指远期汇率减去即期汇率的基点数。基点（Basic Point，BP）为0.0001，100BP=0.01。

以USD/CNY的一年外汇远期为例，计算成直接报价如下：

银行买入价：$7.1030+650\times0.0001=7.1680$

银行卖出价：$7.1036+659\times0.0001=7.1695$

## 七、外汇远期有哪些功能？

参与外汇远期交易一般有以下几种目的：

1. 规避国际贸易汇率变动风险。
2. 资金借贷者防止其对国外投资或所欠债务到期时汇率变动而遭受损失。
3. 外汇银行为平衡其外汇头寸而进行的必要抛补。
4. 外汇投机者为取得利率收益而从事的投机。

**【案例2-6】**

2009年8月25日，A公司签订了一份进口合同。按照合同，A公司将于9月25

日支付4亿日元的进口货款。因为A公司只有美元外汇，所以同中国银行做了一笔一个月的外汇远期交易，按汇率93.5买入4亿日元。这笔外汇远期交易成交后，A公司购买日元所需要的美元成本就可以固定下来了：400 000 000/93.5 = 4 278 074.87（美元）。

如果A公司等到支付货款的日期才在即期外汇市场买入日元（9月25日的美元/日元汇率为90.25），则A公司为支付4亿日元需要付出的美元成本为：

400 000 000/90.25 = 4 432 132.96（美元）

与做外汇远期交易相比较，公司需要多支出：

4 432 132.96 - 4 278 074.87 = 154 058.09（美元）

## 八、什么是无本金交割外汇远期交易？

无本金交割外汇远期交易（Non - Delivery Forwards，NDF），是一种外汇远期交易的模式，是离岸金融衍生品交易。

无本金交割外汇远期交易由银行充当中介机构，供求双方基于对汇率看法（或目的）的不同，签订非交割远期交易合约。该合约确定交易的名义金额、远期汇价、到期日。当远期合约到期时，由于其中一种货币存在货币不可自由兑换的约束，无法进行本金交割，只能采用另一种货币进行净额结算，交易双方根据确定的即期汇价和交易伊始时的远期汇价的差额计算出损益，由亏损方以可兑换货币如美元交付给收益方，不需要对本金进行交割。例如，在境外离岸市场上交易的人民币/美元的NDF合约到期时，就统一采用美元进行净额结算，以规避人民币不可自由兑换的限制。NDF的期限一般在数月至数年之间，主要交易品种是一年期和一年以内的品种，超过一年的合约交易一般不活跃。

NDF主要用于实行外汇管制国家的货币。目前，亚洲地区的人民币、韩元、新台币等货币的非交割远期交易相当活跃。其兴起的直接原因是各国限制非居民参与本国远期市场。

NDF与外汇远期最大的不同在于NDF不需要交割本金，只需要交割到期时美元兑人民币中间价和NDF交易协定汇率之间的差额。另外，NDF不需要真实的贸易背景，而远期结售汇需要遵循实需原则。

人民币NDF报价见图2-6。

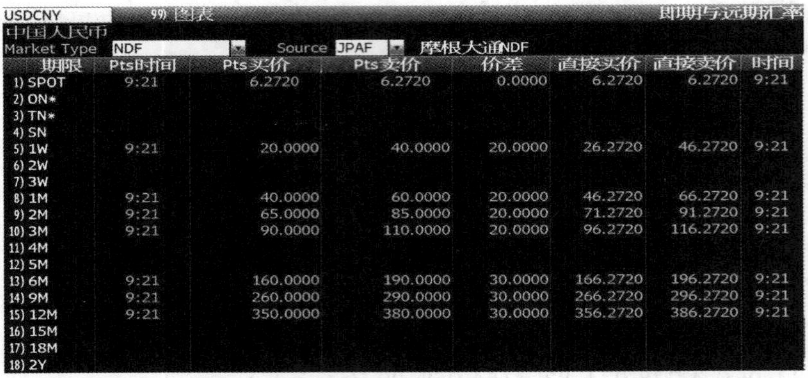
USDCNY 99) 图表 即期与远期汇率
中国人民币
Market Type NDF Source JPAF 摩根大通NDF

| 期限 | Pts时间 | Pts买价 | Pts卖价 | 价差 | 直接买价 | 直接卖价 | 时间 |
|---|---|---|---|---|---|---|---|
| 1) SPOT | 9:21 | 6.2720 | 6.2720 | 0.0000 | 6.2720 | 6.2720 | 9:21 |
| 2) ON* | | | | | | | |
| 3) TN* | | | | | | | |
| 4) SN | | | | | | | |
| 5) 1W | 9:21 | 20.0000 | 40.0000 | 20.0000 | 26.2720 | 46.2720 | 9:21 |
| 6) 2W | | | | | | | |
| 7) 3W | | | | | | | |
| 8) 1M | 9:21 | 40.0000 | 60.0000 | 20.0000 | 46.2720 | 66.2720 | 9:21 |
| 9) 2M | 9:21 | 65.0000 | 85.0000 | 20.0000 | 71.2720 | 91.2720 | 9:21 |
| 10) 3M | 9:21 | 90.0000 | 110.0000 | 20.0000 | 96.2720 | 116.2720 | 9:21 |
| 11) 4M | | | | | | | |
| 12) 5M | | | | | | | |
| 13) 6M | 9:21 | 160.0000 | 190.0000 | 30.0000 | 166.2720 | 196.2720 | 9:21 |
| 14) 9M | 9:21 | 260.0000 | 290.0000 | 30.0000 | 266.2720 | 296.2720 | 9:21 |
| 15) 12M | 9:21 | 350.0000 | 380.0000 | 30.0000 | 356.2720 | 386.2720 | 9:21 |
| 16) 15M | | | | | | | |
| 17) 18M | | | | | | | |
| 18) 2Y | | | | | | | |

图 2－6　人民币 NDF 报价图

资料来源：Bloomberg。

## 九、人民币 NDF 市场发展如何？

1996 年 6 月，人民币 NDF 市场建立，在新加坡开始交易。目前，新加坡、东京和中国香港地区均存在较为活跃的人民币 NDF 市场，新加坡和中国香港人民币 NDF 市场是亚洲最主要的离岸人民币远期交易市场，其主要参与者均是欧美国家中排名前 20 位的大银行和投资机构。

人民币 NDF 市场的参与者包括市场需求主体和做市商。其中，市场需求主体分为套期保值者和投资者，前者主要包括在中国境内有大量人民币收入的跨国公司，以及总部设在中国香港的内地公司；后者主要为国际对冲基金。做市商主要由欧美等国的大银行及投资机构充当，它们作为供给主体满足 NDF 市场需求主体的相应需求。人民币 NDF 之所以出现，一方面是由于中国一直实施外汇管制，人民币在资本项目下不可自由兑换，境外投资者很难得到人民币，中国境内缺少真正意义上的外汇远期市场。另一方面，随着中国的经济发展，中国成为世界上最大的资本输入国之一，那些在中国有大量人民币收入的跨国公司，有规避可能面临人民币汇率风险的需求。

人民币 NDF 产品的运行机制较为简单，一般按照标准的外汇远期市场双向报价的惯例，即以即期市场的升水或者贴水表示（国内银行多用直接报价）。

目前，人民币 NDF 产品的期限最短为 1 周，最长为 10 年，其主要交易品种为 1 年期及 1 年以内产品（1 个月、2 个月、3 个月、6 个月和 1 年期的交易产品），超过 1 年的合约交易不够活跃。分币种来看，由于人民币无本金交割远期采用柜台交易（OTC）方式，理论上，任何一种可自由兑换的货币均可作为交易货币，只需双方达成协议，但事实上绝大多数的交易产品均为美元兑人民币合约。

在2011年之前，人民币NDF基本是主导离岸人民币外汇远期市场的交易品种；2011年之后，随着离岸人民币（CNH）可交割远期市场的出现、发展和完善，NDF市场份额逐渐被CNH可交割远期市场所替代。但由于NDF独特的以境内中间价为交割标的产品设计形式以及轧差交割美元的特点，仍然是市场参与者常用的交易工具。

目前，人民币NDF市场在中国香港和新加坡市场的日均成交规模约为20亿美元；市场报价期限以一年以内为主，其中，一个月期限是市场的主导交易品种。从市场的流动性情况来看，人民币NDF市场的流动性当前逊于CNH可交割远期市场。

虽然交易量和重要性已经大大下降，但人民币离岸NDF市场仍有其存在空间。在CNH市场上做市的金融机构，面临离岸和在岸人民币差价问题，在离岸人民币进入境内仍然受限的情况下，这一差价产生的风险没有手段完全对冲。金融机构需要在境外追踪境内价格的不交割产品平衡风险。因此，在出现一个将离岸和在岸市场打通的机制之前，人民币离岸NDF市场仍有一定生命力。

### 我国人民币外汇产品的发展过程及产品间的相关关系

1997年4月，中国银行开始进行远期结售汇试点；2003年4月，四大国有商业银行全面开展远期结售汇业务；2005年2月又陆续吸收了交通银行、中信银行和招商银行三家股份制银行参与。当时，银行结售汇综合头寸管理原则采用收付实现制，商业银行对客户承做的远期结售汇头寸不能在即期市场平补，利率平价的套补交易不能完成，远期汇率定价机制仍是基于对人民币汇率未来走势的预期。亚洲金融危机后，离岸市场出现了人民币NDF。由于我国尚未实行人民币资本项下的可自由兑换，境外投资者还不能通过一般的远期交易规避人民币汇率风险，因此，离岸NDF就成为境外投资者唯一可选择的方式，其定价机制是基于市场对人民币汇率未来走势的预期。我国禁止境内机构进入离岸NDF市场，国内的NDF市场处于被关闭的状态。不过，由于监管不到位，许多机构通过海外分行仍然可以参与离岸NDF交易。在这样的情况下，DF和NDF市场之间的连通套利机制是阻断的，两个市场之间的远期价格出现偏离，但刚成立不久的DF市场定价往往以活跃的NDF市场价格为参照系，境内人民币远期市场报价仍在一定程度上受境外NDF市场影响。

2005年7月21日，人民币汇率形成机制改革后，中国人民银行于2005年8月15日正式建立银行间人民币远期市场，并沿用外汇指定银行结售汇综合头寸管理制度，继续沿用收付实现制，即银行远期头寸不能通过即期市场平盘，只能在自身对企业的远期结售汇头寸和银行间DF市场远期头寸之间相互平盘，这意味着利率平价机制无法实现，因此，DF市场虽然可以进行本金交割，但市场成员主要基于对人民币汇率未来走势的预期定价。与此同时，还有不少境内机构私自参与NDF市场，套取DF市场与 NDF 市场价差收益。例如，在人民币升水幅度较大的 NDF 市场上卖出远期人民币，之后再到人民币升水幅度较小的 DF 市场上买入同期的远期人民币对冲获益。这事实上是在市场分割的背景下创造的某种套利机制。这些都使两个远期市场价格趋同，而且主要是 NDF 市场引领 DF 市场。

从 2006 年 6 月开始，中国人民银行对所有外汇指定银行的结售汇头寸实行权责发生制管理。也就是说，银行的远期头寸可以通过即期市场平盘，完全打通了 SPOT 和 DF 市场，结合 2006 年 4 月 24 日推出的银行间外汇掉期交易，境内的 DF 市场基本实现了从基于预期的定价机制向利率平价定价机制的转变。同时，我国加强了境内机构进入 NDF 市场的管理。2006 年 10 月，我国国家外汇管理局特地发布禁令，再次强调境内机构和个人未经批准不得从事境外人民币兑外汇衍生品交易，对一些私自进行 NDF 交易的境内机构进行了约束。在这样的情况下，DF 市场摆脱了 NDF 市场的影响并开始反过来影响 NDF 市场的价格走势。2006 年第二季度的中央银行货币政策报告认为，DF 市场已掌握了人民币远期定价的主导权。在 2006 年 10 月以后，人民币 DF 市场一改之前被动的状态，与 NDF 市场一起发挥了远期市场的价格发现功能，对 SPOT 汇率具有显著的引领作用，同时，DF 对 NDF 有显著的波动溢出效应，成为影响的输出者。

DF、NDF 和 SPOT 市场之间存在天然的内在联系，这是由远期和即期之间的经济关系决定的，无法完全切断。同时，人民币自由兑换限制和我国利率市场化尚未完全实现等制约也影响了利率平价定价机制的效率。2007 年底以后，随着人民币升值幅度的加大，由利率平价机制决定的人民币升水幅度远低于市场对人民币升值的预期，DF 价格开始偏离利率平价，再次受到预期的严重影响。因此，可以说，随着我国经济和金融改革的深化，开放 DF 与 NDF 的连通机制、促进定价机制畅通是大势所趋，也是市场的内在要求。

## 十、NDF 结算金额如何计算？

NDF 采用差额结算交割，无须交割本金。

交割金额 = 本金 ×（X - Y）/X

其中，X 为汇率决定日北京时间上午 9：15 国家外汇管理局公布的美元/人民币中间价，Y 为交易项下的美元/人民币成交价格（见表 2 - 7）。

**表 2 - 7　NDF 结算**

| | NDF 购汇 | NDF 结汇 |
|---|---|---|
| X > Y | 银行向企业支付美元差额 | 企业向银行支付美元差额 |
| X < Y | 企业向银行支付美元差额 | 银行向企业支付美元差额 |

计算公式可写成：

$$交割金额 = 交易本金 \times \frac{汇率决定日外管局中间价 - \text{NDF}价格}{汇率决定日外管局中间价}$$

**【案例 2－7】**

A 公司从某银行中国香港分行买入 100 万美元的一年期 NDF，价格为 6.7100，假设到期外管局中间价为 6.7250，则：

NDF 收益 = 1 000 000 × (6.7250 − 6.7100)/6.7250 = 2 230.48（美元）

到期日银行将 2 230.48 美元支付给 A 公司。

假设到期日，外管局中间价为 6.6905，则：

NDF 收益 = 1 000 000 × (6.6905 − 6.7100)/6.6905 = −2 914.58（美元）

到期日 A 公司将 2 914.35 美元付给银行。

## 十一、人民币外汇远期与 NDF 如何套利？

NDF 汇率体现的是境外市场对人民币远期汇率的预期，是与境内人民币远期结售汇平行运行的市场，二者相互影响。但是，由于价格形成机制不同，同期限远期的价格并不一致，从而出现无风险套利空间。

人民币 NDF 与外汇远期行情对比见图 2－7。

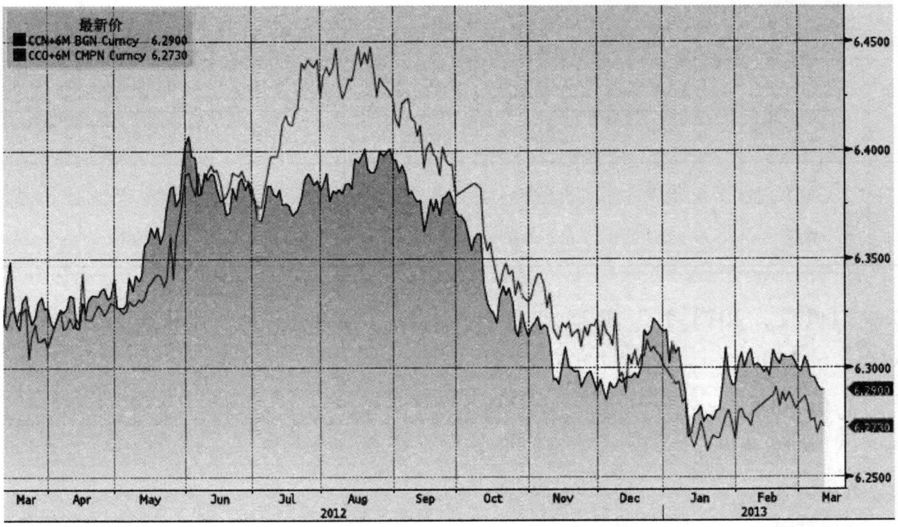


图 2－7 人民币 NDF 与外汇远期行情对比图

资料来源：Bloomberg。

要做人民币外汇远期和 NDF 之间的套利，必须先满足以下条件：

1. 境内企业必须有真实的贸易背景，才能和银行做远期结售汇业务。

2. 在新加坡或者中国香港有能够从事 NDF 交易的公司。

套利方式有多种：利用国内的远期结售汇水平与 NDF 汇率水平之间的差异进行套利；利用人民币 NDF 市场价格的波动性进行套利；利用 NDF 贴水程度高于美元贷款利率幅度进行套利。

### （一）境内（DF）远期结汇加境外 NDF 远期购汇

当境内远期结汇价高于境外远期售汇价（NDF 通常也被称为购汇价）时，境内企业就预期中的未来收汇（外币货款等）向银行申请远期结汇，同时其境外关联企业向境外银行申请相同金额、相同期限的 NDF 远期购汇，在到期日分别执行境内远期结汇和境外 NDF 交易。

最终效果：客户相当于按 NDF 汇率决定日外管局中间价加点的优惠价格进行结汇，优惠幅度取决于 DF 与 NDF 的价差。

适用于：出口型企业。

应对情况：人民币升值预期（NDF < DF）。

**【案例 2－8】**

以表 2－8 中的数据为例，2013 年 2 月 25 日，表中并没有适合进行 DF 和 NDF 套利的情况。

**表 2－8　　2013 年 2 月 25 日人民币 NDF 与人民币外汇远期牌价**

| | | 7 天 | 1 个月 | 3 个月 | 6 个月 | 9 个月 | 12 个月 |
|---|---|---|---|---|---|---|---|
| 人民币远期（DF） | 买入 | 6.2155 | 6.2208 | 6.2399 | 6.2612 | 6.2805 | 6.3028 |
| | 卖出 | 6.2567 | 6.264 | 6.2837 | 6.3101 | 6.3344 | 6.3597 |
| NDF | 买入 | 6.2870 | 6.2888 | 6.2942 | 6.3038 | 6.3136 | 6.3218 |
| | 卖出 | 6.2887 | 6.2902 | 6.2964 | 6.3068 | 6.3166 | 6.3258 |

现在我们假设，2013 年 3 月 25 日 6 个月人民币远期（DF）的报价为：

买入价：6.3505

卖出价：6.3605

6 个月 NDF 报价为：

买入：6.3038

卖出：6.3068

根据上述数据，因为 NDF 购汇价格（6.3068）低于国内远期外汇的结汇价格（6.3505），所以，出口企业可以进行如下交易：3 月 25 日当天在境内银行做一笔为期 6 个月的远期结汇交易，同时在境外银行做为期 6 个月的购汇交易。

通过这两笔交易，结汇价就可以锁定在到期中间价加上437个基点，即（6.3505 - 6.3068）。到期后，公司与境内、境外银行进行交割，远优于到期进行即期结汇，因为即期结汇只能得到当日公布的中间价，公司在赚取437个基点的情况下，也不承担额外的风险。和只单纯进行远期结汇交易相比，这种组合交易可以使企业获得DF与NDF的价差，在人民币贬值（注意，这里是到期时人民币实现贬值，不同上文所说的升值预期）、人民币保持稳定甚至小幅升值的情况下都优于远期结汇价格。但是，如果到期人民币大幅升值，升值的幅度（交易时的远期价格 - 到期中间价）高于（DF - NDF）时，那么此笔交易效果将不如直接进行远期结汇交易。

例如，如果6个月到期时，美元/人民币中间价为6.1135。此时，人民币大幅升值，企业进行上述交易，最后的结汇价格为6.1135 + 437 × 0.0001 = 6.1572，而直接进行远期结汇的价格为6.3505。

### （二）境内（DF）远期售汇加境外NDF远期结汇

当境外远期结汇价高于境内远期售汇价时，境内企业就预期中的未来购汇向银行申请远期售汇，同时其境外关联企业向境外银行申请相同金额、相同期限的NDF远期结汇，在到期日分别执行境内远期售汇和境外NDF交易。

最终效果：客户相当于按NDF汇率决定日美元/人民币中间价减点的优惠价格进行售汇。优惠幅度取决于DF与NDF的价差。

适用于：进口型企业。

应对情况：人民币贬值预期（NDF > DF）。

### （三）境内人民币定期存款质押贷款购汇加境外NDF远期结汇

不同于之前的两种套利方式，本套利方案的原理在于NDF贴水程度与美元贷款利率之间的不同。当人民币定期存款利率加上人民币的升值幅度（由NDF与即期汇率计算）大于美元贷款利率，进口型企业就可以进行相应的套利操作。

人民币定期存款质押贷款购汇的过程：公司将拟购汇或拟对外支付的现汇结汇后的人民币资金以定期存款方式存入银行，以该定期存款质押向银行申请外汇贷款对外支付货款，贷款到期后以该定期存款购汇还贷。

适用于：进口型企业。

应对情况：人民币升值预期（NDF < DF）。

**【案例2-9】**

公司日前拟用现汇1 000万美元支付一笔货款。

即期结汇汇率为6.8505，人民币一年期定期存款利率为3.50%，一年期美元贷款利率为7.5%，一年期NDF售汇汇率为6.5050。一年后，到期时外管局中间价为

6.5900，银行售汇价为6.6050。

套利方案是：

将现汇进行即期结汇，折合人民币是：6.8505×10 000 000=6 850.5（万元）

公司办理一年期人民币定期存款，到期拥有人民币：

68 505 000×(1+3.50%)=70 902 675（元）

可购美元为：70 902 675/6.6050=10 734 697.20（美元）

贷款1 000万美元，到期需要支付：1 000×(1+7.5%)=1 075（万美元）

NDF到期可以获得：

1 000万美元×(6.5900−6.5050)/6.5900=128 983.31（美元）

该公司总计获利：10 734 697.20+128 983.31−10 750 000=113 680.51（美元）

## 延伸阅读

### 人民币连续跌停

**境外**

2011年9月23日，中国香港唯一的人民币清算行中银香港的一则公告令市场颇感意外。公告称，该行通过贸易结算从其他银行购买人民币的40亿元配额已经耗尽，已暂停通过贸易结算从中国香港参与银行购买人民币。香港金管局同日亦称，中银香港暂停为参加行提供贸易项下人民币买入方向兑换平盘服务，但清算行向参加行出售人民币继续运作，个人业务平盘亦不受影响。与2010年10月暂停卖出人民币交易相比，这次暂停买入人民币交易凸显出近期中国香港市场人民币资金充裕。苏格兰皇家银行研究报告称，与过去不同的是，近期有很多机构客户通过各种渠道在港抛售人民币，买入美元，使人民币贬值、美元升值，从而令中银香港额度提前告罄。

在此背景下，从2011年9月22日开始，海外NDF两年期以内合约出现人民币贬值预期，为金融危机以来首见。截至26日，一年期人民币兑美元NDF连续三天低于人民币中间价，27日仅接近持平；中国香港离岸人民币（CNH）较内地人民币即期市场仍然高出近800个点，此前最高曾达1900个点。

**境内**

2011年12月15日，人民币兑美元即期汇价在6.3738处再次触及日交易区间下限，为连续第12个交易日跌停。当日银行间外汇市场人民币汇率中间价为1美元兑人民币6.3421元，按官方设定的0.5%上下波动幅度计算，跌停价在6.3738。人民币汇率的连续跌停，也引发了市场对人民币持续贬值的担忧。在岸与离岸人民币即期走势见图2−8。

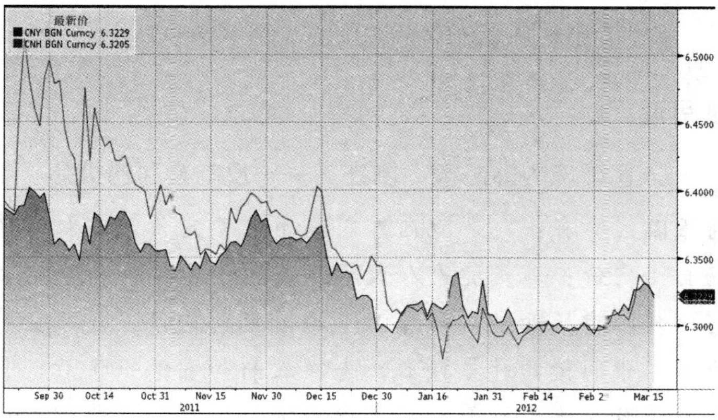


图 2－8　在岸与离岸人民币即期走势图

资料来源：Bloomberg。

人民币为什么连续跌停？市场评论人员给出了各种解读。

离岸市场出现人民币贬值预期主要是由于欧债危机导致资金涌向流动性较好的美元资产，推动美元升值，与国内经济情况不是特别相关。在欧债危机形势明朗之前，这种情况还会持续一段封间。

本轮人民币急速下跌的原因十分复杂，既有短期的需求冲击，也有长期资本收益的因素；既有外部的套利驱动和资本回撤，也有内部经济增速的预期改变。另外，也不排除一些机构看空中国经济，做空人民币。

随着欧债危机的持续发酵，投资者对未来预期趋于悲观，纷纷抛售非美资产和货币购入美元，此时美元扮演了避险货币的角色，其他货币兑美元纷纷走软。美元的强劲上涨带来了人民币兑美元汇率的下跌。事实上，在 2008 年金融危机爆发后，美元就曾在四季度走出一轮强劲上扬的行情，当时人民币也出现了连续跌停的现象。贸易顺差的收窄也直接引发人民币升值放缓甚至下跌的走势。数据显示，2011 年 10 月，我国外汇占款出现了四年来的首次负增长，流入国内的热钱正呈现回流现象，这也在一定程度上导致了人民币的走软。

市场评论人员众说纷纭，核心都离不开美元的走强，具体原因表现在两个方面：一是欧债危机的纵深发展，导致欧美的金融机构不得不持续去杠杆；二是中国经济减速，外汇占款下降，资金外流，加上海外经济减速导致投资者对未来中国出口前景持悲观态度，境外资本也普遍认为中国下一年将长时间为稳定出口做准备，人民币预期很难升值。

**延伸阅读**

**人民币境内外汇率“倒挂”——反向套利的机会**

汇率倒挂的原因主要有：一是境内外人民币汇率定价形成机制不同，境内官方定价，境外市场自由定价；二是境内人民币兑美元汇率中间价的形成方式为：交易中心于每日银行间外汇市场开盘前向外汇市场做市商询价，并将全部做市商报价作为人民币兑美元汇率中间价的计算样本，去掉最高和最低报价后，将剩余做市商报价加权平均，得到当日人民币兑美元汇率中间价，权重由交易中心根据报价方在银行间外汇市场的交易量及报价情况等指标综合确定。

反向套利的操作：离岸市场与国内外汇市场之间人民币汇率的价差造成了潜在套利机会，在中国香港开展业务的境内银行都可以在离岸市场抛售美元买进人民币，在境内则买进美元抛售人民币。

## 十二、什么是远期股票合约？

远期股票合约是指在将来某一特定日期按特定价格交付一定数量单个股票或一揽子股票的协议。远期股票合约出现时间不长，总交易规模也不大。远期股票合约的条款一般包括：交易的股票名称、数量；交易的结算日期；在结算日的特定价格；双方违约责任。

在美国，有些公司非常看好本公司未来的股价走势，会在制定股票回购协议时采用远期股票合约的形式，承诺在未来某个日期按某个协议价格买回本公司的股票，以此向市场传达对公司的信心。其中，有些公司对自己过度自信，没有采取其他行动保护股价下跌可能带来的后果，那么如果远期股票合约到期时公司股价暴跌，而又不得不执行该回购协议，就会给公司造成巨大损失。2002 年，美国一家制药公司——礼来公司承认在远期股票合约上面临 1.5 亿美元的风险，因为公司股价已经跌到 55 美元，而公司在 2000 年 3 月时达成的股票回购价格为 86 到 100 美元，数量为 450 万股，2003 年底以前执行。

# 第三章 互 换

## 本章要点

> 本章立足于互换的理论，着眼于互换实际交易介绍了互换的概念、种类以及主要的参与者和交易主协议，最后深入介绍了主要的互换品种。

在欧美发达市场，利率互换是场外利率衍生品中成交量最大的品种，在衍生品市场中占有重要的地位。货币互换在场外外汇衍生品中也占有举足轻重的地位。目前，互换市场的发展仍处于成长阶段。随着我国利率市场化进程的逐步推进，以及资本项目对外逐步开放，我国互换市场必将迎来发展的春天，中国广大投资者有必要对互换这个金融衍生品有一个全面而深入的了解。

## 一、什么是互换?

### （一）互换简介

互换（Swaps）是双方或多方约定好交换物品或者权利义务等的一个过程。将互换运用到金融领域，即将互换的标的附加于金融工具之上的时候，便产生了金融范畴的互换。具体来说，金融领域的互换是指两个或两个以上的当事人在将来交换一系列现金流的协议，它是一种场外衍生品。通常，互换协议要确定支付现金流的日期以及现金流的计算方法。交换的现金流（这些现金流被称为互换的“腿”）取决于所涉及的金融工具类型。例如，在涉及不同债券的现金流互换的情况下，定期交换的就是债券的利息或与债券相关的款项。

远期（Forwards）可以被看作互换的最简单的情形。例如，2013 年 3 月 1 日，一个公司签订了远期合约，规定一年之后以每吨 4 500 元买入 100 吨大豆。一年后，公司可以把收到的大豆立即在市场中卖出。该远期合约等价于这样的一个互换合约：公司同意将在 2014 年 3 月 1 日支付 450 000 元，并收取 100 吨大豆。远期合约相当于在未来某一天交换的现金流，而典型的互换合约是在未来一系列时间点交换现金流。在上述的例子中，如果在未来的 5 年内，每年 3 月 1 日该公司都想支付 450 000 元，并收取 100 吨大豆，就可以签订互换合约。

**互换与掉期是同一种金融产品吗?**

互换和掉期在英文中都叫 “Swaps”，很多人认为两者是同一个概念，只不过是翻译不同而已，但实际上两者在外汇领域存在较大差别。

外汇掉期一般指的是 Foreign Exchange Swaps，简称 FX Swaps，是指对不同期限但金额相等的同种外汇做两笔反方向的交易，相当于一笔即期交易与一笔远期交易（或两笔不同期限的远期交易）的综合。它没有实质的合约，更不是一种衍生工具，只是一种交易方式。

货币互换指的是 Currecy Swaps，是交易双方对不同货币的本金或利息（或两者同时）进行交换的交易，它有实质的合约，且是一种重要的衍生工具。

外汇掉期在外汇市场上进行，它本身没有专门的市场，只是外汇市场中的一种交易，而货币互换则形成了自身的交易市场。

货币掉期以短期为主，而货币互换一般是一年以上的中长期交易。另外，外汇市场中的掉期交易在国际贸易与国际投资方面，通过交易来改变外汇币种，规避风险，主要运用于进出口商的套期保值和银行及其他金融机构的资金头寸管理，而互换交易在国际金融市场上，是降低长期资金筹措成本和资产、负债管理中防范利率和汇率风险的非常有效的金融工具之一。

除了在外汇领域，其他类型的 Swaps，如 Interest Rate Swaps 等在一般情况下指的就是互换。

### （二）互换的分类

互换可分为以下几类：

1. 利率互换（Interest Rate Swaps）。这是一种最为普遍的互换类型。标准的利率互换里，B 同意向 A 支付若干年的现金流，这个现金流是名义本金乘以事先约定的固定利率产生的利息。同时，A 同意在同样期限内向 B 支付相当于同一名义本金按浮动利率产生利息的现金流。这两种利息现金流使用的货币是相同的。互换的时间期限可以从 2 年到 15 年以上。

2. 货币互换（Currency Swaps）。这种互换最简单的形式是将一种货币的本金和固定利息与几乎等价的另一种货币的本金和固定利息进行交换。这是另一种较为常见的互换类型。

3. 商品互换（Commodity Swaps）。这是指交易双方为了管理商品价格风险，同意交换与商品价格有关的现金流的交易。它主要是指固定价格及浮动价格的商品价格互换。

**【案例 3－1——商品互换如何进行】**

假设某厂商每月要在市场上销售 1 万桶原油。由于原油价格波动导致其销售收入极不稳定，那么该厂商就可以将 1 万桶原油作为标的进行互换。每个月，厂商将 1 万桶原油的销售收入支付给互换交易对手方，交易对手方按照事先约定的固定价格计算出相应的现金流并支付给厂商，具体见图 3－1。

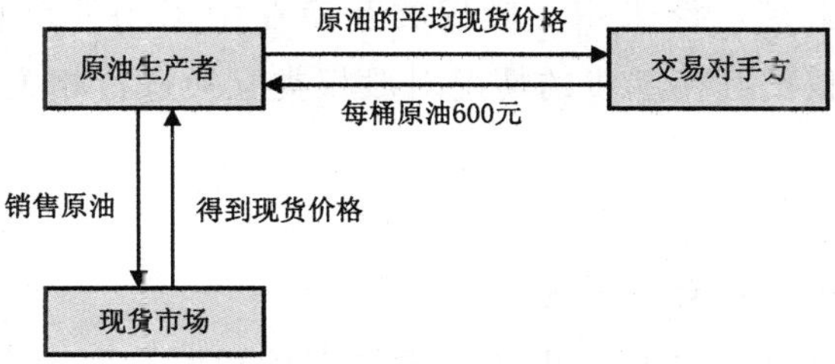


图 3－1　商品互换

4. 股权类互换（Equity Swaps）。这是将某个权益性指数所实现的总收益（红利及资本利得）交换为固定利率或浮动利率的协议。例如，每 6 个月将 1 000 万元市值的 A 股票的总收益交换为 1 000 万元本金的 6M Shibor。

5. 其他类型互换①。除了上述几种主要类型的互换以外，还有一些创新型的互换品种，具体包括：

（1）本金增长型互换、本金减少型互换和过山车型互换。在一般的互换品种中，本金是不变的，而在这三种互换中，本金是可变的。其中，本金增长型互换（Accreting Swaps）的本金在开始时较小，之后随着时间的推移，按照事先确定的方式逐渐增大。本金减少型互换（Amortizing Swaps）则正好相反，其本金按照事先确定的方式逐渐变小。过山车型互换（Roller－Coaster Swaps）的本金在互换期限内时而增大，时而

① 总收益互换和信用违约互换虽都是互换，但是本质上和互换产品不一样，笔者在此并不将这两类产品归为互换。

变小。

（2）可延长型互换和可赎回型互换。在标准的互换中，期限是固定的。可延长型互换（Extendable Swaps）的一方，有权在一定限度内延长互换期限。可赎回型互换（Puttable Swaps）的一方，有权提前中止互换。

（3）零息互换。零息互换（Zero – coupon Swaps）在互换期间只进行一次性的支付。这一次性的现金支付，可以在互换期初，也可在期末。

（4）后定利率互换（Back – set Swaps）。在一般的涉及浮动利率的互换中，每次浮动利率都是在计息期开始之前确定的。后定利率互换的浮动利率，是在每次计息期结束之后确定的。

（5）远期互换（Forward Swaps）。远期互换，也被称为延期互换（Deferred Swaps），这类互换的生效日是在未来的某一确定时点才开始，从这个未来的某一确定时点计算。

上述各种互换类型中，最常见的利率互换与货币互换，是20世纪80年代初期出现的，是适用于银行信贷和债券融资的资金融通的新技术，也是新型规避风险的金融工具。目前已在国际上被广泛采用。股权类互换在中国场外市场已开始萌芽，所以，我们也将结合中国股权类互换起步的情况对股权类互换进行相关介绍。

#### （三）互换的优点

互换这个金融衍生工具有以下优点：

1. 互换交易集外汇市场、权益市场、货币市场和债券市场于一身，它的标的可以是这些市场中的任何一种，也可以是某些市场的综合。

2. 互换能满足投资者对非标准化交易的要求，运用较为灵活。

3. 利用其他金融衍生工具进行套期保值时一般需要调整衍生品头寸，而用互换套期保值可以省却对持仓头寸的日常管理，使用简便且风险转移较快。

## 二、互换市场的参与者有哪些？

互换市场的参与者主要有政府部门、多边机构、银行等金融机构、出口信贷机构、公司以及经纪人等。

#### （一）政府部门

许多国家的中央政府利用互换市场进行利率风险管理，调整固定利率与浮动利率债务的比重。大多数政府发行的债券属于固定利率债券，利用互换市场可以将固定利率债务转换成浮动利率债务，当市场利率上行的时候，可以降低利息成本。欧洲及欧洲以外的许多政府利用互换市场将以一种货币发行的固定利率债券互换为另一种货币的债券或者从中获取更便宜的浮动利率借款。

**（二）多边机构**

多边机构是由一个以上政府共同设立的法人机构，由于有政府提供资金支持，通常信用良好。有些超国家机构被认为拥有最高的信用等级。超国家机构一般利用这种优势替客户借款，它们能够以十分优惠的价格筹集资金，并且把节省的费用与客户分摊。在资金借贷过程中，由于需要承担利率波动风险，它们普遍利用互换进行风险管理，改变资产、负债的风险敞口。

**（三）金融机构**

使用互换市场的金融机构范围很广，包括商业银行、投资银行、保险公司、养老基金和证券公司等。商业银行与投资银行是互换市场的活跃分子，它们不仅进行自营交易，同时也进行代理交易。银行利用互换作为投机工具、保值与做市工具。

**（四）出口信贷机构**

出口信贷机构一般会提供成本低廉的资金以便扩大该国的出口。出口信贷机构的资金来源渠道一般很分散，可以借入利息较低的各种货币资金，再利用互换换成客户所需的货币以降低借款成本，节省下来的费用可返还给客户。

**（五）公司（经济实体）**

许多大公司也积极参与到互换市场中来，他们用互换规避利率风险，并将资产与负债配对，其需求及操作方式与银行大致相同。

**（六）经纪人**

经纪人充当互换市场的中介，而不直接参与交易。他们撮合利率互换的需求双方达成交易，并从中收取佣金。

## 三、全球互换市场的发展如何？

互换市场作为场外金融衍生品市场的核心部分之一，在经历了发展、繁荣、衰退、复苏四个阶段后，全球互换市场目前已经进入了相对稳定的阶段。不管是从绝对规模、相对规模，还是与其他衍生品市场的横向比较来看，互换衍生品都已经成为当今世界金融市场发展的核心动力之一。

自20世纪90年代末以来，全球互换市场的发展非常迅猛，近几年开始趋于平稳。随着次贷危机的爆发，各国加大了对互换市场的监管，在市场环境和监管环境剧变的双重冲击下，近年来互换市场的增长一度陷入了停滞。在2008年之前的十年间，互换市场一直保持着较快的增长速度，其名义本金复合增长率和市值复合增长率分别达到了23.6%和31.3%。自2009年开始，由于金融危机的连锁反应，以及各国政府对互换市场监管力度的加大，互换市场的名义本金规模和总市值都受到了一定影响。互换市场名义本金出现较大波动，2011年、2013年达到历史高位，之后波动下行，2016年开始重新恢复增长；互换市场总市值自2008年高点出现以来，一直延续下滑趋势，其中2011年和2016年出现一定幅度的反弹。

随着金融市场的发展和信息技术的进步，互换衍生品市场的产品种类变得越来越丰富。尽管互换产品在设计上的灵活性决定了其基础标的存在无数的可能性，但如前所述，国际上一般会根据其标的资产将互换分为货币、利率、股票、商品四大类，剩余无法归类的互换合约则统一归为其他类（信用违约互换的英文是 Credit Default Swaps，简称 CDS，虽然也是“Swaps”，但它并不是真正意义上的互换，买卖双方并不一定会互换金融标的物，与互换产品有本质的差别，没有将其归类为互换类衍生品，而是归类为信用衍生品）。

互换市场的交易主体包括申报交易商（Reporting Dealer）、其他金融机构（Other Financial Institutions）、非金融机构和高净值个人投资者。由于互换产品的结构特性决定了参与市场交易的双方必须具有对等的专业能力和风险承受能力，互换市场中的个人投资者极少，基本可以忽略不计。从交易目的来看，场外衍生品市场的投机力量主要由交易商或对冲基金构成，而金融机构和非金融机构更多是以套期保值或对冲主营业务的风险为目的参与市场交易。

由于互换衍生品的复杂性和专业性，目前互换市场主要集中在发达国家或地区。从互换衍生品种类来看，美国市场的覆盖面最广，从一般的利率、外汇、股票、商品互换，到天气、艺术等互换衍生品，都能在其场外市场上进行交易。欧洲互换市场的品种同样丰富，而且更是全球最大的利率互换市场之一。近年来，日本、新加坡、韩国等地区的互换市场发展也十分迅速，但其相对规模仍然较小。

## 四、什么是利率互换？

利率互换（Interest Rate Swaps，IRS）是指交易双方约定在未来的一定期限内，对约定的名义本金按照不同的计息方法定期交换利息的一种场外交易的金融合约。一般来说，利率互换合约交换的只是不同特征的利息，而不涉及实质本金的互换，所以，将其本金称为名义本金。在大多数利率互换中，一方支付的利息是基于浮动利率，而另一方支付的利息是基于固定利率或浮动利率。浮动利率对固定利率的互换是标准型(Plain Vanilla)的利率互换，也是最为普遍的利率互换。

**国际利率互换市场最常用的参考利率**
**——伦敦同业拆放利率（Libor）**

伦敦同业拆放利率（London Interbank Offered Rate，Libor），是指伦敦的第一流银行之间短期资金借贷的利率。Libor 自 1986 年正式诞生之后，作为银行从市场上筹集资金进行转贷的融资成本，贷款协议中议定的 Libor 通常是几家被指定的参考银行在规定的时间（一般是伦敦时间上午 11:00）报价的平均利率。最经常使用的是 3 个月和 6 个月的 Libor。Libor 机制不仅仅提供英镑的拆放利率基准，还提供诸如美元、欧元、日元、加元、瑞郎等数十种货币的拆放利率基准。我国对外筹资成本也是在 Libor 的基础上加一定百分比。从 Libor 演变出来的，还有新加坡同业拆放利率(Sibor)、纽约同业拆放利率（Nibor)、香港地区同业拆放利率（Hibor）以及上海银行间同业拆放利率（Shibor）等。

利率互换交易之所以会发生，是因为存在以下两种交易需求：

1. 存在不同的筹资意向。如甲方可以得到相对较低的固定利率贷款，但希望以浮动利率筹集资金，而乙方可以得到相对较低的浮动利率贷款，希望以固定利率筹集资金，通过互换交易，双方均可获得希望的融资形式，这种希望的融资方式往往是为了规避双方认为的可能存在的利率风险。下面我们将以一个简单的案例对其进行介绍。

**【案例 3-2——利率互换可以满足不同的筹资意向】**

假设 ABC 公司在 2012 年 1 月 1 日向银行申请了一笔 1 000 万美元的一年期贷款，并约定每个季度偿还利息，且还款利率按照结算日的 6M Libor（伦敦银行间同业拆放利率）加上 25 个基点（BP）计算得到。ABC 公司必须在 2012 年的 4 月 1 日、7 月 1 日、10 月 1 日以及 2013 年的 1 月 1 日支付利息，且于 2013 年 1 月 1 日偿还本金。ABC 公司担心利率上涨，希望将浮动利率转化为固定利率，因而与另一家美国公司 GHI 签订了一份普通型利率互换。该合约规定，GHI 公司在未来的一年里，每个季度都将向 ABC 公司支付 Libor，从而换取 6% 的固定年利率。该利率互换的现金流情况见图 3-2。

在进行利率互换后，ABC 公司对其面临的利率风险进行了对冲，但也失去了利率下跌的潜在收益。银行的利率为“6M Libor + 25BP”，而在利率互换合约中，ABC 公司以 6% 的利率换取了 Libor 利息收入，因而 ABC 公司的实际利率为 6.25%。在此案例中，银行、ABC 公司与 GHI 公司的融资利率情况如图 3-3 所示。

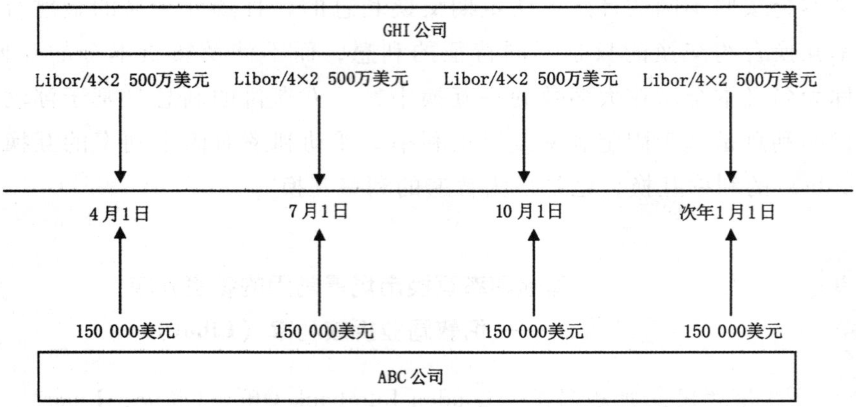


图 3－2 ABC 公司与 GHI 公司利率互换的现金流

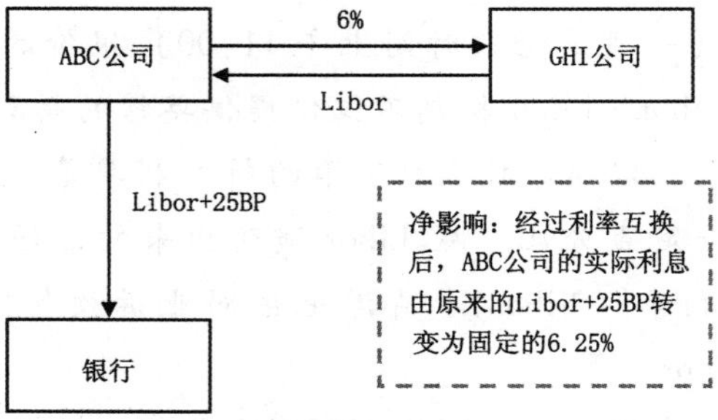


图 3－3 ABC 公司经过利率互换之后实际的融资利率

2. 存在比较优势，通过互换可以降低资金成本。某些公司在固定利率市场借款时具有比较优势，而其他公司在浮动利率市场借款时具有比较优势。比较优势可以通过利率互换发挥出来。这种比较优势到底是什么？利率互换又怎样将这种比较优势发挥出来呢？下面我们通过具体的案例来看。

**【案例 3－3——利率互换可以发挥比较优势】**

我们设想 ABC 和 GHI 两家公司都希望借入期限为 5 年的 1 亿美元，并提供了如表 3－1 所示的利率。我们设想 GHI 公司想按固定利率借款，而 ABC 公司想借入与 3 个月期 Shibor（上海银行间同业拆放利率，Shanghai Interbank Offered Rate，简称 Shibor）相关的浮动利率借款。

**表 3－1　　具有比较优势的借款利率**

| | 固定利率 | 浮动利率 |
|---|---|---|
| ABC 公司 | 10% | 3 个月 Shibor＋0.3% |
| GHI 公司 | 11.20% | 3 个月 Shibor＋1% |

虽然GHI公司在固定利率和浮动利率市场支付的利率都比ABC公司的高，但从提供给ABC公司和GHI公司的利率报价可以看出，两个固定利率的差值大于浮动利率的差值，在固定利率市场，GHI公司比ABC公司多付1.2%，但在浮动利率市场只比ABC公司多付0.7%。这就是说，GHI公司相对于ABC公司虽然没有绝对优势，但是GHI公司在浮动利率市场有比较优势——在浮动利率市场上较ABC公司多出的部分比固定利率市场上多出的部分要少，而ABC公司在固定利率市场有比较优势——在固定利率市场上较GHI公司少的部分比浮动利率市场上少的部分要多。这种明显的差异将产生可取得双赢的互换。ABC公司以10%借入固定利率借款，GHI公司以“Shibor+1%”借入浮动利率借款，然后它们签订一项互换协议，以保证最终ABC公司得到浮动利率的资金，而GHI公司则得到固定利率借款。

为理解互换是如何进行的，我们假想ABC公司与GHI公司直接进行交易，它们可能商定的互换类型如图3-4所示。ABC公司同意向GHI公司支付本金为1亿美元的以3个月期Shibor计算的利息，作为回报，GHI公司同意向ABC公司支付本金为1亿美元的以9.95%固定利率计算的利息。

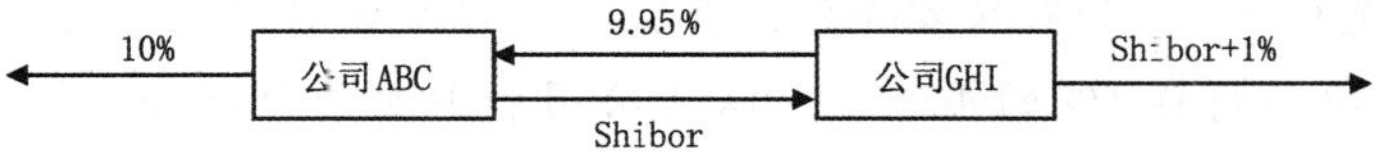


图3-4 ABC公司经过利率互换之后实际的融资利率

ABC公司有三种现金流：支付给贷款发放人10%；从GHI公司得到9.95%；向GHI公司支付Shibor。

这三项现金流的净效果为ABC公司支付“Shibor+0.05%”，它比直接在浮动利率市场借款减少了0.25%的利息支出。GHI公司也有三项现金流：支付给贷款发放人“Shibor+1%”；从ABC公司得到Shibor；向ABC公司支付9.95%的利息。

这三项现金流的净效果为GHI公司支付年利率为10.95%的利息，比它直接在固定利率市场借款减少了0.25%的利息支出。

这项互换同时改善了ABC公司和GHI公司的借款利率，每年都少支付了0.25%的利息，因此，利率互换节约的总成本为每年0.5%的利息。这可以预先算出，因为利率互换潜在节约的总成本是a减去b，其中，a为两个公司在固定利率市场的利率差，b为两个公司在浮动利率市场的利率差。在本例中，a=1.2%，b=0.7%。

正是由于存在不同的筹资意向和比较优势，利率互换交易才可能发生，利率互换可以满足不同的筹资需求，同时可以发挥比较优势，使交易双方取得双赢。

利率互换可以发挥比较优势，那么双方在签订互换合约时，势必也会要求双方从这笔交易中分得一杯羹，这种分配是否公平往往就决定了利率互换合约签订时交易双方支付利率的大小。

**【案例3－4】**

A公司和B公司如果要在金融市场上借入5年期本金为2 000万美元的贷款，需支付的年利率见表3－2。

**表3－2　　需支付的年利率**

| 公司 | 固定利率 | 浮动利率 |
|---|---|---|
| A公司 | 12.0% | Libor +0.1% |
| B公司 | 13.4% | Libor +0.6% |

A公司需要的是浮动利率贷款，B公司需要的是固定利率贷款。那么双方签订的利率互换合约应如何设计呢？其中，银行作为中介，其获得的报酬是0.1%的利差，而且要求互换对双方有同样的吸引力。

A公司在固定利率贷款市场有明显的比较优势，但A公司想借的是浮动利率贷款，B公司在浮动利率贷款市场上有明显的比较优势，但B公司想借的是固定利率贷款。这为互换交易发挥作用提供了基础。两个公司在固定利率贷款上的年利差是1.4%，在浮动利率贷款上的年利差是0.5%。如果双方合作，互换交易每年的总收益将是：1.4% －0.5% = 0.9%。因为银行要获得0.1%的报酬，所以A公司和B公司每家将获得0.4%的收益。这意味着A公司和B公司将分别以“Libor－0.3%”和13%的利率借入贷款。合适的协议安排见图3－5。

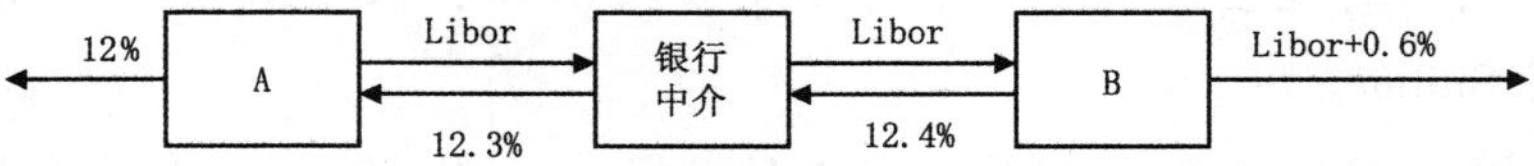


图3－5　合适的协议安排

## 五、人民币利率互换市场现状如何？

### （一）人民币利率互换交易总量

历经近两年的试点，中国人民银行于2008年1月18日颁布《中国人民银行关于开展人民币利率互换业务有关事宜的通知》，人民币利率互换交易开始正式全面推进，自此成交量逐年放大。从2010年开始，利率互换市场发展尤为迅速，成交量呈现趋势性放大。2018年全年成交量达21.5万亿元，共计407家机构备案入市。

### （二）人民币利率互换交易结构

从交易品种上看，人民币利率互换浮动端参考利率的选取主要有三大类：第一类为银行间质押式回购利率，主要是以 7 天回购定盘利率（FR007）为基准，这类互换也称 IRS - Repo。第二类是以 Shibor（上海银行间同业拆放利率），主要选取 3 月 Shibor（3M Shibor）、隔夜 Shibor（Shibor O/N）、一周 Shibor（1W Shibor）作为基准。第三类基准的选择类型是央行参考利率，包括 1 年定存、半年贷款、1 年贷款、3 年贷款、5 年贷款等。

对于不同参考利率的互换交易，交易期限的偏好有所不同。基于 FR007 的利率互换交易品种期限从 1 个月到 7 年不等，基于 1 年定存和央行基准贷款利率的利率互换期限从 3 个月到 6 年不等，基于 Shibor 的利率互换品种期限从 7 天到 5 年不等。

**（三）人民币利率互换投资者结构**

相关法律对人民币利率互换参与主体的资格要求做出了如下规定：全国银行间债券市场参与者中，具有做市商或结算代理业务资格的金融机构（市场核心需求）可与其他所有市场参与者进行利率互换交易，其他金融机构可与所有金融机构进行出于自身需求的利率互换交易，非金融机构只能与具有做市商或结算代理业务资格的金融机构进行以套期保值为目的的利率互换交易。具有做市商和结算代理业务资格的金融机构主要是指商业银行。三类机构之间的交易关系见图 3 - 6。

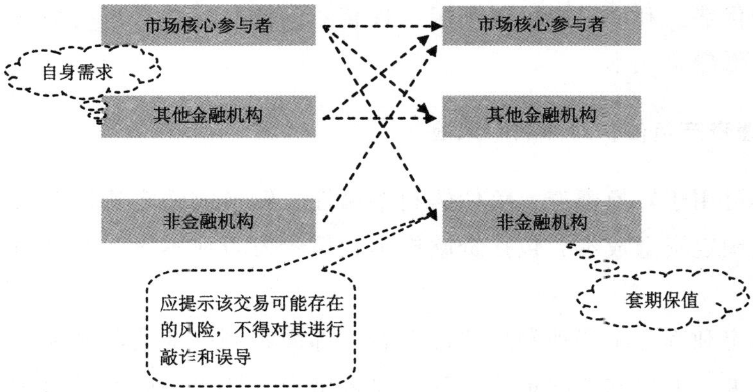


图 3 - 6　人民币利率互换投资者结构

近年来，随着政策逐步放宽和规避利率风险的迫切需求，保险、券商正在设法积极参与。各大机构参与人民币利率互换的基本情况和主要目的如下：

1. 商业银行。银行是最早参与利率互换的主体。在 2006 年利率互换试点初期，外资银行最为活跃，随后国内商业银行逐渐参与进来。银行参与利率互换的目的主要有管理资产负债的利率风险、匹配资产负债期限、作为做市商提供报价服务、对浮息债进行保值、自营交易等。

2. 证券公司。证券公司成为人民币利率互换备案机构较早，但交易较少。证券公司参与利率互换一方面是管理利率风险，另一方面是以自营、资产管理的身份参与的，包括投机交易和套利交易。

3. 保险公司。保险公司参与利率互换较早，但成交并不活跃。保险公司参与利率互换的目的主要有管理资产负债风险、匹配资产负债期限。

4. 货币经纪公司。根据原中国银监会的规定，国内货币经纪公司不得进行自营业务，作为纯粹的中介机构，货币经纪公司参与利率互换主要是为了撮合交易获取佣金收入。

## 六、利率互换有哪些应用？

利率互换可用于进行风险管理、锁定收益以及合成新产品。无论何种用途，其最终目的都是为了降低交易成本、提高收益、规避风险。正是由于利率互换的用途广泛，利率互换市场才能日益壮大，发展迅速。

### （一）降低融资成本

不同的投资者在同一个金融市场的信用评级不同，因此，融资的利率也不同，存在相对的比较优势。利率互换可以利用这种相对的比较优势，取得双赢，使得交易双方都能有效降低融资成本。

### （二）管理资产负债，对冲利率风险

利率互换可用于转换资产、负债的利率属性，转换或锁定资产尤其是债券投资的收益，转换或锁定资金成本，包括贷款成本、债券发行成本等，起到对冲利率风险的作用。

无论是固定利率还是浮动利率的持有者，都面临利率变化的影响。对固定利率债券的持有人来说，如果利率的走势上升，他将错失获取更多收益的机会，不过他可以利用利率互换将固定利率转换成浮动利率，付固定利率收浮动利率，以避免错失更多的潜在收益；对于浮动利率债券的发行人来说，如果利率的走势上升，则发行成本会增大，发行人此时也可以利用利率互换将浮动利率转换成固定利率，收浮动利率付固定利率，以减少发行成本；反之，固定利率债券的发行人和浮动利率债券的持有人将承受市场利率下行的风险，他们可以通过利率互换付浮动利率收固定利率来规避风险。

同时，对于有大量资产负债的机构来说，尤其是商业银行，也可以利用利率互换匹配资产负债的利率风险，管理资产负债缺口。商业银行支付给存款客户一定的利息，从存款客户那里取得本金，并用于发放贷款，从贷款客户处收取利息。然而，银行支付的存款利率和获取的贷款利率往往在期限上不匹配，存款利率和贷款利率的波动不

一致，会导致商业银行的收益存在较大的不确定性，使商业银行面临较大的风险。这时，商业银行可利用利率互换规避这种风险。

如图 3－7 所示，商业银行从贷款客户处收到的是 $X_1$，支付给存款客户的是 F，两者波动如果不一致，商业银行的收益将不确定。如 $X_1=3\%$，$F=2\%$，当两者波动大小一致时，商业银行的收益率将可以确定为 1%，否则很可能小于 1%。此时商业银行可在互换市场上寻找对手方签订一个这样的利率互换合约，银行支付给交易对手方 $X_2$，$X_1$ 与 $X_2$ 的差是固定的数额，同时从交易对手方处获取存款利率 F，这样从事资产负债经营的收益就可以确定为：$X_1-X_2$。通过利率互换，商业银行可以进行良好的资产负债管理，锁定经营收益。

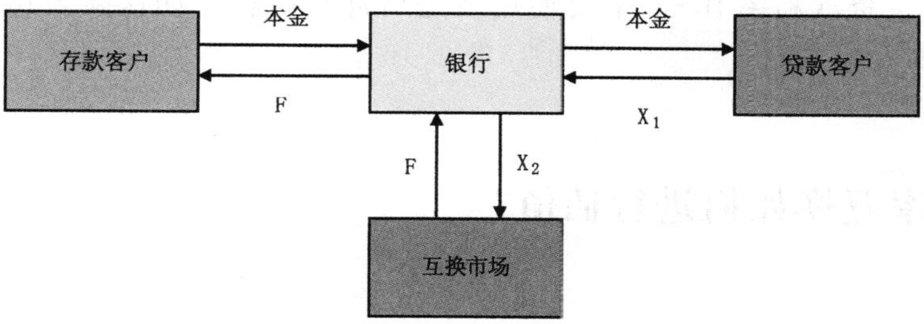


图 3－7　利率互换在商业银行资产负债管理中的运用

（三）构造产品组合

由于利率互换既可以分解为债券头寸的组合，也可以拆分为远期协议的组合，在现实中，根据不同的市场需求状况，它与其他金融工具可以进行组合，构造出符合市场需求的新型金融工具。下面我们将举一个简单的例子来看如何利用利率互换来构造新产品。

**【案例 3－5——利用利率互换来构造新产品】**

假设 ABC 公司持有一份 5 年期的本金为 K、利率为 3M Shibor 的浮动利率债券。现在 ABC 公司与 GHI 公司签订了一份本金为 2K 的 5 年期 IRS，支付 3M Shibor，收到固定利率 r，利息每 3 个月交换 1 次。签订 IRS 协议之后，ABC 公司的现金流如下：（1）从浮动利率债券中获取 K×3M Shibor 的浮动利息收入；（2）从 GHI 公司收到 2Kr 的固定利息；（3）支付给 GHI 公司 2K×3M Shibor。

这样，ABC 公司的总现金流为"2Kr－3M Shibor"。也就是说，当 Shibor 上升时，ABC 公司收到的利率收入将下降，这相当于 ABC 公司持有了一份逆向浮动利率债券。因此，一笔名义本金为 K 的浮动利率资产与一笔名义本金为 2K 的利率互换（作为浮动利率支付方）组合在一起，将构造出一份合成的逆向浮动利率债券。

以上谈到的是利率互换的常见应用，然而，不同类型的利率互换应用也不尽相同，短期和长期的利率互换的作用和使用领域不一样，从而就有不同类型的使用者。下面我们将以人民币利率互换为例，简要介绍不同类型的利率互换的应用。

1. 7天回购利率（FR007）IRS。主要使用者为：交易型机构（Trading Desks），如银行和证券公司、海外的对冲基金等；部分风险对冲账户（Hedger），如银行的债券投资部门，主要用来对冲市场利率波动风险。

2. 隔夜Shibor（O/N Shibor）IRS。和FR007一样，其主要被用来锁定短期的资金成本，主要使用者为交易型机构和部分对冲账户。

3. 3个月Shibor（3M Shibor）IRS。主要使用者为交易型机构，有不少对冲账户也参与3M Shibor市场，比如Shibor浮息债套期。

4. 定期存、贷款利率IRS。主要使用者是对冲型机构，如保险公司、银行资产负债管理部门、公司企业等。

## 七、利率互换如何进行估值?

一般来说，互换合约在初始时价值为零。例如，在普通型利率互换（Plain Vanilla Swaps）中，一方以固定利率换取另一方的浮动利率，那么协定的固定利率必定与合约签订时对应的市场浮动利率满足等价关系。在此情况下，在互换开始时，该合约的价值为零。

随着互换开始后的市场变动，互换合约的价值也随之改变。例如，当市场利率上升后，利率互换合约中支付固定利率的一方能够以较低的利率换取现在市场中更高的利率，那么他就拥有潜在的正收益，处于合约的正价值方，此时需要对互换合约的价值进行计算，以了解双方的盈亏情况和面临的违约风险。

利率互换的估值涉及两个层面：其一是签订互换合约时的估值，该估值要确保初期合约价值为零；其二是利率互换合约签订后、交易过程中互换合约的估值，此时利率互换价值有可能是正的或者是负的，该估值以合约签订时的固定利率和市场利率为基础。下面我们将从标准型利率互换合约（浮动换固定）着手，探讨利率互换的估值原理，并结合具体的案例来说明计算公式的推导以及运用方法。

### （一）利率互换的两种估值方式

1. 利率互换可以拆分相反方向的固定利率债券和浮动利率债券头寸组合进行估值。从浮动利率支付方的立场上来看，互换相当于在发行浮动利率债券的同时，再用发行浮息债的本金购买具有相同本金的固定利率支付方新发行的固定利率债券。由于债券本金相同，初始本金的互换就抵销了。更进一步，互换可以看作一个固定利率新债多头和一个浮动利率债券新债空头的组合。那么，对于浮动利率支付方互换的价值可以表示为：

$V_{swap} = V_{fix} - V_{fl}$

其中，$V_{swap}$为互换当前的价值，$V_{fix}$为互换中的固定利率债券当前的价值，$V_{fl}$为互换中的浮动利率债券当前的价值。

类似的，从固定利率支付方的立场来看，互换相当于一个浮动利率新债多头和一个固定利率新债空头的组合。那么对于固定利率支付方互换的价值可以表示为：

$V_{swap} = V_{fl} - V_{fix}$

$V_{fix}$为固定利率方在互换期间的现金流按照市场收益率折现到估值时的价值，这些在未来支付的现金流数额是确定的。

$V_{fl}$为浮动利率方在互换期间的现金流按照市场收益率折现到估值时的价值，这些现金流的数额是不确定的。那么在估值时，就涉及对这些现金流的大小进行估算。估算一般是根据当前的市场收益率曲线计算出远期利率，并将该远期利率作为对浮动利率支付时刻的即期利率，从而据此计算出浮动利率方在未来需要支付的现金流，将这些现金流按照市场利率折现就可得到 $V_{fl}$。

2. 利率互换可以拆分成一系列远期利率协议的组合进行估值。现在我们看一个利率互换的例子。互换合约是 2012 年 1 月 1 日签订的 1 年期交易，每 3 个月支付一次利息，第一次支付的 Libor 利率在协议签订的时候就已经可以确定（利率互换的浮动利率是在每轮支付期的期初确定，期末进行实际支付）。随后的 3 次现金流支付可以视为一系列远期利率协议。预定在 2012 年 7 月 1 日进行的互换等价于以 6% 的利率交换 2012 年 4 月 1 日的 6M Libor 市场利率，预定在 2012 年 10 月 1 日进行的互换等价于以 6% 的利率交换 2012 年 7 月 1 日的 6M Libor，依次类推。

由于利率互换是一系列远期利率协议的组合，通过估算远期利率协议的价值，就可以估算出利率互换的价值。估算远期利率协议的过程也是根据当前的市场收益率曲线计算出远期利率作为未来某时刻的即期利率，扣除这个时刻的协议利率（即互换中的固定利率），并依据这两个利率之差计算出净现金流，折现到估值时刻就可以得到利率互换的价值。

可以看到，将利率互换拆分成固定利率债券和浮动利率债券组合的方式进行定价，实质是将未来的固定利率现金流、浮动利率现金流分别折现到估值的时刻（一般是当前），然后相减即得到利率互换的价值；而将利率互换分解为一系列远期利率协议组合的方式，是将未来时刻的固定利率现金流、浮动利率现金流相减之后，再折现到估值的时刻即得到了利率互换的价值。这两种计算方式的本质是一样的，只不过计算的先后顺序不同，计算出的结果也是等价的。因此，在下面的案例分析中，我们只探讨债券组合方式。

我们首先举例来看利率互换合约签订时对于固定利率的估算。

**【案例3-6——利率互换合约签订时对于固定利率的估算】**

一笔名义本金为500万美元，每3个月进行互换，是为期1年（假设一年期按360天计算）的标准型利率互换，浮动利率支付方每期末按照期初的3M Libor支付，那么固定利率支付方每期应支付的合理利息是多少呢？假设当前市场中90天、180天、270天、360天的Libor利率分别为3%、3.5%、4%、4.5%。

我们在此采用第一种估价方式——将利率互换拆分成固定利率债券和浮动利率债券的组合来测算利率互换签订时的固定利率值。如前所述，互换合约签订时的价值应为零，从而固定利率债券在当前的价值应等于浮动利率债券的价值。然而，在此处，我们折现的时候使用的是Libor收益率曲线（具有市场代表性的利率），根据债券定价公式可以知道，当息票率等于折现率的时候，债券价值等于本金，那么，息票率为Libor的浮息债的价值总是等于本金。所以，我们计算出的固定利率值要确保固定利率债券的现值也等于本金。

固定利率债券的定价公式为：

$$PVC=\frac{C}{1+R_1}+\frac{C}{1+R_2}+\frac{C}{1+R_3}+\cdots+\frac{C}{1+R_n}+\frac{P}{1+R_n}$$

其中，PVC为债券当前的市场价格，C为固定利息，P为债券本金，R为当前市场的真实利率，$1+R_n$是n期的贴现率，等同于$(1+R)^n$。

如前所述，固定利息C必须满足：

$$P=\frac{C}{1+R_1}+\frac{C}{1+R_2}+\frac{C}{1+R_3}+\cdots+\frac{C}{1+R_n}+\frac{P}{1+R_n}$$

对公式进行简化可得：

$$P\left(1-\frac{1}{1+R_n}\right)=C\left(\frac{1}{1+R_1}+\frac{1}{1+R_2}+\frac{1}{1+R_3}+\cdots+\frac{1}{1+R_n}\right)$$

最终，可推算出利率互换中的固定利息公式为：

$$C=\frac{P\left(1-\frac{1}{1+R_n}\right)}{\frac{1}{1+R_1}+\frac{1}{1+R_2}+\frac{1}{1+R_3}+\cdots+\frac{1}{1+R_n}}$$

简化后可得：

$$C=\frac{P\ (1-Z_n)}{Z_1+Z_2+Z_3+\cdots+Z_n}$$

其中，$Z_n$为贴现因子，等于$\frac{1}{(1+R)^n}$。

在此例中，首先我们可以计算4个结算期的贴现率如下：

$$Z_{90天} = \frac{1}{1+\left(3\% \times \frac{90}{360}\right)} = 0.99256$$

$$Z_{180天} = \frac{1}{1+\left(3.5\% \times \frac{180}{360}\right)} = 0.98280$$

$$Z_{270天} = \frac{1}{1+\left(4\% \times \frac{270}{360}\right)} = 0.97087$$

$$Z_{360天} = \frac{1}{1+\left(4.5\% \times \frac{360}{360}\right)} = 0.95694$$

根据上述固定利息公式，可以得到：

$$C = \frac{5\ 000\ 000 \times (1-0.95694)}{0.99256+0.98280+0.97087+0.95694} = 55\ 000$$

即年化固定利率为：

$$\frac{55\ 000}{5\ 000\ 000} \times \frac{360}{90} = 4.4\%$$

在得到利率互换合约的固定利率后，就可以进一步计算每个结算日的合约市场价值。下面我们再通过另一个简单的案例来看利率互换合约签订后的估值。

如前所述，计算特定时刻的互换合约的价值，就是该时刻两种债券的市场价值之差。对于浮动利率型债券来说，很重要的一个特性就是其在每一期利率结算日，未来的本金和利息的现值之和都会恰好等于债券本金。这是由于其未来的现金流会随市场变化而自动调整所决定的，是计算互换利率合约价值时必须注意的一点。关于浮动利率价值的具体推导过程比较简单，这里不再展开，有兴趣的读者可以自行查阅相关的资料。

**【案例 3-7——利率互换交易过程中的估值】**

假设当前市场上存在一份 1 年期的利率互换合约，合约情况如下：

合约期限为 1 年，双方每季度会进行一次利息互换。该合约的名义本金为 3 000 万美元，而固定利息支付方将以 6.052% 的年利率换取浮动利率支付方支付的 Libor 利率。在合约签订之时，90 天的 Libor 利率为 5.5%，而当合约正式开始 30 天后，市场上的 Libor 发生了变化，利率结构见表 3-3，那么该利率互换合约的价值应该是多少呢？

首先，对于每一单位的本金，固定利息支付方需支付的季度利息为：

$$0.06052 \times \frac{1}{4} = 0.01513$$

因此，固定利息债券在未来所需支付的现金流以及现值计算见图3-8。

表 3－3　　贴现因子曲线

| | 利率 | 贴现因子 |
|---|---|---|
| 60 天 Libor | 6.0% | 0.99010 |
| 150 天 Libor | 6.5% | 0.97363 |
| 240 天 Libor | 7.0% | 0.95541 |
| 330 天 Libor | 7.5% | 0.93567 |

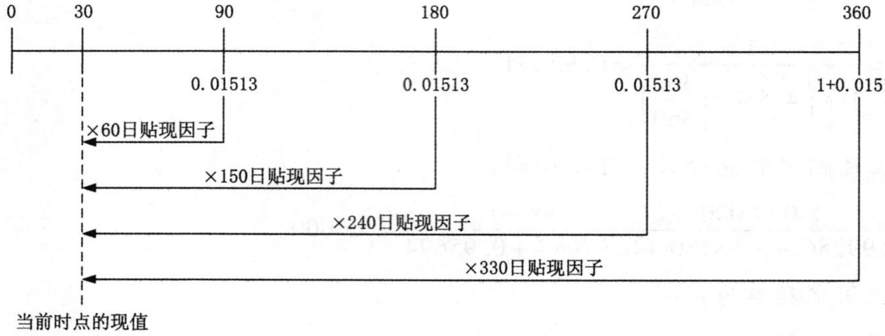


图 3－8　固定利率债券在未来所需支付的现金流以及现值

根据图 3－8 可知，固定利率债券当前的现值等于未来各期现金流的贴现值。具体计算过程见表 3－4，计算出固定利率债券在当前时刻的单位价值为 0.993993 美元。

表 3－4　　现值计算

| | 单位本金的现金流（美元） | 贴现因子 | 现值（互换开始后 30 天）（美元） |
|---|---|---|---|
| 互换开始后 90 天 | 0.01513 | 0.99010 | 0.014980 |
| 互换开始后 180 天 | 0.01513 | 0.97363 | 0.014731 |
| 互换开始后 270 天 | 0.01513 | 0.95541 | 0.014455 |
| 互换开始后 360 天 | 1.01513 | 0.93567 | 0.949827 |
| 总现值 | | | 0.993993 |

接下来，只需计算出浮动利率债券的总价值，就可以得到互换合约的价值。首先，利率互换合约中，第一期的浮动利息支付金额是在互换合约签订时就已经知道的，即例子中签订合约时的 90 天 Libor 利率（5.5%）。因此，在互换开始 90 天时，浮动利率支付方应为单位面值支付的利息为：

$$0.055\times\frac{1}{4}=0.01375\text{（美元）}$$

另外，根据浮动利率债券在利息结算日的价值会自动回归面值的原理可以知道，在互换开始 90 天时，单位面值的未来利息加上本金的贴现值恰好等于 1。综上所述，可以画出浮动利率债券的贴现计算过程（见图 3－9）。

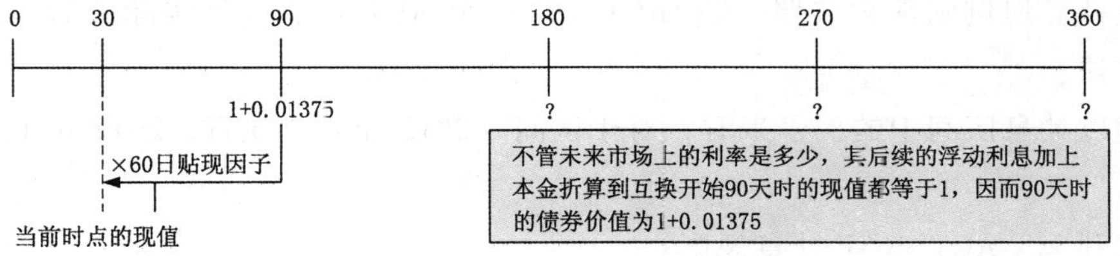


图 3－9 浮动利率债券的现值计算

显然，浮动利率债券在当前时刻的单位价值等于 1.003714（计算过程是：1.01375×0.99010），其与固定利率债券的单位价值差为 0.009721 美元，因而互换合约的总价值等于名义本金乘以单位价值差，计算如下：

互换合约价值＝(1.003714－0.993993)×30 000 000＝291 630（美元）

由于浮动利率债券的价值高于固定利率债券，浮动利率支付方相当于用浮动利率债券换取固定利率债券，处于合约的负价值方，而固定利率支付方则处于合约的正价值方。

### （二）利率互换定价在实际运用中需要注意的细节

利率互换是价格波动非常大的商品，在实际交易中，会计部门会要求每天对交易进行估值，逐日盯市，即 Mark to Market，风控部门要求每天对交易进行风险预测，交易员在做新交易时，需要马上知道相关风险指标，以便进行对冲交易。

下面我们将结合 Bloomberg 的利率互换定价模块来看实际市场中的 IRS 定价过程中需要注意的各种细节。

1. 利率互换的计息区间。利率互换有两条“腿”，一般来说两条“腿”有相同的计息区间。前一个区间的结束日就是下一个区间的开始日。对于标准的互换，每个区间的终止日也是支付日，这些日期均需是工作日，如遇节假日则顺延至下一个工作日。

支付日的制定方法举例说明如下：

对于起息日（First Date）为 2012 年 8 月 5 日，每 3 个月支付一次的 7 年期 IRS 来说，按公式 End Date k ＝ First Date ＋ k·3M 可求出第 k 个支付日：

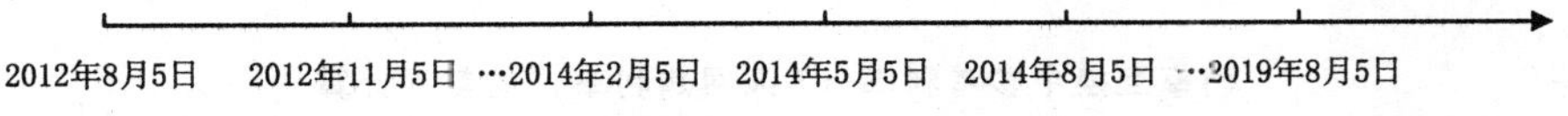


对支付日 End Date k 作假日调整（修正至下一个工作日）：

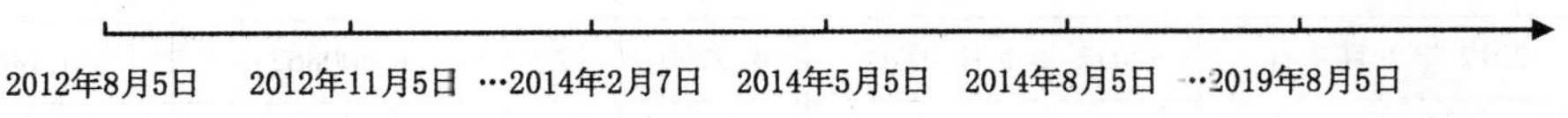


2. 利率互换的计息规则。利率互换有两条“腿”，每条“腿”有许多区间。每个区间要计算一个利息，利息计算涉及计息期限，而期限与计息规则有关。

利率互换支付的浮动利率大多是货币市场利率，通常以 ACT/360 报出（ACT 表示实际天数），例如国际上的 Libor 和中国的 Shibor 都按照这一天数计算惯例。而固定利率的天数计算惯例则常常按照 ACT/ACT（后一个 ACT 表示当年实际天数）或 A/365 的报价方法。

继续以计息区间中的例子来看，对于区间［2012 年 8 月 5 日，2012 年 11 月 5 日］来说：

固定利率　ACT/365F 计息规则：

期限 =（2012 年 11 月 5 日 − 2012 年 8 月 5 日）/365

= 0.252055

利息 = 100 000 000 × 5% × 0.252055 = 1 260 275.00

浮动利率　ACT/360 计息规则：

期限 =（2012 年 11 月 5 日 − 2012 年 8 月 5 日）/360

= 0.255556

利息 = 100 000 000 × 3.5% × 0.255556 = 894 446.00

当浮动利率与固定利率的天数计算惯例不同时，意味着两者利息无法直接比较，真正支付时必须对两种利率报价的不同天数进行调整（因为利率互换在支付日只支付两种利息之差），可以将 Libor 利息乘以 365/360，或者将固定利率利息乘以 360/365。

3. 利率互换复利计算方法。如果利率互换的计息区间大于参考利率对应的期限，就涉及对计息期间的利率进行重置。比如说以 7 天回购利率或隔夜 Shibor 为参考利率，每 3 个月支付一次的利率互换就要计算复利，也就是将每 3 个月中的隔夜 Shibor 不断重置计算复利。

如果一个计息区间中有 n 个利率重置，第 i 个的利率为 $R_i$，计息期限为 $T_i$（年），本金为 N，按复利计算：

$$本息 = N \times (1 + R_0 \times T_0) \times (1 + R_1 \times T_1) \times \cdots \times (1 + R_n \times T_n)$$

$$利息 = 本息 - N$$

举一个 7 天回购利率复利计算的例子来看：以 ACT/365 规则计算利息，起息日是 2012 年 1 月 10 日，结束日是 2012 年 4 月 10 日，每 7 天重置，重置日是每个重置期（7 天）的起始日，利率确认日是重置日的上一个营业日。复利计算过程见表 3 − 5。

**表 3 − 5　利率互换中参考利率（7 天回购利率）的复利计算**

| | 利率确定日 | 重置日 | 利率 | 天数 | N + R × T（N = 1） | 本息复利 |
|---|---|---|---|---|---|---|
| 1 | 2012 年 1 月 9 日 | 2012 年 1 月 10 日 | 4.5200 | 7 | 1.000867 | 1.0008668 |
| 2 | 2012 年 1 月 16 日 | 2012 年 1 月 17 日 | 7.0000 | 7 | 1.001342 | 1.0022105 |
| 3 | 2012 年 1 月 23 日 | 2012 年 1 月 24 日 | 4.5000 | 7 | 1.000863 | 1.0030754 |
| 4 | 2012 年 1 月 30 日 | 2012 年 1 月 31 日 | 4.5000 | 7 | 1.000863 | 1.0039411 |
| 5 | 2012 年 2 月 6 日 | 2012 年 2 月 7 日 | 3.4500 | 7 | 1.000662 | 1.0046053 |

续表

| | 利率确定日 | 重置日 | 利率 | 天数 | N+R×T (N=1) | 本息复利 |
|---|---|---|---|---|---|---|
| 6 | 2012年2月13日 | 2012年2月14日 | 3.6500 | 7 | 1.000700 | 1.0053085 |
| 7 | 2012年2月20日 | 2012年2月21日 | 5.9316 | 7 | 1.001138 | 1.0064521 |
| 8 | 2012年2月27日 | 2012年2月28日 | 3.6600 | 7 | 1.000702 | 1.0071586 |
| 9 | 2012年3月5日 | 2012年3月6日 | 3.1200 | 7 | 1.000598 | 1.0077612 |
| 10 | 2012年3月12日 | 2012年3月13日 | 2.8000 | 7 | 1.000537 | 1.0083024 |
| 11 | 2012年3月19日 | 2012年3月20日 | 2.7500 | 7 | 1.000527 | 1.0088342 |
| 12 | 2012年3月26日 | 2012年3月27日 | 3.3000 | 7 | 1.000633 | 1.0094726 |
| 13 | 2012年4月2日 | 2012年4月3日 | 3.4500 | 7 | 1.000662 | 1.0101405 |
| 支付日 | | | | 91 | | |

对于名义本金为100 000 000元的IRS来说，2012年4月10日浮动利率支付方应该支付的利息 = 100 000 000 ×（1.0101405 − 1）= 1 014 050元。

4. 如何使用Bloomberg给利率互换定价。弄清楚了以上各种细节之后，我们再结合以上各种细节来看如何用Bloomberg给利率互换定价。

以下是用Bloomberg给标准型的IRS定价的例子。在Bloomberg中输入SWPM即可调出给IRS定价的界面，具体如图3－10所示。图3－10中列出的是以3M Shibor为基准，每半年支付1次，每3个月重置1次（每个计息区间共计算复利1次），采用ACT/365计息规则的新签订的名义本金为10 000 000万元的5年期人民币利率互换。图3－10给出了这份新签订的利率互换的固定利率端定价，以使利率互换的价值即界面最下方所列示的价格为0。可以看到，定出来的息票率是4.05%，浮动端对远期利率的估算采用的是Shibor收益率曲线，贴现计算净值时采用的是IRS收益率曲线。

### （三）利率互换估值小结

明确了利率互换估值的原理及实际运用中的各种细节之后，我们将利率互换估值按步骤进行了梳理和总结。

利率互换的估值所需要准备的条件：

1. 估值的日期：例如2012年3月16日。
2. 估值要用的贴现因子计算收益率曲线以及远期利率估算收益率曲线。
3. 重置利率的历史数据。

估值时需要计算各条“腿”的PV，然后相加：

1. 产生一系列的计息日期，计算区间天数。

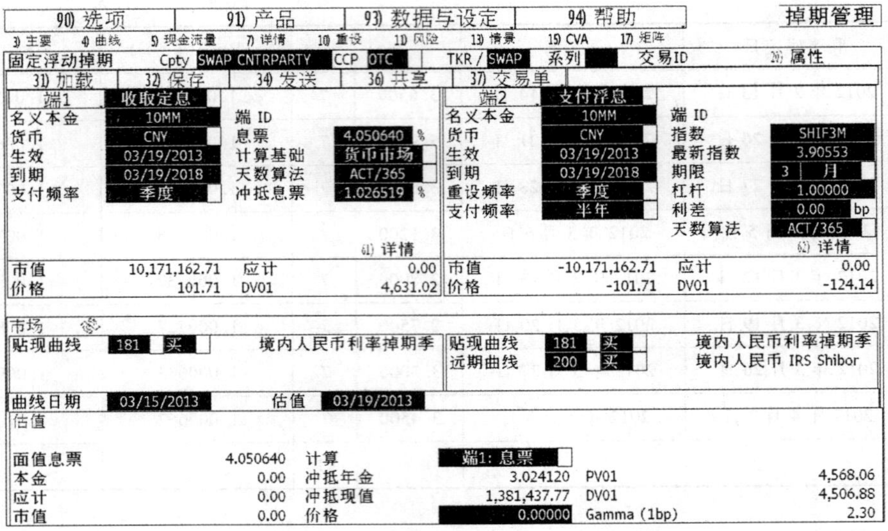


图 3-10 Bloomberg 给 IRS 定价

2. 获得每个区间的利率（已发生重置的用历史数据，未发生的用估算出的远期利率）。

3. 计算现金流（Payment）。

4. 现金流乘以支付日的贴现因子得到区间 PV。

5. 把所有区间的 PV 加起来即得到 IRS 的估值。

## 八、利率互换的交易策略有哪些？

利率互换的交易策略包含两大类：单边交易和组合交易。单边交易主要是指方向性交易（Directional Trade），以投机为目的的纯单边交易。组合交易策略包括互换和现券的组合交易（基差交易）以及互换与互换之间的组合交易（曲线利差交易）。下面将分类讨论上述各种策略。

### （一）单边交易

单边交易是投资者基于未来互换利率和参考利率走势的研判，采用相应方向操作的交易策略。单边交易策略可以持有互换到期，也可以通过相反交易在期间平仓。

如果预计未来利率将上升，可以支付固定收浮动，即一般意义上的买方，等到将来利率随预期上涨，利率互换固定端上行，投资者可以通过逆向操作，收固定利率付浮动利率，在期限匹配的情况下可以达到平盘的效果。由于付的固定利率比收的固定利率要低（市场预期利率上升会使得固定端利率上升），同时收付的浮动利率相等，投资者可以通过这个过程盈利。以上这种盈利方式是平仓盈利，投资者也可以通过持有至到期来盈利，持有至到期的过程中，投资者收到的浮动利率价值高于一开始建仓时对即将收到浮动利率的预期，即高于建仓时固定利率的价值，从而产生盈利。

如果预计未来利率将下降，可以收固定利率付浮动利率，即一般意义上的卖方，同意通过引入第三方来平仓或者持有至到期来实现预期收益。

决定利率互换走势的主要因素包括基本面、资金面和政策面。基本面因素包括经济增长和通货膨胀因素，主要影响长端互换利率，而政策面和资金面，主要影响短端互换利率。资金面除了银行间市场的自营资金以外，还包括国内和海外的客盘（即只能通过代理结算会员进入市场交易的机构）需求，国内的客盘包括各类金融机构和需要对冲利率风险的企业，国外的客盘主要指对冲基金。在人民币利率互换中，7 天回购互换主要受资金面影响，1 年定存利率互换和 1 年贷款利率互换则完全受到央行参考利率的影响，3 个月 Shibor 互换则同时受到资金面和央行参考利率的影响。

显而易见，利率互换最终的盈亏取决于投资者期初对参考利率走势的把握。

### （二）利率互换曲线利差交易

对于同一参考利率的互换，根据互换利率曲线中不同期限的利差相对走势的变化可以构造出曲线利差交易策略。

如果判断利率互换收益率曲线会变陡，即期限利差会扩大，则可以做多期限利差——买入长期 IRS、卖出短期 IRS，即浮动端是收长期付短期，固定端是付长期利率收短期利率；反之，如果判断利率互换收益率曲线会变平，则可以采用相反的做空期限利差交易——卖出长期 IRS、买入短期 IRS，即浮动端是收短期付长期，固定端是付短期利率收长期利率。当然，应该根据久期进行两个互换的资金匹配，两边的头寸配比应使得基点价值 DV01 相等。

可以看到，利率互换曲线利差交易虽说是一种双边组合交易，但相对于套利交易来说，它所依据的价差波动规律的确定性没有那么明显，它更多的是一种投机，和单边交易类似，只不过投机的标的不一样。相对单边交易来说，曲线利差交易风险更小。

决定 IRS 曲线利差走势的主要因素和影响 IRS 曲线波动大小走势的因素相同，IRS 曲线短端主要受货币政策和资金面的影响，长端主要受到经济增长、通货膨胀两大主要因素的影响。影响因素相同，所以曲线利差走势和曲线波动大小有一定的相关性。更形象地说，曲线斜率变化和上下移动存在一定的相关性。图 3 - 11 列出了人民币以 FR007 为基准的 2 年期和 5 年期 IRS 走势以及两者利率之差。

可以看到，当货币政策相对宽松，经济增长良好的时期（比如说 2008 年、2009 年和 2011 年），曲线利差较大。具体表现为利率上行即曲线整体上移的时候，曲线利差

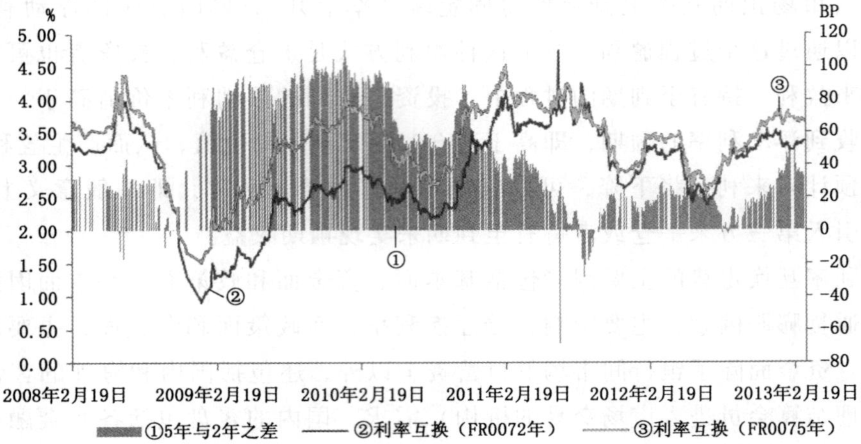


图 3-11 人民币以 FR007 为基准的 2 年期和 5 年期 IRS 利率之差

资料来源：Bloomberg。

增大。

### （三）债券与互换组合套利

互换和债券组合策略是目前各种套利策略中最常见的一种。这种套利并不是做多或做空某个债券，而是做多或做空互换与债券之间的利差。一般情况下，利率互换走势应与相应期限的无风险债券走势基本一致。

我们可以将以 FR007 为基准的 5 年期人民币 IRS 利率走势和 5 年期政策性金融债走势进行比较分析，从图 3-12 中我们可以发现几点：

图 3-12 5 年期人民币 IRS 利率走势和 5 年期政策性金融债走势比较

1. 5 年期人民币 IRS 利率走势和 5 年期政策性金融债走势基本一致，长期来看，5 年利率互换和 5 年金融债的利差均值接近于 0。虽说 IRS 利率反映的是未来 5 年远期利率的预期折现到现在的现值，但是市场对未来利率的预期多基于当前的市场状况，所以 IRS 利率走势和 5 年期现券基本一致。这和沪深 300 指数期货与沪深 300 指数走势基本一致的原理如出一辙。虽说期货反映的是现货未来的价格，但是对未来的预期是基于当前对市场的判断，所以期货和现货走势基本一致。

2. IRS 的整体波幅相对于现券的波动更为平稳。某个突发消息可能导致短期内利率急剧波动，但是这种剧烈波动为市场情绪的因素所影响，这种市场情绪会在较长时间内得到平复，从而使得较长期内波动不那么剧烈。IRS 是未来几年利率的加权平均，这种长期的平均会使得利率波动趋势更为平缓，从而使得 IRS 的整体波幅要比现券的更小。

债券与互换组合套利交易策略的产生正是基于 IRS 和现券波动基本一致的原理操作的。当利差出现异常值，我们预期它终将回归正常时，就可以进行相应方向的利差操作。

做多利差（利差 = 互换利率 - 债券到期收益率）是指套利交易者预期互换与债券的利差会扩大，从而作为互换的买方（Bid）收浮动利率付固定利率，同时通过在回购市场进行正回购借入资金买入相同期限的债券，等到利差扩大再进行平仓的交易策略。

做空利差则刚好相反，是指套利者一开始作为互换的卖方（Offer）收固定利率付浮动利率，同时通过在回购市场进行逆回购借入具有相同期限的债券并卖出做空，等到利差缩小再进行平仓的交易方式。

组合套利时买卖的债券可以是无风险债券，在我国债券市场主要包括国债、央票、金融债，也可以是信用债。买卖信用债其实是假定信用利差在套利期间保持不变，所以如果以信用债为套利标的，则须承担信用风险。在下面的探讨中，我们均以无风险债券为例。

债券与互换组合套利策略具体操作模式见图 3 - 13。

做多利差：

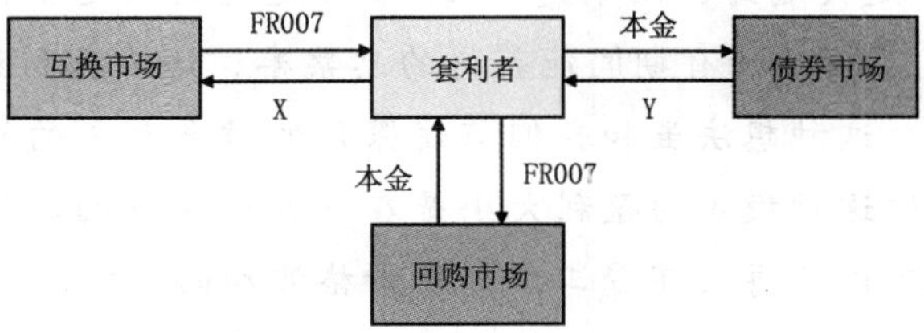


图 3 - 13 回购债券与做多互换套利组合

首先正回购融入本金，然后买入一只国债，从而做多国债；其次买入互换，收取浮动利率，支付固定利率。最终收支情况为：

收：国债到期收益率 - 互换固定利率 = 负互换利差

支：回购利率－互换浮动利率（如 FR007 或 1 年定期存款利率）

可以看到，当互换浮动利率与回购利率基本一致的时候，我们的收益取决于国债到期收益率与互换固定利率之差，当两者利差扩大的时候，我们就可以平仓获取收益。

做空债券与做空互换套利组合见图 3－14。

做空利差：

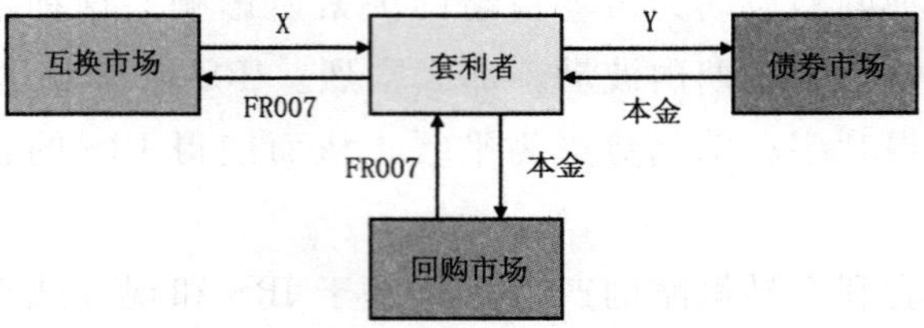


图 3－14　做空债券与做空互换套利组合

首先逆回购一只国债，然后将其卖出，从而做空国债；其次卖出互换，收取固定利率，支付浮动利率。最终收支情况为：

收：互换固定利率－国债到期收益率＝互换利差

支：互换浮动利率（如 FR007 或 1 年定期存款利率）－回购利率

可以看到，当互换浮动利率与回购利率一致的时候，我们的收益取决于互换固定利率与国债到期收益率之差，当两者利差扩大的时候，我们就可以平仓获取收益。

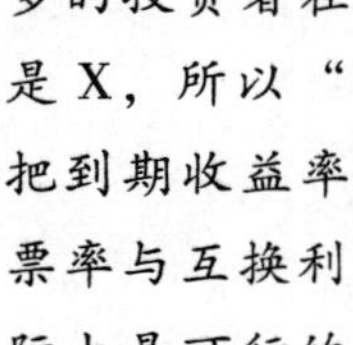


**如果价差一直逆向波动，我们可以通过持有至到期来获取债券与互换组合的套利收益吗？**

我们刚刚讨论的做多、做空利差组合套利策略均是通过平仓博取利率互换固定利率、现券到期收益率在二级市场价差的波动来获取收益的。但是，相信较多的投资者在刚看到图 3－13 所示的操作模式时，会以为套利者收到的是 Y，支付的是 X，所以“Y－X”越大越好，而不是“X－Y”越大获利越多，这种想法实际上是把到期收益率 Y 看成了债券持有期间能获得的息票率，认为套利获取的是一级市场息票率与互换利率之差。这种想法虽和我们前述探讨的做多利差的思路不一样，但它实际上是可行的，只不过这种模式的盈利大小是在一开始入场的时候就基本确定了，且只需要持有至到期就可以获得（不受二级市场价格波动的干扰）。

此种模式的具体做法是：买入 IRS，同时通过在货币市场上回购获得资金买入债券，并将两者持有至到期。

在这个过程中，套利者获取的固定端收益率＝单利最终收益率 D－X。

其中，D＝[息票 C＋(债券面值－债券净价)/剩余年限]/债券净价，D 和到期收益率的不同之处是未计算复利。在此处我们不讨论复利，即假设投资者在套利期间获取的息票不用于再投资。

套利者获取的浮动端收益率为互换浮动端利率（如 FR007 或 1 年定期存款利率）减去回购利率。

当固定端收益加上浮动端收益大于零时，套利者就可以在 IRS 市场上收浮动利率付固定利率，同时在回购市场上支付回购利率融入与 IRS 本金同大小的资金，买入对应期限的债券，并持有至到期。这样投资者就可以获取“（固定端收益率 + 浮动端收益率）×IRS 本金”大小的收益。具体操作模式与做多 IRS 利差很类似，只不过需要持有头寸至到期。操作模式见图 3－15。

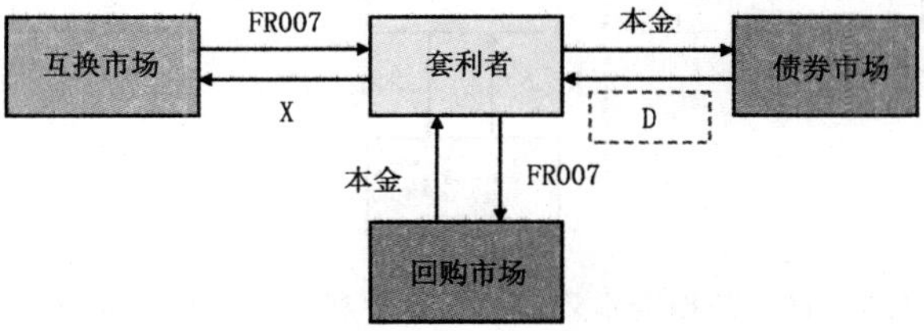


图 3－15　持有至到期的 IRS、现券套利组合操作模式

相反，当固定端收益加上浮动端收益小于零时，我们可以进行相反方向的操作，具体与做空 IRS 利差操作模式相同，同样需要持有至到期。

**（四）典型案例**

需要指出的是，互换套利并非获得无风险收益，任何套利交易在获得超额收益的同时也引入了各类风险因素。如当货币市场资金紧张的时候，如果不能顺利进行正回购融资，投资者有可能被迫卖掉债券，从而使得套利失败。

另外，还会存在一些极端风险因素使得利差在很长一段时间内都不往预期的方向发展，而是背道而驰，导致账面亏损越来越大，从而可能会使得套利者不得不提前止损，以亏损告终。下面我们来看长期资本管理公司（LTCM）进行套利导致巨额亏损的例子。

1994 年 2 月，梅里韦瑟（John Meriwether）创办了宏观数量化基金——长期资本管理公司（Long－term Capital Management，LTCM）。当时的核心人物包括前美联储副局长莫林斯（David W. Mullins）和被誉为衍生工具之父的诺贝尔经济学奖得主斯科尔斯（Myron Scholes）、莫顿（Merton Miller）。炒手、学者和官员的绝妙组合，使长期资本管理公司创造过神话般的业绩。LTCM 不负众望，取得了骄人业绩，其年均投资回报率高达 40%，将投资人的资金翻了 3 倍。这一系列记录以及合伙人的声望都使得投资人对 LTCM 情有独钟，LTCM 成为华尔街的宠儿。

由于资产管理人的品牌效应，LTCM 获得各家银行机构给予最高等级的贷款优惠，LTCM 向银行贷款借入了 1 000 亿美元，买进卖出各种证券和股票市值高达 1.25 万亿美元。净资产价值约48亿美元，杠杆比率达250倍，在国际金融市场上创了最高纪录。

1998年初，英、美资本市场利率互换与相似到期期限国债的利差（Swap Spread）逐步走高，经过模型计算，LTCM的交易员相信互换利率交易利差会逐渐回归至正常水平。所以，他们在1998年5月的时候动用大量资金做空利率互换利差，LTCM持有的利率互换头寸总值超过7 000亿美元。在高杠杆的背景下，利率差距稍微缩小，就会给LTCM带来巨额的获利。同样，利率差距稍微增加，也会让LTCM立即破产。其在美国市场上进行的做空利率互换利差的交易模式见图3－16。

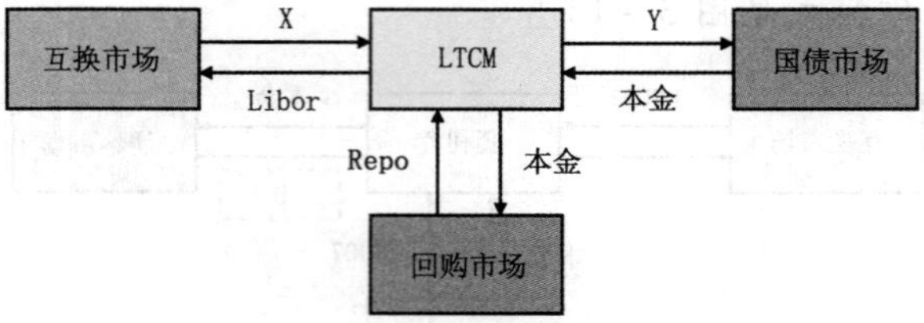


图3－16　长期资本管理公司做空利差进行套利的模式

美国市场的Repo利率一般是Libor的0.8倍，因此，在浮动端LTCM始终处于亏损状态，“X－Y”的收窄如果能覆盖住这一部分亏损才能产生盈利。然而，LTCM基于模型算出的套利机会并没有预料到“黑天鹅”的出现，“X－Y”不仅没有如期收窄，反而出乎意料地迅速扩大。

1998年8月17日，俄罗斯宣布卢布采用大区间浮动汇率（1美元兑换6.0～9.0卢布），直接导致卢布剧烈贬值，叶利钦政府宣布无限期延缓债务清还，引发信用风险，使得发展中国家的债券无人问津，收益率急速上升。事件发生后，资产纷纷逃向安全性高的德国、美国债券市场，导致德国、美国国债收益率急剧下降。然而，在这个过程中，利率互换利差却逐步走高，主要有以下三方面的原因：

1. 市场预期美国国债收益率下降不会持续太长时间，而LTCM持有的IRS头寸的固定利率反映的是未来中长期利率的加权平均，其下降幅度并不及国债利率。

2. IRS流动性没有国债那么高，存在部分流动性溢价。

3. 在利率互换利差扩大初期，市场中其他仿效LTCM操作的机构投资者由于账面上出现亏损，选择了结束套利。虽然按照套利原理，即使价差逐步扩大，将套利头寸持有至到期，一样会取得盈利，然而很多投资者由于各种原因选择了结束套利，这使得利差进一步扩大。而LTCM由于利差的快速扩大，导致投资损失呈几何级数增加。当时美元IRS利差波动情况以及LTCM的交易时点具体见图3－17。

祸不单行，LTCM在其他市场的投资也接连失手，蒙受重大损失。到8月底，LTCM的资本降到了23亿美元，失去了年初时超过半数的股权资本。1998年8月，LTCM的基金共损失44%，其中，82%是做利差套利造成的。

随着损失的不断增加，LTCM已越来越难以满足保证金要求，需要更多抵押品来

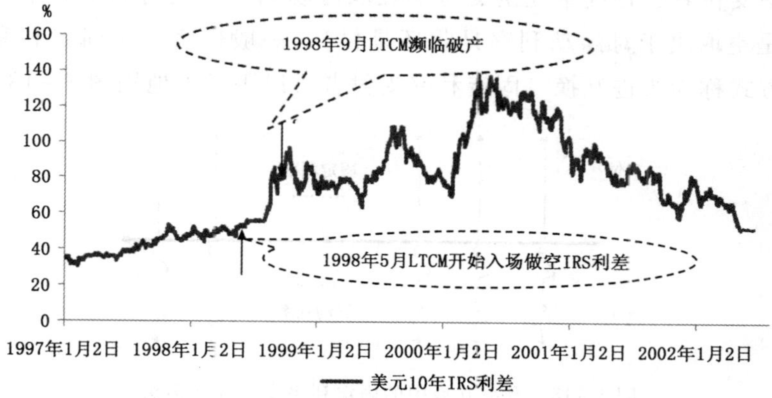


图 3－17 长期资本管理公司进行 IRS 套利期间 IRS 利差的逆向波动

资料来源：Bloomberg。

确保它能够偿还所有债务，但它缺少高价值的资产用于抵押。不仅如此，LTCM 还陷入了难于清算资产的困难境地。它的大部分资产在市场正常时期尚且缺乏流通性，难于出售，何况在经营困境时，只能压低价格出售。到 1998 年 9 月 22 日，LTCM 的资本仅剩 6 亿美元。

LTCM 从 5 月俄罗斯金融风暴到 9 月全面崩溃，短短的 150 天资产净值下降 90%，出现了 43 亿美元的巨额亏损，仅余 5 亿美元，已走到破产边缘。9 月 23 日，美联储出面组织安排，以美林、摩根为首的 15 家国际性金融机构注资 37.25 亿美元购买了 LTCM 90% 的股权，共同接管了该公司，从而避免了它倒闭的厄运。

因此，虽说进行利率互换与债券组合的套利交易相对于投机交易风险较小，但风险控制也不容忽视，各种极端风险因素均需要考虑。

## 九、利率互换实际交易中需要把握哪些要素？

明确了利率互换的各种理论之后，下面我们将落到实处，具体来看关于利率互换实际交易中的各种规则。当然，出于实用性的考虑，我们的重点落在人民币利率互换的交易上。

### （一）交易双方

在期权和期货合约中，“多”和“空”常用于指代买方和卖方，但在互换合约中，这些名词则很少出现，取而代之的是根据其未来所需支付的现金流是否固定，称为浮动利率支付方和固定利率支付方。

固定利率支付者：在利率互换交易中收取浮动利率、支付固定利率，是互换交易多头（多还是空取决于对浮动利率是收还是付），一般也将支付固定利率、收取浮动利率的交易方式称为买进互换。固定利率支付者可以更形象地用图 3－18 来表示。

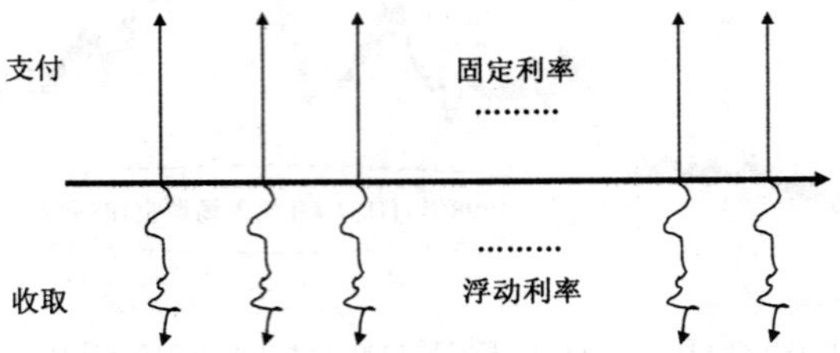


图 3－18　利率互换中的固定利率支付者（多头）

浮动利率支付者：在利率互换交易中支付浮动利率、收取固定利率，是互换交易空头，一般也将支付浮动利率、收取固定利率的交易方式称为卖出互换。

**（二）交易报价**

互换产品一般均是在场外市场交易，通过场外常用的交易方式——询价（一般通过电话、传真等其他方式进行询价）、做市场双边报价进行交易。

人民币利率互换在全国银行间债券市场中进行交易。银行间债券市场是指依托于中国外汇交易中心暨全国银行间同业拆借中心（简称同业中心）和中央国债登记结算公司（简称中央登记公司）的场外市场。银行间债券市场、外汇交易中心和银行间同业拆借中心基本是一体的。银行间债券市场由中国人民银行统一监管。和国际上的场外市场一样，银行间债券市场实行场外询价机制，并有做市商在市场中进行报价。央行规定，利率互换交易既可以通过外汇交易中心的交易系统进行，也可以通过电话、传真等其他方式进行。同时规定，具有银行间债券市场做市商或结算代理业务资格的金融机构可通过外汇交易中心的交易系统进行利率互换交易的双边报价，双边报价价差应当处于市场合理范围。

利率互换交易报出的价格是固定端的年化利率水平（%），一般情况下，利率互换利率或者价格就是指固定端的利率大小。

在全国银行间债券市场中，货币经纪公司作为经纪中介是市场中非常重要的报价信息发布商。经纪中介一般按照 Offer/Bid 这样的形式报价，Offer 就是收固定利率付浮动利率，Bid 就是付固定利率收浮动利率。报价时一般省去利率小数点前面的数字即大数，默认询价方知道大数是多少。如报价方 A：Repo 3y 04/99，其中，Bid 价格就是 2.99%，即 A 愿意支付固定利率的水平是 2.99%；Offer 价格是 3.04%，即 A 愿意收取固定利率的水平是 3.04%；Bid－Offer 价差为 5BP，买卖价差反映了市场流动性。

经纪中介除了发布报价信息以外，还会发布成交情况，一般用到的成交术语

Taken 表示以 Offer 价成交，Given 以 Bid 价成交，Traded 表示双方协商按另外的价格成交，没有按照 Offer 价也没有按照 Bid 价成交。如 Repo 3y 03 tkn 表示市场中按照 Offer 价 3.03 成交了一笔以 FR007 为参考利率的 3 年人民币 IRS，说明市场中多方情绪较为高涨，看涨 IRS 利率。

上海国利货币经纪中介发布的 IRS 报价形式见图 3－19。

```
Huayin Cao - 利率互换Tullett Prebon Sitico (China) Limited: repo
1m 28/25
3m 30/23
6m 27/25
9m 27/25
1y 29/27
2y 39/37
3y 52/50
4y 62/58
5y 70/68
Huayin Cao - 利率互换Tullett Prebon Sitico (China) Limited: shibor
9m 96/93
1y 96/94
5y 14/12
```

图 3－19 人民币 IRS 报价形式

### （三）利息计算规则

人民币利率互换交易的参考利率应为经中国人民银行授权全国银行间同业拆借中心发布的银行间市场具有基准性质的市场利率或人民银行公布的参考利率。常用的参考利率包括：

1. FR007，即 7 天回购定盘利率，其编制方案为每天上午 9:00～11:00间的 7 天回购交易利率（R007）的紧排序的中位数。

2. Shibor，其中 3M Shibor 和 O/N Shibor 最常用。Shibor 报价银行团现由 16 家商业银行组成。报价银行是公开市场一级交易商或外汇市场做市商。全部报价中剔除最高、最低各两家报价，对其余报价进行算术平均计算。

3. 人民币 1 年定期存款参考利率和各期限贷款参考利率。计算利率互换中每期支付的利息大小，还需要明确一些基本的要素。

利率互换交易双方并不交换本金，只交换不同形式的利息，所以把利率互换中用于计算利息额度的本金称为名义本金。

起息日是利率互换开始计息的日期。一般在成交日的后一个交易日。利率互换到期日为起息日加上合约期限。

支付频率是交易双方交换相应利率水平下利息的频率。每两次支付利息期间称为计息期。支付日按照起息日与计息期依次推算，当计息期为整月或月的倍数时，支付日为按照该计息期推算的相应月份中与起息日相同的一日。如前在利率互换估值部分所述，由于参考利率代表的期限可能小于一个计息期，需要对一个计息期中的参考利率计算复利，不断重置，重置频率一般与利率期限一致，如以 FR007 为基准的每 3 个月支付一次的 IRS 就需要每 7 天重置 1 次，每一个 7 天计息期的开始日就是重置日。

利率确定日是确定支付浮动利率大小的日期，一般是每一个重置日前一个营业日，重置日参考利率水平一般取的是该日的利率水平。

同时，还需要明确计算利息采用的日计算基准一般包括 Act/360、Act/365、Act/Act、30/360。利息具体计算可以参照利率互换估值部分的介绍。

### （四）交易确认与报备

市场参与者进行利率互换交易时应订立书面交易合同。书面交易合同包括交易中心交易系统生成的成交单，或者合同书、信件和数据电文等。交易双方认为必要时，可签订补充合同。

人民币 IRS 交易的确认需要前后台共同确认。前台是指金融机构的交易部门，后台是指相关结算部门。前台确认——通过外汇交易中心本币系统平台进行的标准化交易录入本币交易系统即得到了前台确认；非标准化交易中，双方签字传真、邮件确认或者拿到经纪中介的成交单即可。后台确认——若签署 IRS 确认使用承诺函，在本币系统成交的交易由双方后台各自确认；通过传真或快递，双方后台有权人员签字。

未通过外汇交易中心本币系统确认的所有人民币 IRS 交易均需报备给银行间交易商协会（NAFMII）。

### （五）利息净额清算

利率互换在实际清算时一般使用利息净额清算模式，即在每个计息期初根据定期观察到的浮动利率计算其与固定利率的利息净差额，在计息期末支付。

人民币利率互换的清算由各机构自行完成，只不过所涉及的资金往来需通过中国人民银行大额支付系统完成交付。当前通常采用的模式是双边单笔净额清算，即每笔交易对应一个现金流，交易双方可能由于进行了多笔交易在同一支付日也会发生多笔现金流往来。另外，还有双边多笔净额清算模式，目前这种模式只适用于少部分机构，双方在同一支付日只有一笔现金流往来。目前，上海清算所已推出人民币利率互换的集中清算业务，由上海清算所作为中央清算对手方分别向交易双方独立进行资金清算。

### （六）利率互换的提前终止（Unwind）

利率互换有到期日，有时互换合约的其中一方可能希望处理掉手中的头寸，但是利率互换不能像股票或期货那样在市场中平仓结束交易。只能通过以下几种方式来提前终止合约。

1. 通过现金支付提前结束合约。互换产品的市场价值可以根据当前的市场条件计算出来，因而可以直接将该合约的价值支付给对方，从而结束该互换合约。例如，如果某份互换合约的市场价值是100万美元，合约的负价值方可以直接支付给正价值方100万美元，从而提早结束这份互换合约。不过，这种提前结束的方式必须事先获得对方的同意，只有双方达成一致，才能实现提早终止。有时，双方对合约的未来价值变化会有一致的看法，该合约终止时需要支付的金额可能不等于其市场价值。在刚才的例子中，若合约正价值方认为该合约的市场价值未来还将进一步上升，而合约负价值方也急于结束这份互换协议从而避免更大的损失，则双方可能以高于100万美元的价格结束这份合约。相反，若正价值方想提前获利了结而负价值方认为合约的价值将下跌，则双方的协议了结价格可能低于100万美元。总之，以现金支付提前结束合约的前提是双方必须达成一致，因而在某些情况下，这种方式并不适用。

2. 通过签订方向相反的互换合约实现风险对冲，从而实现事实上的合约了结。对于很多互换交易者而言，在市场上寻求与原合约交易对手相反的互换协议，也能提早确认收益或损失，从而避免其合约价值的下降。例如，假设A公司之前签订了一份标准利率互换合约，规定未来5年内其每年必须支付名义本金的3%给B公司，而B公司则以结算日的Libor支付利息。当该合约还有3年才到期时，市场利率出现了大幅上涨，此时A公司处于合约的正价值方，而B公司则处于负价值方。B公司认为未来市场利率可能进一步上升，而A公司并不愿意提前结束该互换合约，因此，B公司在市场上找C公司签订了一份方向相反的互换合约，该合约为期3年，规定B公司每年支付3.5%的固定利息给C公司，而C公司则以结算日的Libor水平支付利息。此时，B公司以确定性的0.5%的利息损失提前结束了互换合约，过程见图3-20。不过，通过这种方式退出合约的企业还需承担两个交易对手的违约风险，因而风险较高。

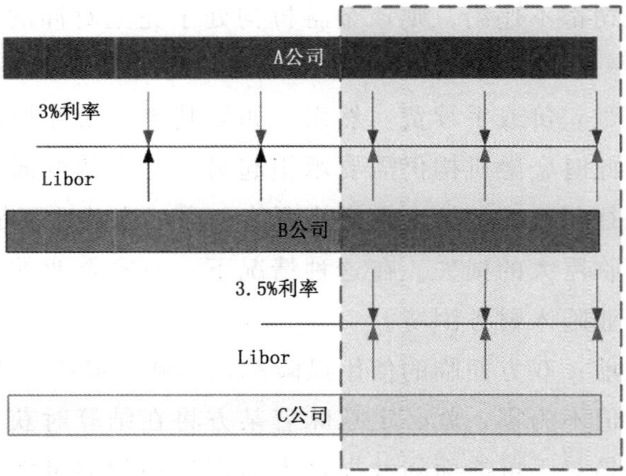


图3-20 通过合约对冲提前退出

3. 最后一种方式是在市场上寻找替代者。如果合约的参与方能在市场上找到愿意收取一定补偿后代替其参与互换合约的机构，且获得交易对手的同意，该参与方就可以将互换责任转移给新机构，从而结束自己的互换责任。但是，一般来看，这种情况在互换市场中很少出现。

## 十、利率互换交易主要的风险有哪些?

进行利率互换交易可以规避利率风险，但这并不意味着利率互换交易本身不存在风险。这与股指期货可以规避股市波动风险，但操作股指期货同样存在风险的道理一样。下面我们来看利率互换交易存在的几种风险。

### (一) 信用风险

互换市场几乎只存在场外市场中，因而互换产品往往是根据双方的特定需求定制的。境外某些发达交易所也会发行以互换产品为基础的期货合约，但这些合约本质上不能算作互换，只是互换的衍生品。互换市场的场外交易特性也决定了互换产品往往具有较高的信用风险即违约风险。每当结算日或者到期日来临，违约就有可能发生，因而这种违约风险贯穿互换产品的整个期限。这种违约风险对场外市场的影响十分显著。互换交易双方签订主协议也只约定了违约风险发生后的妥善处理方式，并不能完全规避信用风险的发生，信用风险取决于互换合约价值及交易对手方的财务状况等因素。

考虑这么一种情形：假设某金融机构与两家公司达成了完全相反且互相抵销的互换合约。如果两家公司都不违约，则该金融机构处于完全对冲的状态，其中，一份合约价值的下降会被另一份合约价值的上升所抵销，此时该金融机构不承担任何风险，只赚取了合约间的细微差价或手续费。然而，如果其中一份互换合约的交易对手陷入了财务困境并违约，此时金融机构仍需要承担起另一份合约的履约责任。由于互换合约涉及的名义本金往往都很高，该金融机构可能会由于流动性不足而陷入破产，此时，剩余的机构也可能面临巨大的损失。在这种情况下，一家企业的破产可能导致多米诺骨牌效应，使多家企业陷入财务困境。

在互换合约到期前，双方面临的信用风险都是不断变换的。当某个结算日到来时，只要该合约的市场价值不为零，就必定意味着某方将在结算时获得正收益，而对方则获得负收益。这时交易对手可能面临亏损过大而产生违约的可能性，并且合约的市场价值越高，对方违约的概率就越大，如图 3－21 所示。一般只有互换合约的正价值方才会面临信用风险。在互换的每个结算日时点上，合约的价值总是在不断变化的，因而双方面临的违约风险也是不断变化的。

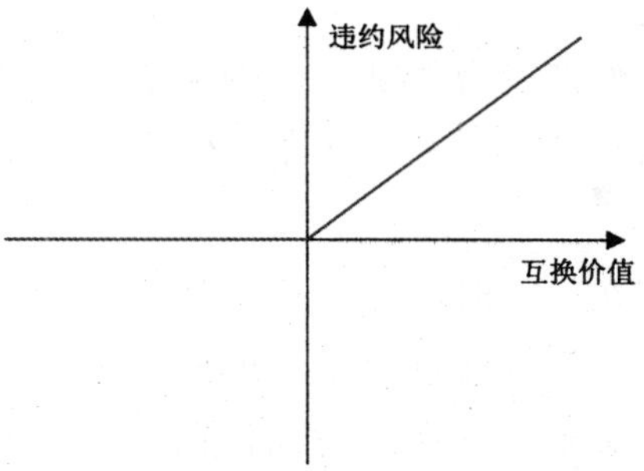


图 3－21 利率互换交易中的信用风险

### （二）利率风险

利用利率互换可以规避利率风险，但如果在利率互换市场中进行方向性交易，利率互换同样面临利率波动风险。利率互换方向性交易面临的利率风险来自交易员期初对参考利率走势的判断与市场走势的背离。如前利率互换与债券组合交易部分所述，利率互换走势与具有相同风险等级、相同期限的债券走势基本一致，因此，利率互换面临的利率风险与债券交易面临的利率风险相似。同样，决定利率互换走势的因素主要包括基本面、资金面和政策面。因此，交易长期的利率互换风险主要来自于基本面因素与交易员预期相背离，交易短期的利率互换风险主要来自于政策面、资金面因素与交易员预期相背离。

### （三）流动性风险

利率互换的流动性风险也不容忽视。流动性风险（Liquidity Risk）是指因市场成交量不足或缺乏愿意交易的对手，导致未能在理想的价格点位或交易时刻完成买卖的风险。

如利率互换方向性交易或曲线利差交易中，一旦利率点位或利差触发止盈临界点，无法在市场上找到交易对手进行对冲，则无法止盈。后续随着参考利率的变化，利率点位或利差又可能回复到以前亏损时的水平，这样账面盈利将无法实现。

同样，在利率互换与债券组合交易中，套利主要通过"回购＋互换"的方式进行，当货币市场资金紧张的时候，如果不能够顺利进行正回购融资或者逆回购融券，投资者有可能被迫提前终止持有债券头寸，从而使得组合套利失败。

人民币利率互换目前处在成长阶段，市场交易量还不足，如果市场出现剧烈波动，市场就会几乎失去流动性，所以尤其需要注意流动性风险。

### （四）现金流错配风险

利率互换交易一般无法像期货合约那样简单平仓，只能通过构建方向相反、期限相同，具有同样参考利率的头寸来平仓。然而，建仓交易和平仓交易并不是同时发生，这时就存在现金流错配风险。

建仓交易和平仓交易存在一个时间差，在这两个交易同时存在的时间段内，浮动端的现金流是一致的，交易员可以通过固定端的收付之差获取确定的收益，实际上已相当于平仓了结。但是，两头单独存在的时间段内，由于所处的时点不同，市场浮动利率水平会不一致，虽然只要建仓和平仓时所构建的利率互换头寸期限一致，固定端收付的利息就仍然是确定的，不会面临损失，但是前后两头的浮动端现金流不一定匹配，由此可能带来前端参考利率的现金流出（流入）不能被后端的现金流入（流出）抵销的风险。

## 十一、什么是货币互换?

货币互换是指在约定期限内交换约定数量的两种货币本金，同时定期交换两种货币利息的交易协议。一般在期初按约定汇率交换两种货币本金，并在期末以相同汇率、相同金额进行一次本金的反向交换。交易双方定期向对方支付以换入货币计算的利息金额，即期初本金交换方向与利息交换方向相反，期末本金交换方向与利息交换方向相同。如人民币 3 个月 Shibor 换美元 3 个月 Libor，期初买方（定义为收美元利息的一方）支付美元收到人民币（一般按即期汇率），期间，收基于 Libor 的美元利息，付基于 Shibor 的人民币利息，期末再按相同汇率收回美元、付出人民币。

交易双方可以按照固定利率计算利息，也可以按照浮动利率计算利息。于是有固定对固定、固定对浮动、浮动对浮动三种基本形式的货币互换。其中，固定对固定的货币互换因为交换的利息数额是确定的，不涉及利率波动风险，只涉及汇率风险，所以这种形式的互换是一般意义上的货币互换（Cross Currency Swaps，CCS）。另外两种固定对浮动、浮动对浮动形式的互换同时涉及利率风险，实质还包含了利率互换，是利率互换和货币互换的组合，所以，一般将这两种类型的互换称为交叉型货币互换（Cross Currency Interest Rate Swaps，CRS）。以下我们将 CCS 和 CRS 统称为货币互换。下面的例子说明了货币互换交换利息和本金的形式。

**【案例 3－8——货币互换流程】**

假设 ABC 公司和 GHI 公司在 2006 年 10 月 1 日，签订了一份 5 年期的货币互换协议。合约规定：ABC 公司每年向 GHI 公司支付 5% 的英镑利息，并向 GHI 公司收取

4%的美元利息。目前的汇率为 1 英镑 = 1.5 美元。因此，本金分别是 1 500 万美元和 1 000 万英镑。ABC 公司与 GHI 公司进行货币互换的流程见图 3 - 22。

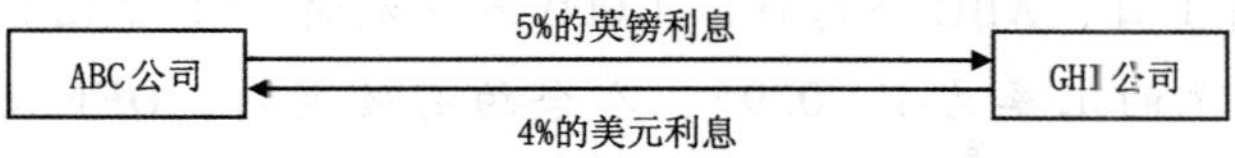


图 3 - 22 ABC 公司和 GHI 公司的货币互换流程图

ABC 公司的现金流见表 3 - 6。

表 3 - 6 货币互换中 ABC 公司的现金流

| 日期 | 现金流（美元） | 现金流（英镑） |
|---|---|---|
| 2006 年 10 月 1 日 | -1 500 万 | 1 000 万 |
| 2007 年 10 月 1 日 | 60 万 | -50 万 |
| 2008 年 10 月 1 日 | 60 万 | -50 万 |
| 2009 年 10 月 1 日 | 60 万 | -50 万 |
| 2010 年 10 月 1 日 | 60 万 | -50 万 |
| 2011 年 10 月 1 日 | 1 560 万 | -1 050 万 |

货币互换与利率互换不同，利率互换是同种货币不同利率之间的互换，如固定利率换 3 个月 Shibor，不交换本金只交换利息，因此违约风险较小。一般意义上的货币互换是两种货币的利率之间的互换，期末有本金交换，所以货币互换的违约风险要大于利率互换。当然，以上只是针对一般情况下的货币互换，一些创新产品也无须交换本金，中国就已在 2012 年 6 月推出了无本金交换的人民币货币互换业务。另外，货币互换交换的利息和本金基于不同的货币，因此，较利率互换，货币互换多了一种汇率风险。

货币互换与外汇掉期不同，货币互换除了交换本金，还包括利息支付，因此货币互换既能规避外汇风险，又能规避利率风险，而外汇掉期只能规避外汇风险。

和利率互换相似，货币互换之所以产生是因为它可以满足不同的融资需求，下面我们将通过案例来看货币互换如何发挥作用。

**【案例 3 - 9——货币互换可以满足融资需求】**

美国的 ABC 公司之前在欧洲没有设立分点，但近期打算在德国开展一项业务，因而有 900 万欧元的融资需求。由于该公司之前在欧洲没有任何业务，在当地知名度较低，融资比较困难。相反，其在美国市场则广为人知，可以轻易地通过贷款或者发行债券获得足够的美元资金。为了获得欧元资金，ABC 公司的最佳做法是在美国发行债券，并在货币互换市场上寻找合适的交易对手，签订一份美元与欧元的互换协议。

制订了融资计划后，ABC 公司在市场上发行企业债，成功地以 6% 的固定利息融到 1 000 万美元资金。其后，ABC 公司进入货币互换市场，找到一家德国上市企业

DEF集团，并与其签订了货币互换协议。该互换协议从2005年9月开始，期限为5年，每年的3月1日和9月1日为结算日，2010年9月1日为合约的终结日。协议规定，在2005年9月1日，ABC公司将以1 000万美元向DEF集团换取900万欧元的本金（当期美元兑欧元的汇率为1∶0.9），在合约有效期内，DEF集团应以5.5%的固定年利率向ABC公司支付美元利息，而ABC公司按4.9%的固定年利率向DEF集团支付欧元利息。到终止日时，ABC公司须将900万欧元还给DEF集团，并收回1 000万美元的本金。

ABC公司完整的现金流见图3－23。

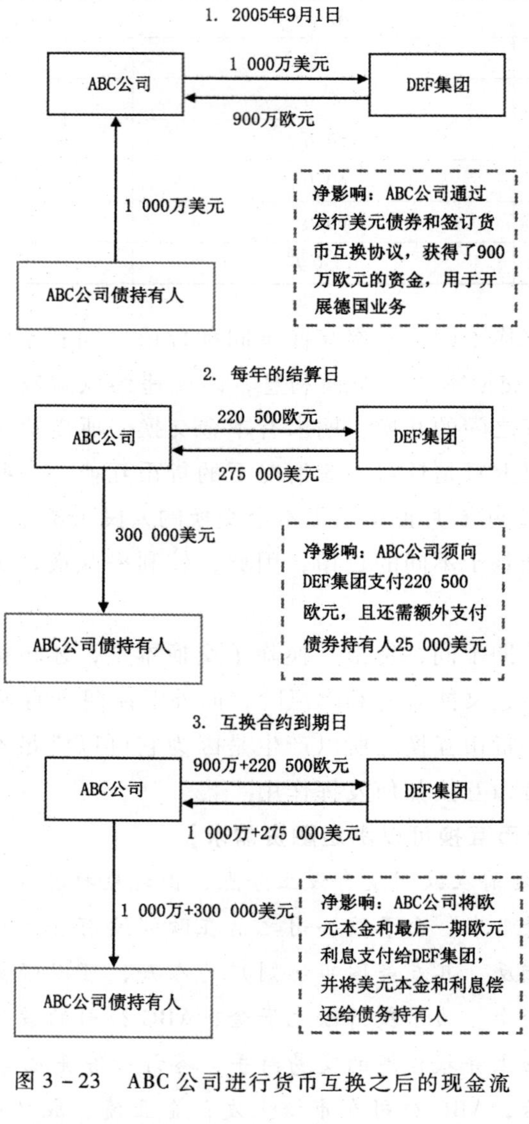


图3－23　ABC公司进行货币互换之后的现金流

这样，ABC公司就以较低的融资成本在德国市场上获得了用于开展业务的资金。

在上述案例中，双方都以固定利率进行交换，但如果某一方需要支付浮动利率，或者希望增加利率风险敞口，则可商议签订交叉型货币互换合约，即浮动换固定或者浮动换浮动型互换合约。

货币互换最早起源于20世纪70年代，起初主要是在各国商业机构之间进行，目的在于利用各自比较优势，降低融资成本，降低汇率风险。近年来，各国央行也开始将货币互换用于区域金融合作、货币政策实施和稳定金融的需要。

## 十二、货币互换如何估值?

和利率互换定价的原理一样，货币互换一样也可以被分解成债券的组合来进行估值，可以将货币互换分解成一份外币债券和一份本币债券的组合。

如果我们定义 $P_{CCS}$ 为货币互换的价值，那么收入本币、付出外币的那一方持有的互换头寸可以被看成是一份本币债券多头和一份外币债券空头的组合，互换的价值可以表示为:

$P_{CCS} = P_D - R_F P_F$

其中，$P_D$ 是从互换中分解出来的本币债券的价值;

$P_F$ 是从互换中分解出来的外币债券的价值;

$R_F$ 是即期汇率（直接标价法，即1单位的外币 = $R_F$ 单位的本币）。

付出本币、收入外币的那一方持有的互换头寸可以看成是一份本币债券空头和一份外币债券多头的组合，互换的价值可以表示为:

$P_{CCS} = R_F P_F - P_D$

因此，货币互换的价值可以从本币的利率期限结构、外币的利率期限结构以及即期汇率来确定。

**【案例3-10——货币互换的价值】**

假设人民币和美元的利率期限结构都是平直的，人民币年利率为2%，美元年利率为5%（都用连续复利表示）。一家金融机构进行货币互换，它每年以人民币收取年利率为5%的利息，以美元支付年利率为8%的利息，以两种货币表示的本金分别为1 000万美元和6 000万元人民币，互换将持续3年，现在的汇率为“1美元=6元人民币”。如果金融机构期初本金支付是收美元、付人民币，那么该金融机构持有的货币互换头寸价值为多少呢?

金融机构相当于持有人民币债券空头、美元债券多头:

$$P_F = \frac{8\% \times 1\,000}{(1+5\%)} + \frac{8\% \times 1\,000}{(1+5\%)^2} + \frac{8\% \times 1\,000}{(1+5\%)^3} + \frac{1\,000}{(1+5\%)^3}$$

$=1\ 081.70$（万美元）

$$P_D=\frac{5\%\times 6\ 000}{(1+2\%)}+\frac{5\%\times 6\ 000}{(1+2\%)^2}+\frac{5\%\times 6\ 000}{(1+2\%)^3}+\frac{6\ 000}{(1+2\%)^3}$$

$=6\ 519.10$（万元人民币）

$R_F=6$

那么，该金融机构持有的货币互换的价值为：

$P_{CCS}=R_FP_F-P_D=1\ 081.70\times 6-6\ 519.10=-28.90$（万元）

同样，该金融机构的交易对手方持有的货币互换的价值即为$-28.90$万元。

和利率互换定价的原理一样，货币互换也可以被分解成远期协议的组合来进行估值，其本质和分解成债券组合几乎一致，在此不做过多探讨。

## 十三、货币互换交易中需要把握的要素有哪些？

明确了货币互换的各种理论基础之后，我们将落到实处，具体来看关于货币互换实际交易中的各种规则。当然，出于实用性的考虑，我们的重点落在人民币货币互换的交易上。人民币货币互换，是指在约定期限内交换约定数量人民币与外币本金，同时定期交换两种货币利息的交易。

### （一）人民币货币互换[①]利息计算和支付[②]

货币互换期限结构由成交日、生效日、付息周期、到期日等若干时间要素构成，整个期限由若干个付息周期组成，每个付息周期均有三个构成要件：定价日、起息日和付息日，进而确定该付息周期的利息计算和支付。

定息周期/定息频率（Fixing Frequency）又称利率重置周期，货币互换交易中每隔一段固定的期限就会重新确定用于计算利息支付的浮动利率，该期限即定息周期。货币互换交易中交易双方每隔一段固定的期限会向对方支付换入货币计算的利息金额，该期限即付息周期。

起息日（Value Date）是付息周期的起始日，也是这个付息周期开始计息的日期，简称“V”。付息日（Payment Date）是付息周期的终止日，也是这个付息周期支付利息的日期。每个付息周期都有对应的起息日和付息日。上一付息周期的付息日也为下一付息周期的起息日。

① 中国外汇交易中心把CCS/CRS称为货币掉期，把掉期交易称为外汇掉期，笔者在此把人民币货币掉期统称为人民币货币互换，以示区分。

② 本部分相关定义取自官方定义，即中国外汇交易中心外汇产品的指引。

定价日（Fixing Date）又称利率重置日。在每个付息周期开始前根据参考利率确定该期利率值的日期。期初本金交换的日期也是第一个付息周期的起息日，称为生效日（Start Date），又称首次起息日、期初本金交换日。一般情况下，期末本金交换日和最后一次利息交换日为到期日（Maturity Date）。生效日与到期日之间所跨时间长度为期限。

人民币端付息周期可以大于定息周期，一个付息周期内可以有多个定价日，每个定期周期有一个定价日。

各日期之间的关系具体见图3－24。

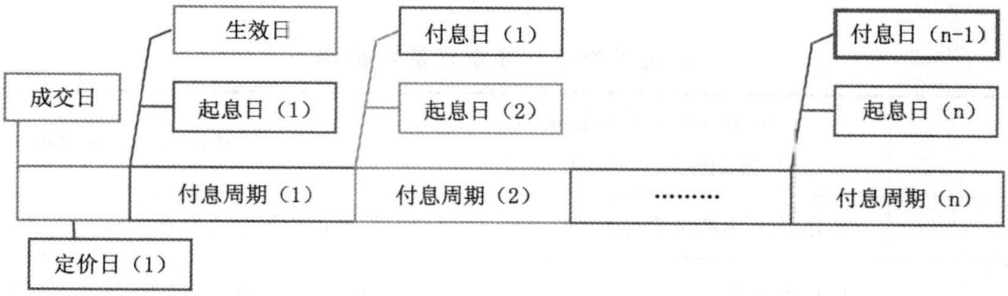


图3－24 货币互换利息计算与支付相关日期

**（二）人民币货币互换参考利率**

人民币货币互换的人民币端的利率以固定利率支付时由交易双方确定利率具体大小，以浮动利率支付时需要有参考利率，人民币端的参考利率种类和人民币利率互换基本一致，具体包括：

1. 上海银行间同业拆放利率（Shanghai Interbank Offered Rate，Shibor），是指以全国银行间同业拆借中心为平台计算、发布并命名的。根据报价银行团自主报出的人民币同业拆放利率计算的算数平均利率，是单利、无担保、批发性利率。利率期限包括O/N、1周、2周、1月、3月、6月、9月和1年。

报价银行团由18家商业银行组成，报价行必须具有公开市场一级交易商或外汇市场做市商资格，在货币市场交易活跃，信用等级较高，且具有较强的利率定价能力。

全国银行间同业拆借中心授权Shibor的报价计算和信息发布。在每个交易日根据报价行的报价，剔除最高、最低各4家报价，对其余报价进行算数平均计算后，得出每一期限品种的Shibor，于每个交易日上午11:30对外发布。

2. 回购定盘利率（Fixing Repo Rate），是指以银行间市场每天上午9:00～11:00期间的回购交易利率为基础并借鉴国际经验编制的利率基准参考指标。全国银行间同业拆借中心授权于每个交易日上午11:00对外发布。

回购定盘利率的编制方法是：以隔夜回购（R001）、7天回购（R007）、14天回购（R014）交易在每个交易日上午9:00～11:00之间的全部成交利率为基础，分别对隔夜回购、7 天回购、14 天回购进行紧排序，该序列的中位数即为当日的定盘利率。

隔夜回购定盘利率、7 天回购定盘利率、14 天回购定盘利率分别表示为 FR001、FR007 以及 FR014。FR007 也可以用 7D Repo 表示。

3. 定期存款利率（Depo Rate），是指中国人民银行发布的人民币定期存款利率。

同样，人民币货币互换的外币端的利率以固定利率支付时由交易双方确定利率具体大小，以浮动利率支付时需要有参考利率。一般情况下，美元、日元和英镑以对应币种的 Libor 为基准，欧元以 Euribor、欧元 Libor 为基准，港币以 Hibor 为基准。

### （三）人民币货币互换交易基本结构（见表 3－7）

表 3－7　　人民币货币互换交易基本结构

<table>
<tr><th colspan="2"></th><th>做市商对流动性较高的<br>标准期限产品的报价交易</th><th colspan="2">一般货币互换会员之间的交易</th></tr>
<tr><td colspan="2">主体</td><td>人民币外汇远期掉期做市商</td><td colspan="2">人民币外汇货币互换会员</td></tr>
<tr><td colspan="2">货币对</td><td>人民币兑美元</td><td colspan="2">人民币兑美元、港币、日元、欧元、英镑</td></tr>
<tr><td colspan="2">期限</td><td>1 年、2 年、3 年、4 年、5 年、6 年、7 年、8 年、9 年、10 年</td><td colspan="2">交易双方自行约定</td></tr>
<tr><td colspan="2">本金交换形式</td><td colspan="3">期初、期末各交换一次本金</td></tr>
<tr><td rowspan="3">利率类型</td><td>人民币</td><td>3 个月 Shibor（+/－点差）<br>FR007（+/－点差）<br>固定利率</td><td colspan="2">Shibor（+/－点差）<br>FR007（+/－点差）<br>1Y Depo（+/－点差）<br>固定利率</td></tr>
<tr><td rowspan="2">外币</td><td rowspan="2">3 个月美元 Libor</td><td>美元、日元和英镑</td><td>对应币种的 Libor（+/－点差）<br>固定利率</td></tr>
<tr><td>欧元</td><td>Euribor（+/－点差）<br>欧元 Libor（+/－点差）<br>固定利率</td></tr>
<tr><td colspan="2">利率期限</td><td>美元 Libor（3 个月）、Shibor（3 个月）、Repo（7 天）</td><td colspan="2">浮动利率期限由交易双方根据实际情况自行约定</td></tr>
<tr><td colspan="2">报价品种<br>（利息交换形式）</td><td>1. 3 个月人民币 Shibor/3 个月美元 Libor（CNY 3M Shibor/USD 3M Libor）<br>2. 人民币固定利率/3 个月美元 Libor（CNY Fixing/USD 3M Libor）<br>3. 人民币 7 天回购定盘利率/3 个月美元 Libor（CNY 7D REPO/USD 3M Libor）</td><td colspan="2">1. 人民币固定利息/外币固定利息<br>2. 人民币固定利息/外币浮动利息<br>3. 人民币浮动利息/外币固定利息<br>4. 人民币浮动利息/外币浮动利息</td></tr>
</table>

续表

| | 做市商对流动性较高的标准期限产品的报价交易 | 一般货币互换会员之间的交易 |
|---|---|---|
| 付息周期 | 浮动利率（3 个月美元 Libor，3 个月 Shibor，以及 FR007）以及人民币固定利率付息周期均为 3 个月 | 人民币端付息周期由交易双方自行约定，但不得短于利率期限，外币端付息周期与外币利率期限一致 |

资料来源：中国外汇交易中心。

下面，我们通过具体的案例来看人民币货币互换交易的基本要素。

**【案例 3－11——人民币货币互换的交易】**

2013 年 3 月 19 日，ABC 银行通过外汇交易系统与 GHI 银行达成了一笔期限为 1 年的美元兑人民币货币互换交易。合约约定 ABC 银行在 2013 年 3 月 21 日向 GHI 银行支付 6 275 800 元人民币，收取 1 000 000 美元。此时，USD/CNY＝6.2758。1 年以后，即 2014 年 3 月 21 日 ABC 银行需以同样汇率向 GHI 银行支付 1 000 000 美元，并收取 6 275 800 元人民币。

双方约定每 3 个月向对方支付以换入货币计算的利息金额，ABC 银行按照美元 3M Libor 向 GHI 银行支付美元浮动利率，定价日为起息日前两个营业日，计息期基准为 A/360（即 1 年按 360 天计算）。GHI 银行按照 3M Shibor 向 ABC 银行支付人民币浮动利率，定价日为起息日前一个营业日，日基准为 A/360。

那么，2013 年 6 月 21 日、2013 年 9 月 21 日、2013 年 12 月 21 日、2014 年 3 月 21 日 ABC 银行需要分别按照前两个营业日的 3M Libor 向 GHI 银行支付美元浮动利率，而 GHI 银行需要分别按照前一个营业日的 3M Shibor 向 ABC 银行支付人民币浮动利率。

## 十四、人民币外汇货币互换（货币掉期）市场的发展如何？

早在 2005 年 11 月 25 日，中国人民银行在银行间外汇市场与包括 4 家国有银行在内的 10 家商业银行首次进行了美元与人民币 1 年期货币掉期（中国人民银行一般将货币互换称为货币掉期，将外汇市场上的掉期交易称为外汇掉期，市场上有些说法经常将两者弄混，尤其是数据引用时会造成错乱，因此该点需要引起注意）业务操作，共达成 60 亿美元交易，招标交易价为 1 美元兑 7.85 元人民币。这一成交宣告中国人民银行与商业银行之间的货币掉期业务正式被推出。央行进行货币掉期交易，在一定程度上是适应市场形势的变化，推出的另一种调控货币供应量的方式。作为货币政策的一种，该类交易行政化色彩浓厚，央行很少公布货币掉期的市场操作。

为进一步完善我国金融市场体系，发展外汇市场，满足国内经济主体规避汇率风险的需要，中国人民银行于2007年8月20日发布《中国人民银行关于在银行间外汇市场开办人民币外汇货币掉期业务有关问题的通知》（以下简称《通知》），决定在银行间外汇市场推出人民币外汇货币掉期交易。《通知》规定，具备银行间远期外汇市场会员资格的境内机构在国家外汇管理局备案后，可以在银行间外汇市场按照《通知》规定开展人民币外汇货币掉期业务。以前货币掉期业务是在央行和商业银行之间进行的，而该《通知》发布之后，商业银行之间本身就可以两两进行交易。之前央行与商业银行之间进行的人民币外汇货币掉期交易，对整个市场而言，其重大缺陷在于它的不透明性以及行政化特征，商业银行在一定程度上处于被动地位，此次央行允许银行间市场成员之间开展此类交易，把引导未来汇率走向的重任更多地交给市场，使央行逐渐摆脱引导汇率的角色，从而有利于形成更加市场化的汇率预期。

人民币货币掉期业务的开展，进一步丰富了银行间外汇市场交易品种，满足不同市场参与者的资产管理需要。现阶段在中国银行间外汇市场开办了人民币兑美元、欧元、日元、港币、英镑5个货币对的货币掉期交易。具备银行间远期外汇市场会员资格的境内机构可以在银行间外汇市场开展人民币货币掉期业务。货币掉期交易将为企业提供一个规避中长期汇率波动风险的交易渠道，帮助企业锁定中长期汇率风险，这也是货币掉期交易推出的直接效用。这项人民币货币掉期业务获得了来自中国境内公司的旺盛需求。然而，具有套期保值交易需求的大多是公司客户，这些客户并不是银行间市场成员，限制公司客户的准入，在一定程度上制约了货币掉期交易的活跃程度。

为进一步满足国内经济主体规避汇率风险的需求，2011年1月31日，中国外汇管理局发布《外汇指定银行对客户人民币外汇货币掉期业务有关外汇管理问题的通知》，允许外汇指定银行对客户开展人民币外汇货币掉期业务。银行对客户办理货币掉期业务的币种、期限等交易要素由银行自行确定。2011年3月1日，美国银行上海分行与一家亚洲食品行业的跨国公司在上海签署了4笔外汇人民币货币掉期业务合约。此交易为中国国内首笔对客户人民币外汇货币掉期交易。

为进一步促进货币掉期市场的发展，中国外汇管理局于2012年6月4日表示，境内金融机构在银行间外汇市场开展货币掉期业务时，可以采取在协议生效日和到期日均不实际交换人民币与外币的本金的交换形式，该措施于2012年6月10日起实施。

2012年6月11日，汇丰银行在中国银行间外汇市场达成首笔无本金交换人民币外汇货币掉期业务，与其对手方兴业银行达成了一笔名义本金为1 000万美元的人民币兑美元货币掉期交易。

截至2019年12月，人民币外汇货币掉期市场有62家会员。从中国外汇交易中心发布的各年银行间市场运行报告来看，2007~2009年一直未发布数据，可以理解为没有交易量；直到2010年，外汇交易中心才给出相关数据：2010年，人民币货币掉期共成交1.6亿美元；2011年，人民币货币掉期仅成交0.8亿元。2012年，随着参与机构大幅增长，货币掉期交易量也强劲增长，共成交 65.3 亿美元（以名义本金计量）。2018 年，货币掉期成交 658.1 亿美元。货币掉期的交易量在所有外汇衍生品中占比仍非常小，占比一般不到 1%。

**延伸阅读**

**央行货币互换**

当货币互换交易的双方主体均为中央银行时，则称货币互换交易为央行货币互换。

央行货币互换的运作机制是央行通过互换协议将得到的对方货币注入本国金融体系，使得本国商业机构可以借到对方国家的货币，用于支付从对方国家进口的商品，这样在双边贸易中出口企业收到本币货款，可以有效规避汇率风险，降低汇兑费用。

这种货币互换安排在某种意义上相当于某国所有的商业银行与我国签署了一个总的人民币借款协议，人民币资金将根据需要被配置到各个商业银行。具体途径可能是商业银行直接向本国货币当局融资，对于那些人民币已进入其外汇储备的对方国家来说，当地商业银行也可用本币向央行兑换人民币用于贸易支付。

2008 年 12 月 15 日，我国与韩国签署了首个双边货币互换协议，规模为 1 800 亿元人民币/38 万亿韩元。这一举动被视为人民币开启国际化破冰之旅。此次中韩签署规模为 1 800 亿元人民币/38 万亿韩元的本币互换协议是双向的货币互换，双方可在上述规模内，以本国货币为抵押换取等额对方货币。协议的有效期为 3 年，经双方同意可以展期。自 2008 年以来，中国人民银行先后与韩国、澳大利亚、俄罗斯等近 40 个国家央行签署了货币互换协议，总金额超过 3 万亿元。

## 十五、什么是股票收益互换？

所谓股票收益互换，是将股票或股票价格指数标的在一段时间内的收益与固定利率或浮动利率收益进行交换。其中，交易一方支付的收益金额将与特定股票、指数等标的证券表现挂钩，而另一方支付的收益金额可按照固定或浮动利率计算。

股票收益互换与利率互换类似，不需要交换名义本金。然而，股票收益互换有一个特殊之处，就是股票或指数在持有期内，可能会由于资产价格下跌而出现负收益，此时股票收益的支付方不但不需要支付任何现金，反而可以获得对方的赔偿。另外，在计算股票收益时不但要考虑其价格变化，还应考虑期间内的股息收入。下面我们将以一个具体的案例来说明股票收益互换的具体形式。

**【案例3-12——股票互换的现金流】**

假设美国资产管理公司ABC拥有价值1 000万美元的股票组合配置。在2010年年初时，ABC公司判断在未来一段时间内股票市场将出现整体下跌。然而，出于长期资产配置的角度考虑，ABC公司并不愿意将手中的股票组合卖出。为了对冲股票市场的系统性风险，ABC公司与GHI公司达成股票互换协议，商定在2010年的4月1日、7月1日、10月1日以及2011年1月1日，由GHI公司以年利率6%向其支付利息，而ABC公司则将各个结算期内的S&P500指数收益（即区间涨跌幅，也就是计息期间期末相对于期初的涨跌幅）支付给对方，见图3-25。

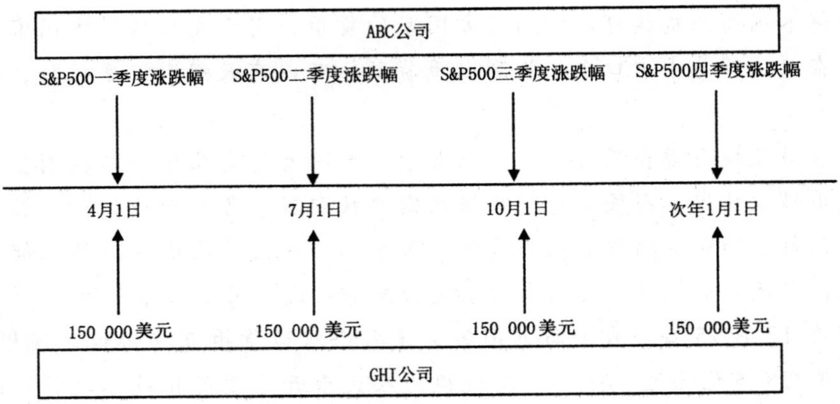


图3-25　ABC公司与GHI公司股票互换现金流

如果S&P500指数在一季度时上涨了2%，则ABC公司将支付200 000美元给GHI公司，同时获得GHI公司的150 000美元的利息收入，若S&P500指数在一季度下跌了2%，则ABC公司将支付-200 000美元，并获得150 000美元的利息收入，即该期间互换收入合计为350 000美元。显然，通过股票互换协议，ABC公司对冲了其股票的系统性风险（即指数波动），并获得了固定的收益，即将股票未来的潜在收益和风险转化为了固定收益。ABC公司与GHI公司股票互换现金流见图3-26。

## 十六、国内股票收益互换市场发展如何？

中国证券公司柜台市场（即场外市场）交易的股票收益互换产品，是指客户与证券公司根据协议进行的股票收益互换。股票互换交易里提到的客户指满足特定条件的

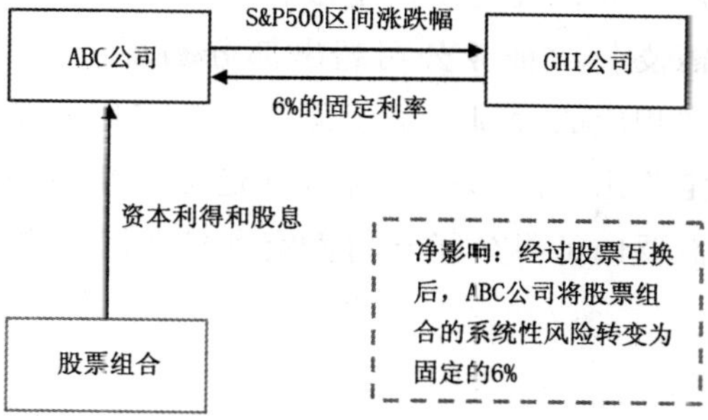


图 3－26　ABC 公司与 GHI 公司股票互换现金流

一般法人和金融机构，个人投资者尚无法参与。

客户可与证券公司一对一交易，签署协议即可达成交易，交易非常灵活，证券公司可以根据客户需求灵活设计交易要素，满足客户融资、投资和风险管理的个性化需求。客户和证券公司之间只对收益进行现金流交换，一般不需要进行股票实物交割。客户可以自身信用担保或提供一定比例（相对于名义本金）的履约担保品，从而使资金收益具有杠杆效果。可用担保品的品种包括现金、国债、金融债、企业债、大盘蓝筹股票等。证券公司将定期对互换交易和担保品进行盯市，若担保金额不足，投资额必须按约定追加担保。

投资者可以通过股票收益互换，实现杠杆交易、股票套期保值和创建结构化产品的目的。股票收益互换潜在客户有以下四种：

1. 专业二级市场投资机构。投资机构可以利用股票收益互换，在不需要实际购买相关股票的情况下，只需支付资金利息即可换取股票收益。

2. 大宗交易的机构。专业从事大宗交易的机构，可以利用股票互换业务放大承接业务的规模和效益。如某证券公司的一单业务中，签约的投资者出资 2 000 万元作为现金担保，证券公司配置了 8 000 万元代他在大宗交易平台上以六折的价格承接一只股票，结算时，以该只股票一周内的平均卖出价格结算，投资者向证券公司支付借款利息。如果该股票最终卖出均价较买入价上涨 10.8%，那么其资金收益率超过 40%。

3. 金融机构。金融机构可以通过该业务向证券公司购买 A 股挂钩的衍生工具，构造 A 股挂钩结资、场外衍生品交易。例如，商业银行为固定收益支付方、证券公司作为股票收益支付方，在无本金交换的情况下，于到期时，银行向证券公司支付利息，证券公司则以某股票挂钩产品作为标的，向银行支付收益。通过此业务，证券公司相当于为商业银行理财产品提供了进入股票衍生品市场的通道。

4. 一般企业客户。对于一般企业客户，可以与证券公司做股票收益互换，对持有的限售股实现套期保值，比如限售股一年后到期，企业客户可以通过与证券公司签订以该股票收益为交换基础的互换协议。证券公司作为固定利息支付方，企业客户作为股票收益支付方，通过这种方式就可以锁定限售股现在的价格。一年以后，如果限售股价格上涨，企业客户需支付给证券公司超出部分的现金流，如果限售股价格下跌，证券公司会支付企业客户相应的亏损。至于证券公司支付的固定利息，是基于对限售股后续走势的判断综合定价出来的，如果对后续走势判断不乐观，该固定利息也有可能是负的，即企业客户需要向证券公司支付固定利息费用。

# 第四章　场外期权

## 本章要点

本章我们将在对场外期权衍生品介绍的基础上，对利率期权、外汇期权等主要场外交易品种进行详细讨论，包括产品定价、交易策略等内容。本章还将介绍我国银行间市场的人民币外汇期权以及交易情况、期权产品的风险管理等相关内容。

## 一、什么是期权和场外期权?

前面提到，期权是一种选择的权利，即期权的买方能够在未来的特定时间或者一段时间内按照事先约定好的价格买入或者卖出某种约定好的商品的权利。期权的买方可以选择行使权利或者放弃权利，而期权的卖方则负有义务，必须在买方行使权力的时候按照指定的价格买入或者卖出。

举个例子：2020 年 3 月 21 日，某投资者以 1.3 元/股的价格买入了一个 2020 年 6 月 21 日到期的中石油看涨期权（美式），执行价格为 5 元/股。这个期权的含义是：这个投资者在交易之初付出 1.3 元/股的价格，购买了一个权利，这个权利是 2020 年 6 月 21 日之前（含当天）以 5 元/股的价格购买对应的中石油的股票。

## 二、场外期权的发展历史如何?

按照交易场所划分，期权可以分为场外期权和交易所期权。场外期权是指那些并没有在交易所挂牌上市的期权。与交易所期权相比，场外期权在合约条款方面更加灵活，可以根据投资者的个性化需求进行量身定制，包括行权时间、行权条件、执行价格等。由于场外期权是一对一交易，在整个交易过程中只涉及买方、卖方和经纪人，市场透明度较低。

期权的起源很早，有文字记载的期权最早可以追溯到《圣经》记载的故事，期权的演进是一个缓慢的过程，投资活动的兴起促进了期权的发展。早期的期权都是在场外进行交易的。美国 19 世纪就出现了期权，但是期权在美国的发展并非一帆风顺。在 19 世纪后期，美国农产品期货的期权曾因为特惠权的市场炒作、不规范运作和欺诈等行为而被立法禁止交易；20 世纪 20 年代股市崩盘后，许多投资者指责期权交易使得他们的损失加剧，1930 年美国国会也曾讨论禁止股票期权交易。1973 年，世界第一个正式的期权交易所——芝加哥期权交易所（CBOE）成立。CBOE 成立初期，期权交易量还是相当小的，但在之后的几年里，一场关于期权概念和交易的革命悄悄地、缓慢地发生了。自 20 世纪 80 年代初起，场外期权市场迅速发展，而且其地位变得十分重要。特别是 2002 年以后，场外市场交易规模增长快速，并且涌现了更多的奇异期权（Exotic Options），使得场外期权种类更加丰富。2007 年金融危机之后期权交易规模有所下降，2011 年后有过短暂的回升，但是整体来说比较稳定。场外市场的交易者遍及大公司、金融机构、基金和私人银行，它们通过电话在场外市场进行交易，外汇及利率期权十分流行。

**什么是奇异期权?**

很多关于期权的书中都会提到奇异期权（Exotic Options）。一般人们把能够投资的、简单的看涨期权和看跌期权称为香草期权，也称为简单期权（Plain Vanilla Options），而奇异期权是对更为复杂的期权的统称，也称为非标准期权。这类期权一般是在简单的买入或者卖出权利上附加更为复杂的条款限制。奇异期权中一个典型的例子是障碍期权。

障碍期权在普通期权上附加了一个条件——是否有效取决于标的资产的市价是否触及确定的界限（Barrier）。障碍期权根据生效的分类又分为：触碰生效期权（Trigger/Knock – in Options）及触碰失效期权（Knock – out Options）。触碰生效期权是指只有标的资产的市价触及确定的水准时，期权才生效；触碰失效期权是指在标的资产的市价触及约定水准时即失效的期权。

一般来说，交易所上市的期权多为普通期权，奇异期权大多在场外市场交易，往往根据客户的需求量身定制。虽然奇异期权占整体市场的比例不高，但这类产品为衍生品交易商提供了丰厚的利润。它们的产生有许多原因，如对冲风险的需要，税收、财务、法律或者监管的需要，奇异期权能更贴合企业或者基金管理的特殊需求，反映企业或者基金对于市场未来走向的预测，有些时候则是为了吸引不太老练的企业资金部管理人或者基金经理的注意力。

## 三、期权的典型到期损益分布[①]是怎样的？

与期货、远期等衍生品不同，期权的买方只拥有权利，而不需要承担义务。期权合约规定，买方可以在规定的时间行使买入或者卖出标的资产的权利，也可以不行使这个权利。但对于期权的卖方来说，他只有履行合约的义务，而没有任何的权利。为了补偿期权卖方承担的义务，期权买方需要事先支付一定的费用，即权利金，也称为期权费。这个非常类似于保险，保险的购买者支付保费来购买保险，保险的卖方需要在特定事件发生的时候支付赔偿金。典型的看涨期权的到期损益分布可以通过一个例子来说明。

**【案例 4－1】**

假设 2013 年 3 月 25 日欧元兑美元汇率为“100 欧元＝129.95 美元”。投资者认为欧元兑美元的汇率将上升，因此他以每欧元 0.02 美元的价格购买了一份 2013 年 5 月到期、协议价格为“100 欧元＝130 美元”的看涨期权合约，合约规模为 100 万欧元。那么，投资者的到期损益可以分为如下情况：

1. 如果期权到期时，欧元兑美元的汇率等于或者低于“100 欧元＝130 美元”，则看涨期权将无价值至过期。投资者将亏损之前支付的期权费 2 万美元（100 万欧元×0.02 美元/欧元）。

2. 如果期权到期时，欧元兑美元的汇率高于“100 欧元＝130 美元”，但是低于“100 欧元＝132 美元”，则看涨期权到期时虽有价值，但无法覆盖之前支付的期权费用，还是处于亏损状态。假设到期时的汇率为“100 欧元＝S 美元”，则损益金额为（S/100－1.32）美元/欧元×100 万欧元。

3. 如果期权到期时，欧元兑美元的汇率为“100 欧元＝132 美元”，则看涨期权到

① 这里分析的盈亏分布为欧式期权，假设标的资产不含现金收益，只考虑现金流，不考虑利息因素。

期时的价值刚好覆盖之前支付的期权费用，实现了盈亏平衡。

4. 如果期权到期时，欧元兑美元的汇率高于“100欧元=132美元”，则看涨期权到期时的价值超过支付的期权费用，投资者将实现盈利。假设到期时的汇率为“100欧元=S美元”，则盈利金额为（S/100-1.32）美元/欧元×100万欧元。

由于期权是零和游戏（Zero-sum Games），买者的盈利刚好是卖者的亏损，据此我们可以画出看涨期权买方和卖方的到期损益分布图，如图4-1所示。

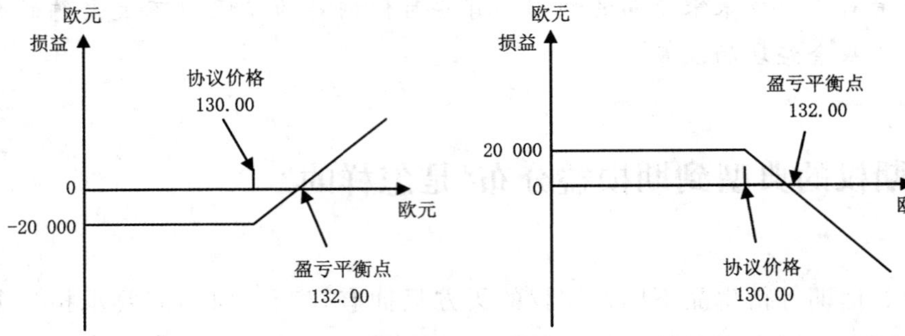


图4-1 看涨期权的到期损益分布图

从图4-1中可以看出，看涨期权买方的风险有限，最大亏损就是权利金，而盈利却是无限的。相反，卖者的盈利有限，但是风险却是无限的，最大盈利为权利金。

看跌期权的到期损益分析方法类似，举例说明如下：

**【案例4-2】**

假设2013年3月25日欧元兑美元汇率为“100欧元=129.95美元”。投资者认为欧元兑美元的汇率将下降，因此他以每欧元0.03美元的价格购买了一份2013年5月到期，协议价格为“100欧元=130美元”的看跌期权合约，合约规模为100万欧元。那么，投资者的到期损益可以分为如下情况：

1. 如果期权到期时，欧元兑美元的汇率高于或者等于“100欧元=130美元”，则看跌期权将会无价值至过期。投资者亏损之前支付的期权费3万美元（100万欧元×0.03美元/欧元）。

2. 如果期权到期时，欧元兑美元的汇率低于“100欧元=130美元”，但是高于“100欧元=127美元”，则看跌期权到期时虽有价值，但无法覆盖之前支付的期权费用，还处于亏损状况。假设到期时的汇率为“100欧元=S美元”，则损益金额为（1.27-S/100）美元/欧元×100万欧元。

3. 如果期权到期时，欧元兑美元的汇率等于“100欧元=127美元”，则看跌期权到期时的价值刚好覆盖之前支付的期权费用，实现盈亏平衡。

4. 如果期权到期时，欧元兑美元的汇率低于“100欧元=127美元”，则看跌期权到期时的价值超过支付的期权费用，投资者实现盈利。假设到期时的汇率为“100欧

元 = S 美元”，则盈利金额为（1.27 - S/100）美元/欧元 × 100 万欧元。

我们也可以画出看跌期权的到期损益分布图（见图 4 - 2）。

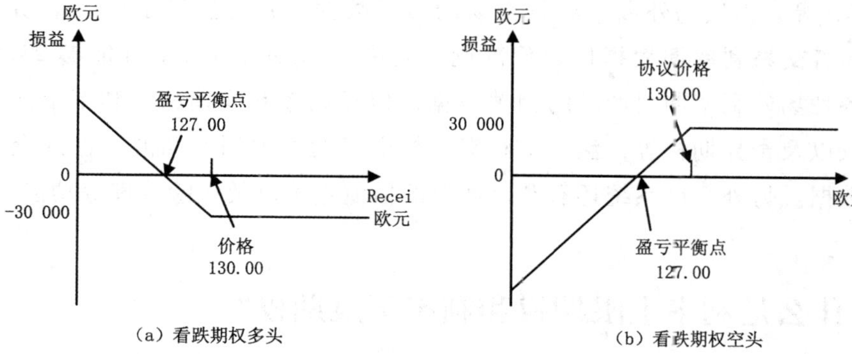


图 4 - 2　看跌期权的到期损益分布图

## 四、什么是利率期权？

利率期权，是指标的资产为利率工具——利率或与利率挂钩的产品，如国债、存单等的期权产品。早期，银行为提高自身的竞争力向市场发行浮动利率的票据，但需要一种金融工具来规避利率风险。最早的场外利率期权——利率上限期权（Interest Rate Caps）于 1983 年被推出。利率期权推出的时间虽然不长，但是发展相当迅速，目前已经成为场外期权市场中的重要组成部分，成为最为活跃的金融期权之一。2012 年 6 月，根据 BIS 的统计，利率期权占场外期权未平仓金额的 75.49%。之后市场发展相当迅速，交易量逐年攀升，交易品种越来越丰富，除了常见的以债券为标的资产的期权外，还有利率买权（Interest Rate Call Options）、利率卖权（Interest Rate Put Options）、利率上限期权（Interest Rate Caps）、利率下限期权（Interest Rate Floors）、利率双限期权（Interest Rate Collars）和利率互换期权（Swaptions）等。

目前，场外利率期权交易主要通过交易双方签订主协议的方式来确认双方的权利义务，方便交易，有利于降低各类风险。场外利率期权的主协议主要有 ISDA 主协议和债券市场协会的场外期权交易主协议，其中，交易中使用最多、影响最大的是 ISDA 主协议。ISDA 主协议适用的场外利率期权产品包括利率上限期权、利率下限期权、利率双限期权以及这些产品的组合产品。

传统的场外利率期权市场往往由一个或多个做市商提供双向报价，交易商可以与做市商或者与交易商之间通过电话协议成交，目前也有通过电子交易系统平台进行的场外利率期权交易，方便市场交易者进行交易，并与清算平台相连，实现交易的直通式处理。

场外利率期权最终交易的价格一般是由交易双方协议确定的，因此，没有像交易所那样的连续透明的价格，但是市场上还是有许多数据提供商的，如 Super Derivatives、Markit 等，提供场外利率期权交易的参考数据，并且提供定价、市场分析等服务，为交易者交易利率期权提供定价准则。其中，Super Derivatives 能够 24 小时不间断地提供各种场外利率期权产品的相关数据，包括利率互换期权、利率上限期权、利率下限期权以及奇异期权等，涵盖了利率期权市场的相关利率和波动性的全部历史数据和实时数据。另外，该系统还有利率期权的估值定价以及风险管理等功能。

## 五、什么是利率上限期权和利率下限期权?

利率上限期权的出现可以追溯至 1985 年，当时银行需要对其在市场上发售的浮动利率票据进行避险①，20 世纪 80 年代的杠杆收购潮则促进了利率上限期权市场的发展，企业通过大量的短期债务进行杠杆收购，面临巨大的利率风险，利率上升使得企业很容易面临财务困境，因此，贷款人要求借款人购买利率上限期权进行避险②。

利率上限期权又称“利率封顶”，通常与利率掉期组合，指期权的买方支付权利金，并与期权的卖方达成一个协议，该协议中指定某一种市场参考利率，同时确定一个利率上限水平，在规定的期限内，如果市场参考利率高于协定的利率上限水平，卖方向买方支付市场利率高于利率上限的差额部分；如果市场参考利率低于或等于协定的利率上限水平，则卖方无任何支付义务。

利率下限期权又称“利率封底”，与利率上限相反，买方在市场参考利率低于下限利率时可取得低于下限利率的差额。利率下限可以防范利率下降的风险。如果市场利率下降，浮动利率投资的利息收入会减少，固定利率债务的利息负担会相对加重，企业将面临债务负担相对加重的风险。如果买入利率下限期权，一旦市场利率下降，固定利率负债方或者浮动利率投资者就可以获得市场利率与协定利率的差额作为补偿。

利率上限期权和下限期权的损益见图 4－3。

从图 4－3 可以看出，利率上限期权费与利率上限水平、协议期限、支付频率等因素有关。相对而言，利率上限水平越高，期权费率越低；期限越短，期权费率越低；支付次数越少，期权费率也越低。

---

① Kahle, Jeff. “Caps and Floors” *The 1992 Dictionary of Derivatives*, pp. 6－8. Supplement to the June 1992 issue of *Euromoney*. London: Euromoney Publications PLC, 1992.

② Burghardt, Galen, Belton, Lane, Luce, and McVey. *Eurodollar Futures and Options*. Chicago: Probus Publishing Company, 1991.

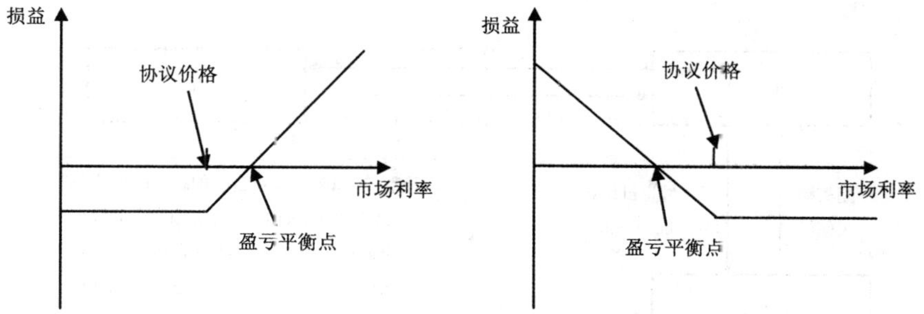


(a) 利率上限期权　　(b) 利率下限期权

图 4-3　利率上限和下限期权的损益图

利率下限期权费与利率上限的类似，主要取决于下限利率水平、协议期限、支付频率等因素。相对而言，下限利率水平越低，期权费率越低；期限越短，期权费率越低；支付次数越少，期权费率也越低。

**【案例 4-3】**

假设 ABC 公司在 2012 年 3 月 1 日发行了 1 000 万美元的一年期债券，该债券每季度付息，利率为“3M Libor（伦敦银行间同业拆放利率）+25 个基点（BP）”计算得到，即 ABC 公司必须在 2012 年的 6 月 1 日、9 月 1 日、12 月 1 日支付利息，2013 年的 3 月 1 日支付利息和本金。2012 年 6 月 1 日支付利息的利率为 2012 年 3 月 1 日的“3M Libor+25BP”，即支付 0.25×(3M Libor+25BP)×1 000 万美元[①]的利息。

ABC 公司预期市场利率会下降，但又担心出现利率上涨带来的融资成本上升的风险，希望将风险控制在一定的范围内，因而 ABC 公司与一家美国银行 GHI 签订了一份利率上限期权合约。该合约期限为 1 年，面值为 1 000 万美元，上限利率为 5%，按季度支付，支付日与付息日相同。GHI 银行承诺，在未来的一年里，如果重置日的 3M Libor 超过 5%，则 GHI 银行 3 个月[②]后向 ABC 公司支付重置日 3M Libor 和利率上限 5%之间的利息差，即支付金额为 0.25×Max{0,(3M Libor−5%)}×1 000 万美元[③]。该合约签订时，ABC 公司需要向 GHI 银行支付一笔期权费，期权费报价为 0.8%，一次性支付[④]。整个交易流程可以用图 4-4 表示。ABC 公司的现金流如图 4-5 所示。

利率上限期权交易之所以会发生，是因为购买利率上限期权后，ABC 公司在保留获得利率下行时降低融资成本的收益，同时对其面临的利率风险进行保护，而损失的只是期初支付的期权费。通过购买利率上限期权，ABC 公司将自己的融资成本保护在

---

① 实际交易中，债券利息的支付需要考虑计量天数的惯例，不同的市场、不同类型债券的计量天数惯例不一样，这个案例中采用较为简单的计算方法。

② 一般情况下，因为第一笔现金流的利率已知，所以通常利率期权不包含第一笔现金流。

③ 实际交易中，利息支付需要约定计量天数的惯例，常见的约定方式见本书第二章。

④ 期权费的支付方式可以协商，可以一次性支付，或者在每个结算日支付。

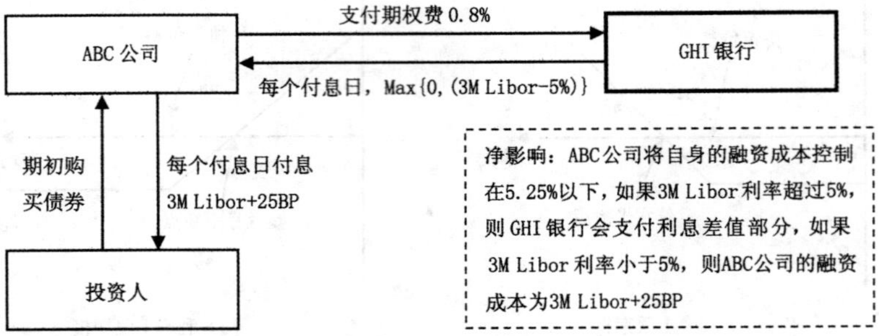


图 4－4　ABC 公司与 GHI 银行的关系图

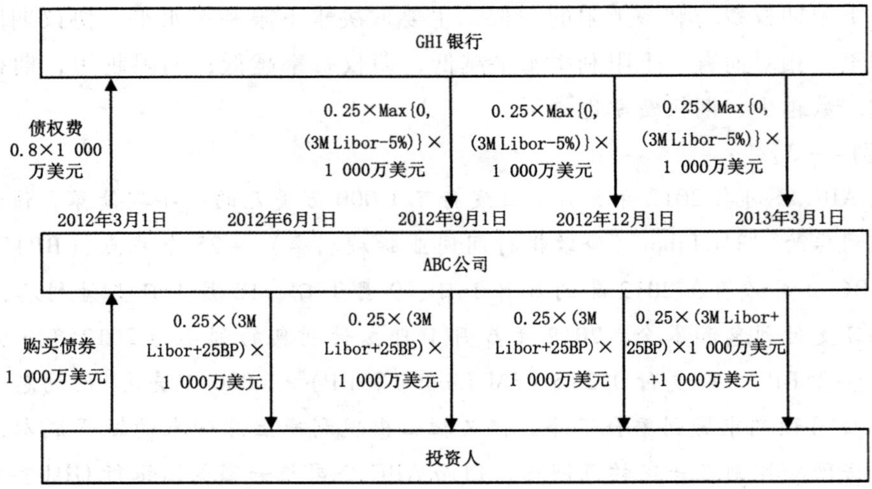


图 4－5　ABC 公司的现金流

5.25%（即 5%＋25BP）以下。

1. 如果市场利率 3M Libor 为 6%，则 ABC 公司需要向投资者支付 15.625 万美元，即 0.25×(6%＋25BP)×1 000 万美元的利息，由于购买了利率上限期权，GHI 银行向 ABC 公司支付 2.5 万美元，即 0.25×（6%－5%）×1 000 万美元。ABC 公司最终支付 13.125 万美元。

2. 如果市场利率 3M Libor 为 4%，则 ABC 公司仅需要向投资者支付 10.625 万美元，即 0.25×(4%＋25BP)×1 000 万美元的利息，利率上限期权没有生效，GHI 银行不需要向 ABC 公司支付。ABC 公司最终支付 10.625 万美元。

**【案例 4－4】**

假设 ABC 公司在 2012 年 3 月 1 日发行了 1 000 万美元的一年期债券，该债券每半年付息一次，利率为 5%。ABC 公司必须在 2012 年的 9 月 1 日支付利息 25 万美元，2013 年 3 月 1 日支付利息和本金共 1 025 万美元。

ABC公司预期市场利率会上涨，但又担心利率下跌带来融资成本相对上升的风险，希望将风险控制在一定的范围内，因而ABC公司与一家美国银行GHI签订了一份利率下限期权合约。该合约期限为1年，面值为1 000万美元，下限利率为5%，参考利率为6M Libor，每半年支付一次，支付日与付息日相同。GHI银行承诺，在未来的一年里，如果重置日的6M Libor低于5%，则GHI银行12个月[①]后向ABC公司支付第6个月重置日6M Libor利率和利率下限5%之间的利息差，即支付金额为0.5×Max {0，(5% - 6M Libor)} ×1 000万美元[②]。该合约签订时，ABC公司需要向GHI银行支付一笔期权费，期权费报价为0.8%，一次性支付[③]。整个交易流程如图4-6所示。

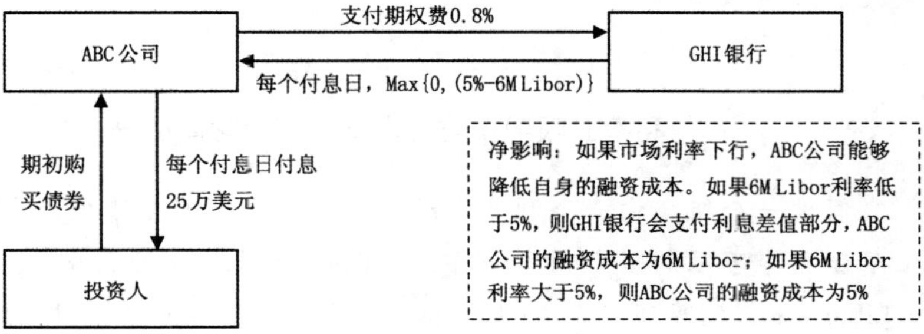


图4-6 ABC公司与GHI银行的关系图

ABC公司的现金流如图4-7所示。

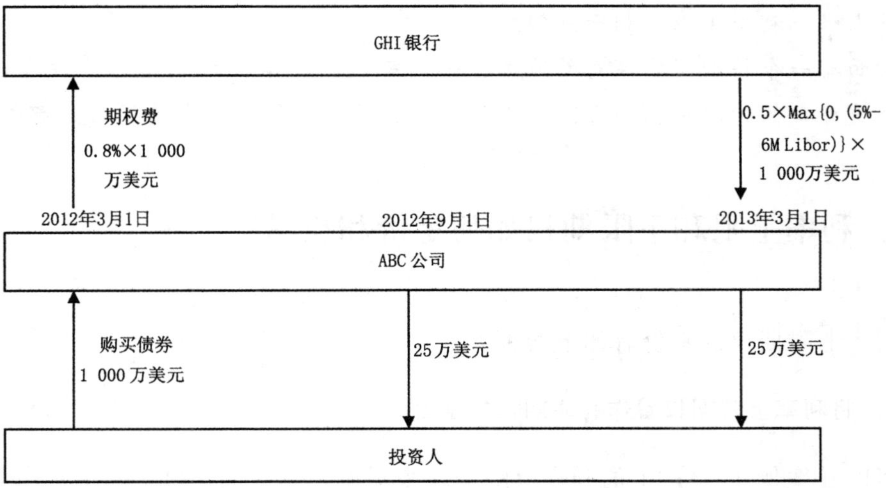


图4-7 ABC公司的现金流

① 一般情况下，因为第一笔现金流的利率已知，所以通常利率期权不包含第一笔现金流。

② 实际交易中，利息支付需要约定计量天数的惯例。

③ 期权费的支付方式可以协商，可以一次性支付，或者在每个结算日支付。

通过购买利率下限期权，ABC 公司可以在市场利率下降的时候降低自己的融资成本。

1. 如果市场利率 6M Libor 为 6%，则 ABC 公司向投资者支付 25 万美元（即 $0.5\times5\%\times1\ 000$ 万美元）的利息，由于未低于利率下限，GHI 银行不用向 ABC 公司支付。ABC 公司最终支付 25 万美元利息，融资成本为 5%。

2. 如果市场利率 6M Libor 为 4%，则 ABC 公司仍然要向投资者支付 25 万美元，即 $0.5\times5\%\times1\ 000$ 万美元的利息，由于市场利率低于下限利率，期权生效，GHI 银行需要向 ABC 公司支付 5 万美元，即 $0.5\times(5\%-4\%)\times1\ 000$ 万美元。ABC 公司最终支付 20 万美元，融资成本为 4%。

**利率上限期权与利率下限期权之间的关系**

假设一个组合由一个利率上限多头和一个利率下限空头组成，且利率上限和利率下限的限定利率一样，则利率上限在市场利率 Libor 大于 K 时提供的收益为 Libor - K，利率下限的短头寸在当市场利率 Libor 小于 K 时提供收益为 -(K - Libor) = Libor - K，因此，在所有情况下，组合的收益均为 Libor - K，这刚好等于利率互换的收益，所以利率上限与下限期权之间存在着一种看涨 - 看跌平价关系，此关系式为：

利率上限 = 利率下限 + 利率互换

这里面有一个特别需要注意的地方，一般来说，利率互换构造时往往在 0 时刻决定第一个重置日的付款量，而上限及下限的构造往往使得第一个重置日没有任何支付。

## 六、利率上限和下限期权如何定价和交易？

对利率上限期权的定价有如下两种方式。

### （一）将利率上限期权看作利率期权的组合

仍然以【案例 4-3】中的利率上限期权来举例，本金为 1 000 万美元，上限利率为 5%，利率上限的重置日为 2012 年 6 月 1 日、2012 年 9 月 1 日、2012 年 12 月 1 日，观察到的 3M Libor 分别为 $R_1$、$R_2$、$R_3$，利率上限在 2012 年 9 月 1 日、2012 年 12 月 1 日、2013 年 3 月 1 日的收益为：

$10\ 000\ 000\times\Delta t_i\times\max(R_i-5\%,\ 0),\ i=1,\ 2,\ 3$

其中，$\Delta t_i=t_{i+1}-t_i$，$R_i$ 为利率重置日重置的利率。2012 年 9 月 1 日的收益为

1 000 万美元 $\times 92/365 \times \max(R_1 - 5\%)$①，92 为 2012 年 6 月 1 日至 2012 年 9 月 1 日的天数。这个收益等价于一个到期日为 2012 年 6 月 1 日、标的物为 3M Libor 的看涨期权，只不过该期权的收益时间推后 3 个月至 2012 年 9 月 1 日。

整个利率上限期权等价于 3 个 3M Libor 的看涨期权，只不过收益时间都推后 3 个月。这一期权收益的计算日为 2012 年 6 月 1 日、2012 年 9 月 1 日、2012 年 12 月 1 日，收益的支付日为 2012 年 9 月 1 日、2012 年 12 月 1 日、2013 年 3 月 1 日。我们把每一个看涨期权称为利率上限单元（Caplet）。

利率上限期权在 $t_i$ 时间被重置的利率在时间 $t_{i+1}$ 提供的收益用公式表达如下：

$$L \times \Delta t_i \times \max(R_i - K, 0), \quad i = 1, 2, 3, 4, \cdots, n$$

其中，L 为面值，$\Delta t_i = t_{i+1} - t_i$，K 为上限利率，$R_i$ 为在重置日 $t_i$ 时刻观察到的利率（$1 \leqslant i \leqslant n$）。

### （二）将利率上限期权看作债券期权的组合

仍然以【案例 4－3】中的利率上限期权来举例，也可以被看作一系列零息债券看跌期权组合，看跌期权的收益发生在利率上限期权的重置日。利率上限在 2012 年 9 月 1 日、2012 年 12 月 1 日、2013 年 3 月 1 日的收益为：

$$10\,000\,000 \times \Delta t_i \times \max(R_i - 5\%, 0), \quad i = 1, 2, 3$$

将其对应的折现至重置日 2012 年 6 月 1 日、2012 年 9 月 1 日、2012 年 12 月 1 日：

$$\frac{10\,000\,000 \times \Delta t_i}{1 + R_i \times \Delta t_i} \times \max(R_i - 5\%, 0), \quad i = 1, 2, 3$$

其中，$\Delta t_i = t_{i+1} - t_i$，$R_i$ 为利率重置日重置的利率。将上面的式子转换一下，即：

$$\max\left[10\,000\,000 - \frac{10\,000\,000 \times (1 + 5\% \times \Delta t_i)}{1 + R_i \times \Delta t_i}, 0\right], \quad i = 1, 2, 3$$

表达式 $\frac{10\,000\,000 \times (1 + 5\% \times \Delta t_i)}{1 + R_i \times \Delta t_i}$ 是在 $t_{i+1}$ 时支付 $10\,000\,000 \times (1 + 5\% \times \Delta t_i)$ 美元的零息债券在时间 $t_i$ 的价格。利率上限期权在重置日的收益等价于一个在收益支付日到期的零息债券看跌期权的收益。

2012 年 9 月 1 日的收益折现至 2012 年 6 月 1 日，为 $10\,000\,000 \times 92/365/(1 + R_1 \times 92/365) \times \max(R_1 - 5\%)$ 美元②，92 为 2012 年 6 月 1 日至 2012 年 9 月 1 日的天数。上式等价于：

$$\max\left[10\,000\,000 - \frac{10\,000\,000 \times \left(1 + 5\% \times \frac{92}{365}\right)}{1 + \frac{R_1 \times 92}{365}}, 0\right]$$

①② 计量天数的惯例按照“实际天数/365”来计算。

这个收益等价于一个面值为 $10\,000\,000\times\left(1+5\%\times\frac{92}{365}\right)$ 美元的零息债券，执行价格为 10 000 000 美元、到期日为 2012 年 9 月 1 日的看跌期权。

整个利率上限期权等价于 3 个零息债券看跌期权，期权的执行价格为 1 000 万美元，到期日为 2012 年 6 月 1 日、2012 年 9 月 1 日、2012 年 12 月 1 日。

由上面的分析可以看出，利率上限期权等价于一系列利率上限单元组合起来，而利率上限单元的价格可以利用标准的期权定价公式计算：

$$L\times\Delta t_i\times P(0,t_{i+1})[F_iN(d_1)-KN(d_2)]$$

$$d_1=\frac{\ln(F_i/K)+\sigma_i^2t_i/2}{\sigma_i\sqrt{t_i}}$$

$$d_2=\frac{\ln(F_i/K)-\sigma_i^2t_i/2}{\sigma_i\sqrt{t_i}}=d_1-\sigma_i\sqrt{t_i}$$

其中，L 为面值，$\Delta t_i=t_{i+1}-t_i$，K 为上限利率，$F_i$ 为在 0 时刻观察到的时间 $t_i-t_{i+1}$的远期利率，$\sigma_i$ 为它的波动率（$1\leqslant i\leqslant n$），$P(0,\ t_{i+1})$ 为贴现因子，反映收益发生在时间 $t_{i+1}$而不是在时间 $t_i$。

利率下限在 $t_i$ 时间被重置的利率在时间 $t_{i+1}$提供的收益用公式表达如下：

$$L\times\Delta t_i\times\max(K-R_i,\ 0),\ i=1,\ 2,\ 3,\ 4,\ \cdots,\ n$$

其中，L 为面值，$\Delta t_i=t_{i+1}-t_i$，K 为上限利率，$R_i$ 为在重置日 $t_i$ 时刻观察到的利率（$1\leqslant i\leqslant n$）。

同利率上限类似，利率下限可以看作由一系列利率看跌期权组成的交易组合，也可以看作由一系列零息债券看涨期权组成的组合，利率下限中的每一个期权称为下限单元（Floorlet）。

利率下限单元的价格同样可以利用标准的期权定价公式计算：

$$L\times\Delta t_i\times P(0,t_{i+1})[KN(-d_2)-F_iN(-d_1)]$$

$$d_1=\frac{\ln(F_i/K)+\sigma_i^2t_i/2}{\sigma_i\sqrt{t_i}}$$

$$d_2=\frac{\ln(F_i/K)-\sigma_i^2t_i/2}{\sigma_i\sqrt{t_i}}=d_1-\sigma_i\sqrt{t_i}$$

其中，L 为面值，$\Delta t_i=t_{i+1}-t_i$，K 为下限利率，$F_i$ 为在 0 时刻观察到的时间 $t_i-t_{i+1}$的远期利率，$\sigma_i$ 为它的波动率（$1\leqslant i\leqslant n$），$P(0,\ t_{i+1})$ 为贴现因子，反映收益发生在时间 $t_{i+1}$而不是在时间 $t_i$。

利率期权实际交易时可以利用类似 Bloomberg 这样的系统来进行定价，无须手工按照上述给出的式子来计算价格。Bloomberg 的 <SWPM> 功能针对主要的利率类衍生品，提供了相应的定价和分析功能。其支持的利率类衍生品包括掉期、总回报掉期、多端掉期、利率期权、区间计息、通胀交易、结构债券等产品，其中，利率期权支持掉期期权、利率上限期权、利率下限期权、可取消掉期、掉期期权鞍式[①]。

**【案例4-5】**

假设ABC公司在2013年4月2日发行了1 000万美元的一年期债券，该债券每季度付息，利率为"3M Libor（伦敦银行间同业拆放利率）+45基点（BP）"。

ABC公司担心利率上涨会引起融资成本上升，于是购买了一个利率上限期权控制融资成本。ABC公司与一家美国银行GHI签订了一份利率上限期权合约。该合约的基本要素如下：

期限：1年

生效日期：2013年7月2日

到期日：2014年4月2日

面值：1 000万美元

上限利率：0.5%

支付频率：季度

重设频率：季度

天数算法：Act/360

Bloomberg对上述利率上限期权进行定价的操作流程如下：

1. 输入SWPM〈GO〉，进入利率期权定价界面；
2. 在工具栏 91）产品 中选择"期权>上限"；
3. 在界面中的相应位置输入利率上限期权的明细信息，如图4-8所示。

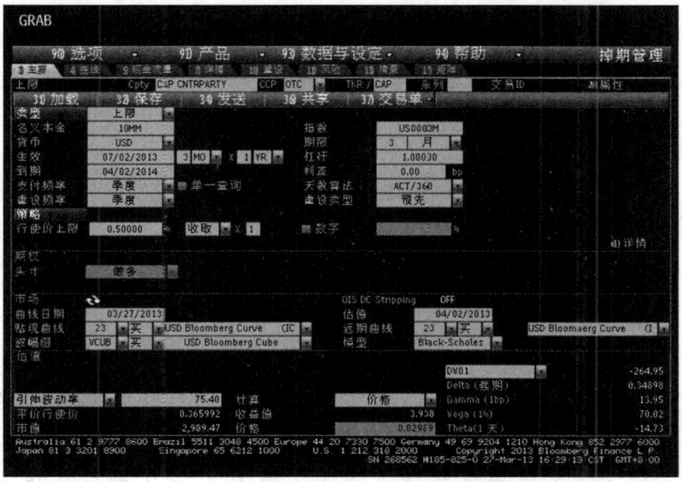

图4-8 Bloomberg给利率上限定价

① 文中部分期权术语源自Bloomberg的利率类衍生品定价模块。

输入项中需要特别注意的是引伸波动率（一般期权中称为隐含波动率）和利率曲线。Bloomberg 对这些参数提供了默认的设定，另外也有一些其他的估计方法可以选择。Bloomberg 中的利率曲线是可以调整的，点击菜单中〈曲线〉，可以在界面中平移或者部分调整曲线，也可以从外部导入估计的利率曲线。这些参数估计的准确性直接决定了利率期权定价的准确性，因此，需要特别注意。

4. 按〈GO〉，SWPM 在界面的下方提供利率期权的价格以及风险指标。

Bloomberg 给出利率上限期权的定价，价格为 0.02989。Bloomberg 在定价的同时还计算了影响较大的希腊值帮助投资者分析利率期权。

Delta（套期）=0.34898，表示市场利率 3M Libor 变化 1BP 时，期权市场价格变化与标的资产市场价格变化的比值为 0.34898。

Gamma（1BP）=13.95，表示市场利率 3M Libor 上下变化 10BP 时，平均每个 BP 引起的期权市场价格的变化，这里 Delta 为市场利率 3M Libor 变化 10BP 时，每个 BP 引起的期权市场价格的变化，用数学公式表示为：

$$\text{Gamma（1BP）}=\frac{\text{CapPrice}_{+10BP}+\text{CapPrice}_{-10BP}-2\times\text{CapPrice}_0}{10BP^2}$$

其中，$\text{CapPrice}_{+10BP}$表示市场利率 3M Libor 上涨 10BP 后利率上限的价格；

$\text{CapPrice}_{-10BP}$表示市场利率 3M Libor 下跌 10BP 后利率上限的价格；

$\text{CapPrice}_0$ 表示当前利率上限的价格。

备注：一般情况下，Gamma（1BP）的计算中基准利率变动 10BP，但在 IRD 的计算中为了与 DV01 保持一致，采用的是变动 1BP。

Vega（1%）=70.02，表示市场利率 3M Libor 波动率变动 1% 引起期权市值变化 70.02 美元。

Theta①（1 天）=-14.73，表示时间流逝一天引起期权市场降低 14.73 美元。

**Bloomberg 输出信息说明**

价格（Premium）：用面值的百分比表示的利率上限期权价格。

价格 = 市值/面值 × 100%。

市值（Market Value）：利率上限期权的市场价格，以金额表示。

引伸波动率（Implied Volatility）：又称隐含波动率，利用 Black - Scholes 模型和给定的利率上限期权价格计算得到的波动率。

Delta（套期）：标的资产市场价格变化 1 个单位引起的期权价格变化量。

---

① Theta（1 天）：时间流逝一天引起的期权市值的变化。

Gamma（1BP）：为了和基点价值 DV01 有可比性，利率衍生品的 Gamma 值变动 1 个基点引起的 Delta（套期）的变化。

Vega（1%）：波动率平移 1% 引起的期权市场价格的变化。

Theta（1 天）：时间流逝 1 天引起的期权价格变化。

平价行使价（ATM Strike）：标的资产的票面利率。

DV01：利率曲线平移 1 个基点引起的期权价格变化。

收益值（Yield Value）：用基点表示的期权价格。

点击菜单中〈现金流量〉可以查看利率上限未来的现金流量，如图 4－9 所示。Bloomberg 显示了未来上限单元的明细信息，包括执行价、远期利率、波动率、套保比率等信息。

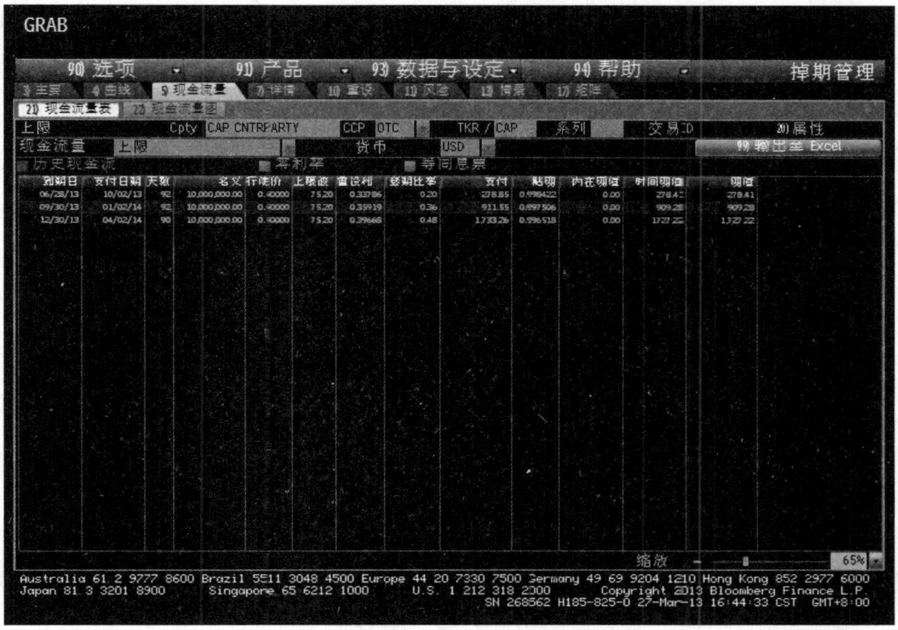


图 4－9　Bloomberg 中利率上限的现金流

综上，利率上限和下限期权的特点如下：

1. 买方支付权利金。

2. 买方拥有到期是否执行的选择权。

3. 名义本金、执行利率和付息期间、付息频率都是事先约定的。

4. 可以看作一连串上限单元和下限单元组合而成。

5. 其价值受到未来短期利率及远期波动性的影响。

6. 由于第一期的利率在期初时已知，通常，上限和下限期权都不包含第一期现金流。

7. 利率上限和下限期权具有多样组合的特性。

## 七、什么是利率双限期权?

利率双限期权(Interest Rate Collars),又称“利率上下限期权”或“利率领圈期权”,目的是确保支付与指定的市场利率介于两个上下限水平之间,可以看作一个利率上限期权的长头寸和一个利率下限期权的短头寸的组合,即利率双限期权的买入方相当于买入一个利率上限期权的同时卖出一个利率下限期权,该利率上限期权和利率下限期权具有相同的到期日,但上限期权的执行利率比下限期权的执行利率高。

利率双限期权在构造时往往被构造成零成本,即利率上限期权的权利金等于利率下限期权的权利金。这样企业可以将资金成本控制在一定的范围内,若利率在某一范围内波动,投资人的融资成本为市场利率;若利率波动超过此范围,则利率双限期权生效,避免了市场利率大幅波动带来的风险,同时投资人无须负担任何费用,大大降低了避险的成本,因此,零成本的利率双限期权是非常流行的利率避险工具。其损益如图4-10所示。

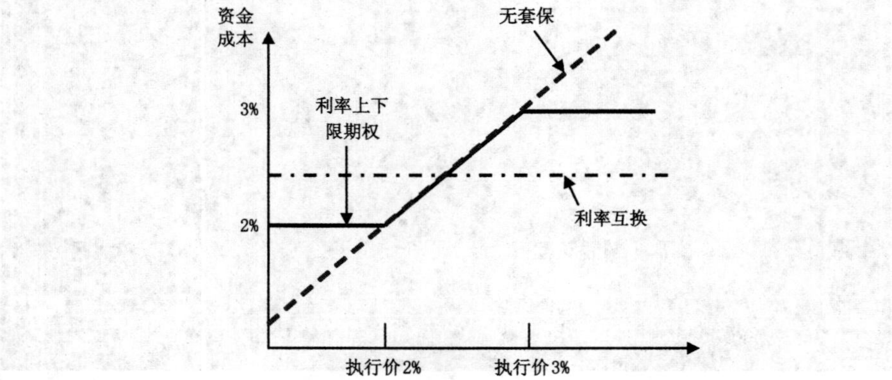


图4-10 利率双限期权的损益

利率上下限由一个利率上限多头和一个利率下限空头组成,因此,其定价可以利用利率上限和利率下限的定价公式来计算,如下式:

$$P_{collar} = P_{cap} - P_{floor} = \sum_i P^i_{caplet} - \sum_i P^i_{floorlet}$$

$$P^i_{caplet} = L \times \Delta t_i \times P(0, t_i + 1)[F_i N(d_1) - K_{up} N(-d_2)]$$

$$P^i_{floorlet} = L \times \Delta t_i \times P(0, t_i + 1)[K_{down} N(d_2) - F_i N(-d_1)]$$

$$d_1 = \frac{\ln(F_i/K) + \sigma_i^2 t_i/2}{\sigma_i \sqrt{t_i}}$$

$$d_2 = \frac{\ln(F_i/K) - \sigma_i^2 t_i/2}{\sigma_i \sqrt{t_i}} = d_1 - \sigma_i \sqrt{t_i}$$

其中，L 为面值，$\Delta t_i = t_{i+1} - t_i$，$K_{up}$为上限利率，$K_{down}$为下限利率，$F_i$ 为在 0 时刻观察到的时间 $t_i - t_{i+1}$的远期利率，$\sigma_i$ 为它的波动率（$1 \leqslant i \leqslant n$），P（0，$t_{i+1}$）为贴现因子，反映收益发生在时间 $t_{i+1}$而不是在时间 $t_i$。举例说明如下：

**【案例 4－6】**

假设 ABC 公司在 2012 年 3 月 1 日发行了 1 000 万美元的一年期债券。该债券每半年付息一次，利率为“6M Libor（伦敦银行间同业拆放利率）＋25 个基点（BP）”计算得到。ABC 公司必须在 2012 年 9 月 1 日支付利息，在 2013 年 3 月 1 日支付利息和本金。

ABC 公司担心利率上涨会引起融资成本上升，但又觉得购买利率上限期权的成本过高，于是决定放弃部分利率下跌带来的融资成本降低的收益，购买一个利率双限期权，将融资成本控制在一定范围之内。ABC 公司与一家美国银行 GHI 签订了一份利率双限期权合约。该合约期限为 1 年，面值 1 000 万美元，上限利率为 5%，下限利率为 4%，每半年支付一次，支付日与付息日相同。GHI 银行承诺，在未来的一年里，如果重置日的 6M Libor 超过 5%，则 GHI 银行 12 个月[①]后向 ABC 公司支付重置日 6M Libor 利率和利率上限 5%之间的利息差，即支付金额为 0.5×Max｛0，(6M Libor－5%)｝×1 000万美元[②]。如果重置日的 6M Libor 低于 4%，则 ABC 公司 12 个月后向 GHI 银行支付重置日 6M Libor 利率和利率下限 4%之间的利息差，即支付金额为 0.5×Max｛0，(4%－6M Libor)｝×1 000万美元[③]。利率上下限的费用为 0[④]。整个交易流程可以用图 4－11 表示。

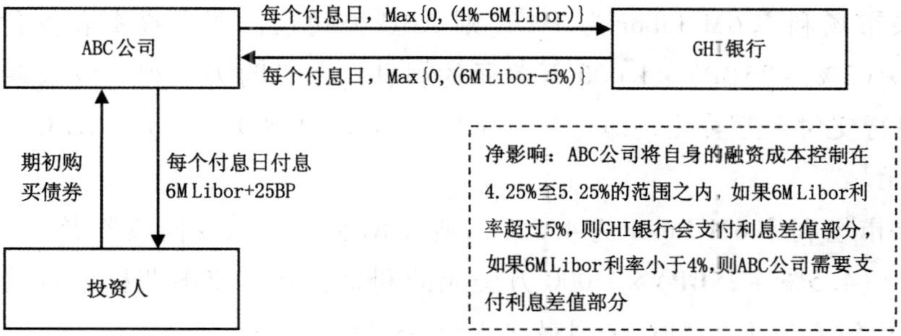


图 4－11　ABC 公司与 GHI 银行交易的示意图

---

① 由于第一期的利率在期初时已知，通常利率双限期权都不包含第一期现金流。

②③ 实际交易中，利息支付需要约定计量天数的惯例，例子中进行了简化处理。

④ 通常情况下，在进入利率上下限时通常会使得上限的价格等于下限的价格，因此，进入利率上下限的交易成本为零。

ABC 公司的现金流如图 4－12 所示：

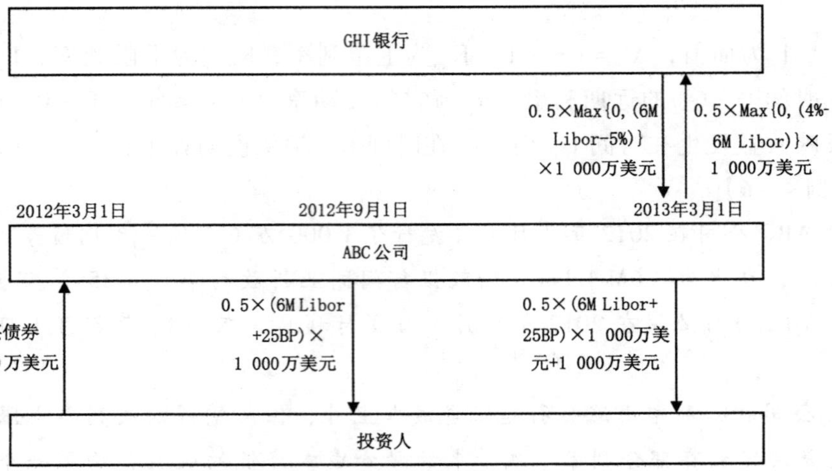


图 4－12 ABC 公司的现金流

利率双限期权交易可以帮助企业控制融资成本，同时又不增加额外的成本，即企业放弃一部分利率下行带来的收益，来换取利率上行时融资成本的保护，从而将整体的融资成本控制在可接受的范围内。通过购买利率双限期权，ABC 公司将自己的融资成本保护在 4.25%（即 4% +25BP）到 5.25%（即 5% +25BP）之间。

1. 如果市场利率 6M Libor 为 6%，则 ABC 公司需要向投资者支付 31.25 万美元，即 0.5 ×（6% +25BP）×1 000 万美元的利息，由于购买了利率双限期权，GHI 银行向 ABC 公司支付 5 万美元，即 0.5 ×（6% －5%）×1 000 万美元。ABC 公司最终支付 26.25 万美元。

2. 如果市场利率 6M Libor 为 3%，则 ABC 公司仅需要向投资者支付 16.25 万美元，即 0.5 ×（3% +25BP）×1 000 万美元的利息，由于购买了利率双限期权，ABC 公司向 GHI 银行支付 5 万美元，即 0.5 ×（4% －3%）×1 000 万美元。ABC 公司最终支付 21.25 万美元。

3. 如果市场利率 6M Libor 为 4.5%，则 ABC 公司仅需要向投资者支付 23.75 万美元，即 0.5 ×（4.5% +25BP）×1 000 万美元的利息，利率双限期权未生效，ABC 公司既无须支付也没有收入。ABC 公司最终支付 23.75 万美元。

## 八、什么是部分参与利率上限期权？

上面提到了希望规避利率剧烈波动风险但是又希望降低避险成本时可以采用零成本的利率双限期权，其实还有一种方式，就是采用部分参与利率上限期权（Participating Caps)。与利率双限期权一样，投资者也需要在买入利率上限期权的同时卖出利率下限期权，不过与利率双限期权不同的是，利率上限期权的执行价格与利率下限期权的执行价格一致，这样利率风险可以锁定在一个固定水平之下。一般情况下，将部分参与利率上限期权构造为零成本，利率下限期权的价值相对较高，因此，在总权利金相同的条件下，投资者仅需要卖出较少面值的利率下限期权。总结如下：

1. 利率上限期权的执行利率等于利率下限期权的执行利率。
2. 利率上限期权的面值大于利率下限期权的面值。
3. 利率上限期权权利金支出等于利率下限期权权利金收入。
4. 参与比率（Participating Ratio）=1 - 下限面值/上限面值 ×100%。

部分参与利率上限期权除了节约避险成本之外，相较于利率双限期权，其还可以得到利率大幅下滑时资金成本下降的好处，使期权损失有限获利无限的特性得以发挥。因此，其是市场上热门的利率避险工具。其损益如图 4-13 所示。

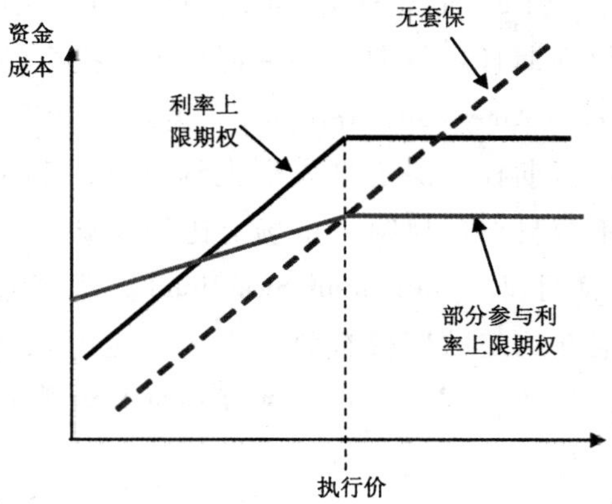


图 4-13 部分参与利率上限期权的损益

## 九、什么是利率互换期权?

前面已经提到，利率互换是利率衍生品市场流动性最好的产品，因此会自然选择其为标的资产建立期权，即利率互换期权（Swaption）。利率互换期权为交投最活跃的利率期权。利率互换期权，是指标的资产为利率互换合约的期权，期权的买方在期初支付一笔权利金给期权的卖方，期权的买方有权在未来某特定时间执行该权利，以事先约定的利率建立利率互换合约。

利率互换期权按照标的资产的利率互换合约收付利率类型可以划分为以下两类：

### （一）支付固定利率的利率互换期权（Payer's Swaption）

该利率互换期权的买方有权获得一个"支付固定利率、收取浮动利率的利率互换合约"，一旦未来互换利率高于执行价格，买方就选择执行，这样可以享受到以较低的利率进行利率互换的好处。

### （二）收取固定利率的利率互换期权（Receiver's Swaption）

该利率互换期权的买方有权获得一个"收取固定利率、支付浮动利率的利率互换合约"，一旦未来互换利率低于执行价格，买方就选择执行，这样可以享受到以较高的互换利率进行利率互换的好处。

利率互换期权按照市场的交易习惯以及期权买方可以执行权利的时间点划分，可以分为以下三类：

1. 欧式利率互换期权（European Swaption）。欧式利率互换期权为市场上常见的互换期权，买方仅能在期权到期日执行期权，决定利率互换合约是否生效。

2. 美式利率互换期权（American Swaption）。美式利率互换期权的买方可以在期权到期日之前的任意时点执行期权，决定进入事先约定好的利率互换合约。但由于美式互换期权的价格较高且不容易对冲风险，市场上比较少见。

3. 百慕大式利率互换期权（Bermudan Swaption）。百慕大式利率互换期权介于欧式和美式之间，买方仅能在约定的期权有效期内的特定时点执行期权，决定是否使事先约定好的利率互换合约生效。百慕大式利率互换期权常常用来较长期的避险，在市场中也较为常见。

以平价利率互换期权（ATM Swaption）为例，在到期日的损益如图4－14所示。

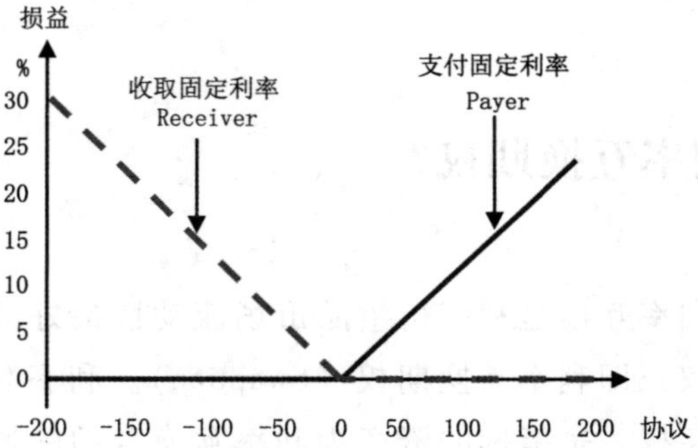


图4－14　平价利率互换期权的损益

从图4－14可以看出，支付固定利率的互换期权，其价值随市场利率上涨而上涨，收取固定利率的互换期权，其价值随市场利率的下跌而上涨。利率变动一个基点时，收取固定利率的互换期权价格变动要超过支付固定利率的互换期权价格变动，即

$DV01_{Receiver} > DV01_{Payer}$。

### 利率互换期权看涨－看跌平价关系等式解读（Call－Put Parity）

前面提到利率上限期权和利率下限期权之间具有看涨－看跌平价关系，欧式的收取固定利率互换期权和支付固定利率期权之间也存在类似的看涨－看跌平价关系。假设一个组合由相同执行利率K的支付固定利率互换期权多头和收取固定利率互换期权空头组成，则：

1. 当市场利率大于等于K时，支付固定利率互换期权为实值，则执行该期权，支付固定利率K的互换合约生效；而收取固定利率互换期权无价值过程，没有被执行；组合净头寸为支付固定利率K的互换合约。

2. 当市场利率小于K时，支付固定利率互换期权没有价值，放弃行权；而收取固定利率互换期权处于实值状态，被执行，支付固定利率K的互换合约生效；组合净头寸为支付固定利率K的互换合约。

因此，上面的组合与远期生效的支付固定利率K的互换合约等价，即：

支付固定利率互换期权＝收取固定利率互换期权＋利率互换

Payer = Receiver + S

利率互换期权的应用十分广泛，主要有三个方面：一是对冲预期的利率风险暴露；二是针对利率走势进行投机；三是提供一种已有利率互换提前终止的方法。

下面我们举例说明如何利用利率互换规避风险。

**【案例4－7】**

假设ABC公司是美国的一家公司，会不定期地发行固定利率并附有赎回选择权的债券。假设ABC公司决定发行一个5年期固定利率为5%、附有第二年后可赎回的债券，ABC公司同时在市场上卖出收取固定利率5%的利率互换期权（Receiver's Swaption）。经过这一系列操作，ABC公司不但降低了自己的发债成本，而且未来的利率变化也不会给公司带来损伤。

假设未来利率上涨至6%，利率互换期权的买方可以在市场上收取6%的利息，放弃行权更加有益，这时ABC公司也不会执行提前赎回权，ABC公司的融资成本为5%。

相反，假设未来市场利率下降至4%，利率互换期权的买方会选择行权，因为收取5%的固定利率比收取市场利率4%更加有利，这时ABC公司必须履行支付固定利率5%、收取浮动利率的义务，但同时ABC公司亦会执行债券的赎回权，终止支付债券投资人5%的固定利息，而改以货币市场融资方式负担浮动利率的资金成本。如此一来，一收一付，浮动利率相互抵销，ABC公司的资金成本仍然维持在固定利率5%

的水平。

第二年市场利率上升或者下降时，ABC 公司的操作如表 4－1 所示。

**表 4－1　　ABC 公司资金成本对照表**

| | 利率上升 | 贴现因子 |
|---|---|---|
| 附赎回权债券（Callable Bond） | 不执行 | 提前赎回终止债券 |
| 卖出收取固定利率的利率互换期权（Sell Receiver Swaption） | 不被要求履约 | 被要求履约<br>付固定利率 5%，收取浮动利率 |
| ABC 公司的资金成本 | 固定利率 5% | 固定利率 5% |

利率互换期权还可以进行不同的组合来满足投资者的特定的投资目的，根据对未来利率的研判，再结合投资者的投资目的、实际情况，可以构造不同的组合，实现特殊的效果。一个典型的例子是领圈策略（Collar Strategy），即投资者持有一个收取固定利率的互换期权多头和一个支付固定利率的互换期权空头，两个互换期权的价值几乎相等。该策略到期损益见图 4－15。

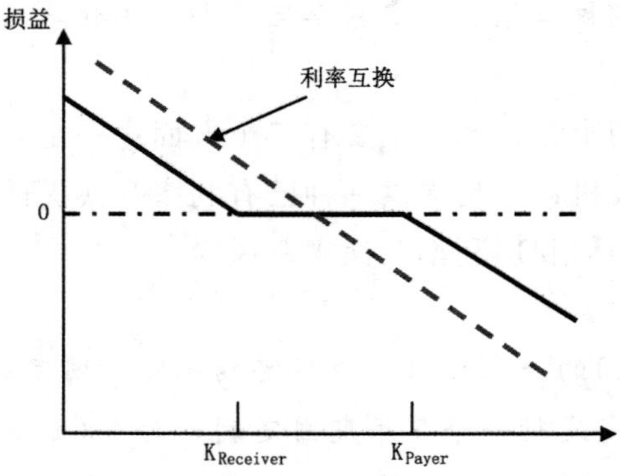


图 4－15　利率互换期权领圈策略到期损益

通过领圈策略的操作，投资者实现了在不支付任何避险成本的情况下将利率风险控制在一定的范围内。一般，利率上涨，投资者获得收益，利率下跌，投资者会面临风险，例如保险公司将收入的保费进行投资时，利率上涨时资金的收益提高，利率下跌时，资金的收益降低，但是面临的支出是不变的，这时就有较大的利率风险。通过执行该策略，在不增加避险成本的情况下，放弃一部分利率上涨的收益，会获得利率下跌时的保护。

## 十、利率互换期权是如何定价和交易的?

利率互换期权在实际交易中一般用标的利率互换、期权有效期和执行利率来标记，例如 10Y 10Y 3.00% Payer Swaption，其含义是：期权的买方有权利在 10 年内选择一个期限为 10 年、支付 3.00% 固定利率的互换。

假设一年期的支付固定利率的欧式利率互换期权（Payer’s Swaption）以 5 年期的利率互换合约为标的资产，买卖双方约定该利率互换合约的执行利率为支付固定利率 K。在签订利率互换期权合约时，买方向卖方支付一定的权利金，一年后期权到期时，若利率高于执行利率 K，则买方要求执行利率互换期权，并开始支付 5 年期的固定利率 K，收取浮动利率；相反，若利率低于执行利率 K，买方放弃执行利率互换期权。利率互换期权的未来现金流如图 4 - 16 所示。

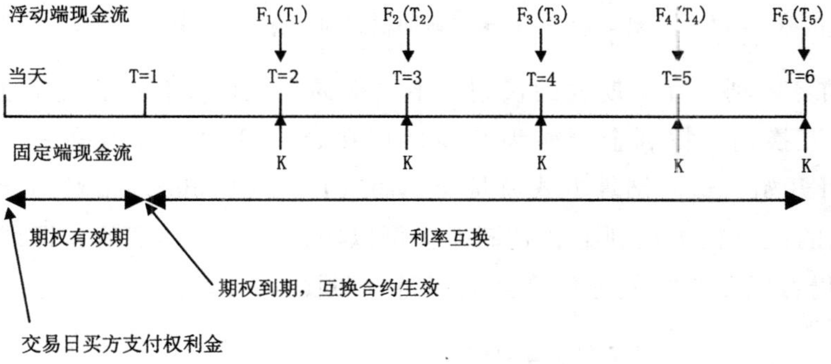


图 4 - 16 利率互换期权的关键时间点

由上面的分析可以知道，利率互换期权买方的到期损益为：

到期损益 = Max（利率互换合约的净现值，0）

假设该利率互换合约的名义本金为 1 美元，则净现值为：

$$净现值 = -Par \times K \times \sum_{t=2}^{6} D(T_{t-1},T) + Par \times \sum_{t=2}^{6} F_t(T_1)D(T_t,T_{t+1})$$

其中，$D(T_{t-1}, T)$ 表示从时刻 T 折现至时刻 $T_{t-1}$ 的折现因子；$F_t(T_1)$ 表示时刻 $T_1$ 时 $[T_t, T_{t+1}]$ 区间的远期利率。

在欧洲，互换期权一般在银行间市场交易，往往采用现金或者 IRR 结算方式，到期利率互换期权结算的价值由互换利率，即利率期限结构决定，结算价格用简单的公式计算得到。

收取固定利率的利率互换期权的现金结算金额如下式所示：

$$结算金额 = [K - S_{1:n+1}(T_1)] \times \left\{1 - \frac{1}{[1 + S_{1:n+1}(T_1)]^n}\right\} / S_{1:n+1}(T_1)$$

其中，K 表示利率互换期权的执行价格；$S_{1:n+1}$（$T_1$）表示期权到期时观察到的利率互换参考利率；n 表示标的互换期权的时间，例如前面的例子为 5 年。

利率互换期权除了现金交割之外，也可以交割利率互换合约，尽管利率互换比较活跃，但在欧洲银行间市场交割互换合约并不方便。

在市场上利率互换期权的结算方式有三种：

1. 即期结算。利率互换期权的权利金在交易后的两个交易日支付，权利金价格受利率互换期权在交易日的限制。市场采用 ISDA IRR – Settlement 方法可以很方便地计算互换期权到期日的损益金额（见图 4 – 17）。

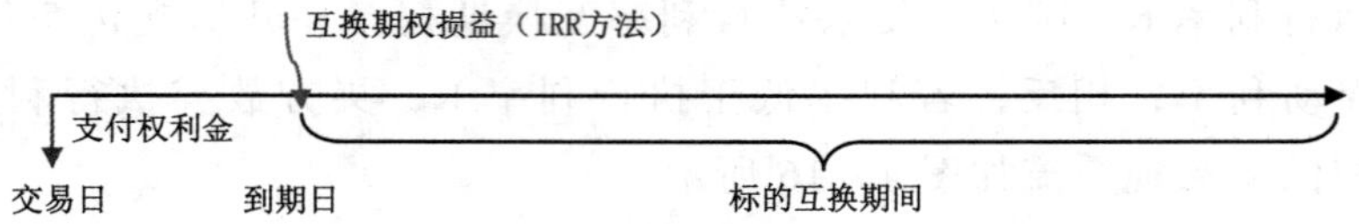


图 4 – 17　利率互换期权即期结算示意图

2. 远期结算。利率互换期权的权利金不在交易后立即支付，而是在互换期权到期时支付。这时互换期权权利金价格为互换期权在交易日的非折现值——远期权利金。自 2012 年 9 月开始，这一结算方式就是交易商（Inter – Dealer）市场的标准结算方式。这种结算方式的优点在于权利金和到期损益可以净额结算。类似的，即期结算中的 ISDA IRR 方法仍可以用来方便地计算到期损益（见图 4 – 18）。

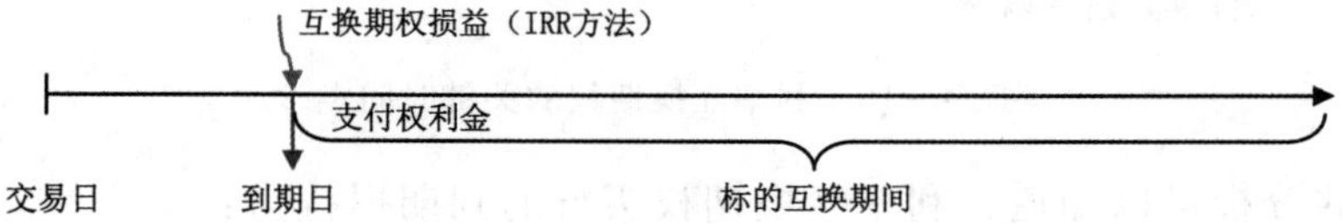


图 4 – 18　利率互换期权远期结算示意图

3. 年金结算。利率互换期权的权利金结算也可以采用年金的形式，即权利金支付在互换期权到期后标的互换的付款期限内以基点的形式支付。这种形式下，权利金可以解释为利率互换期权到期后实物交割时的损益平衡点。一般来说，如果互换期权的权利金采用年金方式结算（见图 4 – 19），则交易对手也会实物交割，进入利率互换。

利率互换期权的特点总结如下：

1. 以利率互换合约（Interest Rate Swaps）为标的资产。

2. 买方有权以事先约定的固定利率进行利率互换。

3. 若买方行权，则期权到期时利率互换合约生效，即交易刚刚开始。

4. 期权到期可选择现金清算或者实物交割。

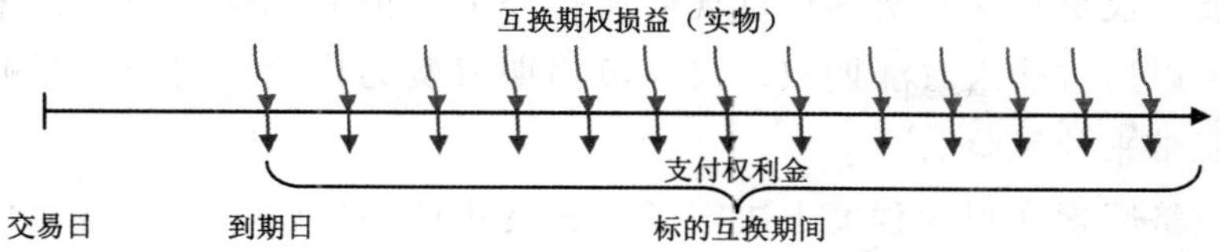


图 4-19 利率互换期权年金结算示意图

## 十一、什么是外汇期权？

外汇期权（Foreign Exchange Options）在国际上更普遍的称谓是货币期权（Currency Options）或外币期权（Foreign Currency Options），指的是标的资产为约定的汇率的期权。外汇期权也有看涨期权和看跌期权。但是，值得注意的是，外汇期权中的看涨期权与看跌期权均是相对货币而言的。美元的看涨期权，买方在执行时支付欧元，获得美元（指定美元为对应货币），其与欧元看跌期权买方在本质上是相同的，欧元的看跌期权，买方在执行时也是支付欧元，获得美元。只不过欧元看跌期权买方以欧元为外币，美元的看涨期权买方以美元为外币。一般来说，外汇期权的期权费在签订交易合约之后两个交易日内以期权所涉及的两种货币中的任何一种货币支付，有时也可以第三国货币支付。

外汇期权的场外交易开始于 20 世纪 80 年代，这主要由两大因素促成：一方面随着 20 世纪 70 年代初期布雷顿森林货币体系危机的出现到最终崩溃，国际金融市场汇率波动日益剧烈。例如，1959 年至 1971 年联邦德国马克兑美元的日均波动幅度为：0.44 美分/马克，而 1971 年至 1980 年，该日均波动幅度增长了近 13 倍，为 5.66 美分/马克。另一方面在于国际贸易的发展，国际商品与劳务贸易增长迅速，使得越来越多的交易商要面对汇率变动剧烈的市场，他们需要寻求规避外汇风险的有效途径，市场上有大量规避汇率风险的需求。

外汇期权就是在这样的背景下产生的。外汇期权自其诞生之后发展便极为迅速。从 BIS 的统计数据来看，外汇期权交易在 1998 年有一个短暂的下跌之后即进入快速增长期，2013 年交易量达到历史峰值。之后，外汇期权交易量虽有所减少，但仍处增长趋势之中，2019 年交易量已经恢复和接近历史高位。

## 十二、如何利用外汇期权来管理汇率风险？

外汇期权的主要经济功能在于防范汇率风险。持有某种外汇的投资者通过购买看跌期权，就能以仅负担期权费为代价规避所持外汇贬值的风险。预计将来购买某种外汇的投资者可以通过购入看涨期权，仅以负担期权费为代价，规避实际购入外汇时外汇价格上升所带来的风险。

政治和经济因素在很大程度上决定了一种货币的稳定性，这就是为什么有时货币的波动性很大，而投资者正是利用了这种波动性进行外币期权交易，达到保护某一货币因为汇率波动而蒙受损失或希望通过分析、预测汇率的走向从而获利的目的。

由于外汇期权交易的标的资产是远期汇率，且期权赋予买方更灵活的交易方式，外汇期权除了可以用来规避汇率大幅变动的风险外，还可以用来规避汇率小幅波动的风险。例如，当汇率处于盘整阶段时，通过适当的期权组合，投资者不仅不会亏损，反而会盈利。所以，外汇期权既为客户提供了外汇保值的方法，又为客户提供了从汇率变动中获利的机会，具有较大的灵活性。

我们以一个进出口企业为例，来说明外汇期权是如何防范汇率风险的。

1. 客户如果希望锁定汇率风险可以购买外汇期权。假设一家企业手中持有美元，需要在一个月后用欧元支付进口货款，设货款为 50 万欧元，目前的汇率为：1 欧元 = 1.2000 美元。如果一个月后汇率仍然为 1.2000（欧元/美元），则该企业需要花 60 万美元购买欧元支付货款；如果一个月后汇率变为 1.4000（欧元/美元），则该企业需要花 70 万美元购买欧元支付货款。由此可见，汇率的变动对需要换汇的企业影响很大。

为防止一个月后欧元兑美元的汇率可能大幅上升，导致自己不得不用更多美元来兑换欧元支付货款，该企业可在市场上购买一个执行价为 1.2000：1 的“美元兑欧元、期限为一个月”的欧式看涨期权。设协定汇率为 1.2000（欧元/美元），期权费为 8 500 美元，那么该企业则有权在将来期权到期时，以“1 欧元 = 1.2000 美元”的汇率向期权卖方购买约定数额的欧元。

如果在期权到期时，市场即期汇率低于 1.2000（欧元/美元），那该企业可以不执行期权，因为此时按市场即期汇率购买欧元更为有利，企业损失的只是 8 500 美元的期权费。相反，如果在期权到期时，1 欧元 = 1.4000 美元，那么该企业则可决定执行期权，要求期权卖方以“1 欧元 = 1.2000 美元”的汇率将欧元卖给他们，这样使用外汇期权保值的企业比没有采取保值措施的企业少花 9.15（即 70 – 60.85）万美元。

2. 如果客户认为外汇波动不明显，可以选择卖出期权适当地规避汇率风险。如果客户认为在未来的一段时间内外汇波动不明显，购买外汇期权来规避风险的成本过高，可以通过卖出外汇期权来获得一定程度的保护。

仍以之前的例子来说明：

假设一家企业手中持有美元，并需要在一个月后用欧元支付进口货款，设货款为 50 万欧元，目前的汇率为“1 欧元 = 1.2000 美元”。如果客户认为一个月内欧元兑美元的汇率较为稳定，或者汇率有可能小幅下跌，但是如果要购买外汇期权，则避险成本过高，因此，他卖出执行价为1.1500:1的“美元兑欧元、期限为一个月”的欧式看跌期权，期权费为7 500美元。

如果未来欧元兑美元的汇率没有变化，则该企业获利7 500美元；如果欧元升值，即欧元兑美元的汇率高于现在的1.2000:1，则看跌期权失效不被执行，投资者获得权利金7 500美元，可弥补部分汇率上涨的损失；如果欧元贬值，即欧元/美元的汇率低于1.1500:1，则期权被执行，投资者需要按照1.1500:1的价格兑换成欧元，这时投资者因欧元贬值而获得的利润减少。

卖出期权在汇率波动较小、出现横盘整理的行情时也可以获得收益。一些拥有外汇存款的客户也会利用卖出外汇期权的策略在外汇定期存款利率非常低的情况下增加投资收益，但投资者面临的风险是，如果对未来汇率的变动方向判断错误，则手中的存款将被折成另一种货币。

**延伸阅读**

**结构性存款**

在银行柜台市场会有一些结构性存款，这些结构性存款是外币存款和外汇期权组合的产品，银行可以根据客户对币种、期限及风险的承受能力进行设计。

例如，某投资者拥有500万美元的闲置资金，该投资者为保守的投资者，一方面希望获得较高的利息收入，另一方面又无法承受本金损失的风险。银行的固定利率和浮动利率相结合的结构性存款就是为满足该类客户的要求而设计的。

基本情况如下：

存款起息日：2012年12月30日。

存款到期日：2016年12月30日。

利率：第1年为固定利率3.5%，以后3年为浮动利率，与6M Libor挂钩；第2年利率为4%，第3年利率为4.5%，第4年利率为5%，每半年付息一次。

挂钩利率区间：第1年，无区间；第2年，0≤6M Libor≤4.5%；第3年，0≤6M Libor≤5%；第4年，0≤6M Libor≤5.5%。

利息支付条件：处在上述利率区间内的天数，按规定利率计息；不在区间内的天数不计息。

其他条件：银行有权在每半年单方面终止本协议，并提前两个工作日书面通知客户。未经银行允许，客户不能提前终止协议和提前支取该笔存款。

该笔存款第1年内无论市场如何变化，只要银行不行使终止权，客户则可以安全获得3.55%的年利率。在目前国际市场利率水平较低的情况下此收益是比较理想的。如果银行在付息日行使终止权，则客户第1个半年可以收到本息合计87 500美元，是同期普通大额存款收益的两倍多。若银行不提前终止，后3年与6M Libor挂钩，当前6M Libor水平在1.40%附近，4.5%、5%、5.5%的上限还是非常安全的。该结构化存款的最大风险在于如果美元利率增长过快，超出利率区间，则存款者的利息收益将递减，利率上升得越高，存款的利息越低，即投资者预期未来市场利率将保持稳定，即使上升，升幅也不会太大，愿意利用美元Libor利率上升超过一定幅度而损失部分存款利息的机会来获取收益的提高。

## 十三、人民币外汇期权市场的发展如何？

中国银行在外汇衍生品的创新方面走在前列，在1985年和1986年就分别开展了黄金、白银和货币等期权业务。2002年12月12日，中国银行上海分行在中国人民银行的批准下，宣布推出个人外汇期权交易“两得宝”，打响了中国期权交易的第一枪。

2005年7月人民币汇率形成机制改革以来，我国外汇市场加快发展，交易品种日趋丰富，银行对客户市场和银行间外汇市场相继推出远期、外汇掉期和货币掉期三类人民币外汇衍生品。随着人民币汇率弹性不断增强，从2010年6月19日汇率改革重启至2010年末，人民币兑美元汇率中间价隔日最大波幅扩大至295个基点，日均波幅达64个基点，企业和银行需要更多的汇率避险保值工具。2011年2月16日，国家外汇管理局发布《关于人民币对外汇期权交易有关问题的通知》，人民币外汇期权业务同时在银行间市场和银行对客户零售市场上被正式推出。初期的外汇期权业务的交易品种为普通欧式期权，且客户办理期权业务时要符合实需原则，并且只能办理客户买入外汇看涨或看跌期权业务。2011年11月11日，国家外汇管理局发布《关于银行办理人民币对外汇期权组合业务有关问题的通知》，客户可以同时买入一个和卖出一个币种、期限、合约本金相同的人民币对外汇普通欧式期权形成的组合，分别为：外汇看跌风险逆转期权组合①和外汇看涨风险逆转期权组合②。

人民币外汇期权自推出以来，其产品结构不断丰富，交易主体不断壮大，交易金

① 外汇看跌风险逆转期权组合，指客户针对未来的实际结汇需求，买入一个执行价格较低（以一单位外汇折合人民币计量执行价格，以下同）的外汇看跌期权，同时卖出一个执行价格较高的外汇看涨期权。

② 外汇看涨风险逆转期权组合，指客户针对未来的实际购汇需求，卖出一个执行价格较低的外汇看跌期权，同时买入一个执行价格较高的外汇看涨期权。

额不断攀升，已经发展成为银行间外汇市场的重要组成部分。

自2015年“8·11”汇改以来，人民币汇率弹性稳步提高，美元的“锚”作用逐步弱化。人民币汇率的双边波动将继续贯穿于未来的整体走势。随着银行间市场参与者的不断丰富，中资银行、外资银行以及非银机构等各种力量在外汇市场相互博弈，人民币汇率波动已成为常态，市场主体的交易日益成为影响市场走势的主导。在波动的市场中，外汇期权产品将会有更大的表现空间，也会吸引更多的金融机构、非银机构和企业客户参与进来，共同推进外汇期权市场的发展。总体来说，外汇期权市场将随着人民币国际化进程的不断深入而不断发展，整体市场容量将进一步扩大，市场表现将随着越来越多的参与者的进入而更加令人期待。

目前，银行间外汇市场人民币外汇期权均为欧式期权，类型包括普通欧式期权（Vanilla）和期权组合。其中，期权组合包括看涨期权价差组合（Call Spread）、看跌期权价差组合（Put Spread）、风险逆转期权组合（Risk Reversal）、跨式期权组合（Straddle）、异价跨式期权组合（Strangle）、蝶式期权组合（Butterfly）和自定义期权组合（Custom Strategy）等。市场中标准的报价方式有五类，分别是ATM期权、25D蝶式期权、10D蝶式期权、25D风险逆转期权和10D风险逆转期权。

## 十四、人民币外汇期权如何定价和交易？

### （一）人民币外汇期权定价

银行间市场的人民币外汇期权交易，是指在未来某一交易日以约定汇率买卖一定数量外汇资产的权利。期权买方以支付期权费的方式拥有权利；期权卖方收取期权费，并在买方选择行权时履行义务（普通欧式期权）。交易者在银行间市场进行询价交易，交易的币种、金额、期限、定价参数（波动率、执行价格、即期价格/远期汇率、本外币利率等）、成交价格（期权费）和结算安排等均由交易双方协商议定。

从事期权场外交易的关键在于掌握定价能力，即期权费率。最初的时候中资银行在开展期权业务时主要扮演中介角色，报价者角色由外资银行担任，客户为询价者，客户同中资银行交易，中资银行再向外资银行打包平盘。场外期权的实际定价有很多因素需要考虑，下面简单介绍一下人民币外汇期权的定价方法。

目前，人民币外汇期权为标准的欧式期权，在对外汇期权定价时，可以考虑用扩展的Black - Scholes模型来进行定价。

举例说明：假设投资者购买了外币欧式看涨期权，期限为T，执行价格为K。当前即期汇率为$S_0$，准确地说，$S_0$为一个单位的外币所对应的本币数量。本币的无风险利率为r，外币的无风险利率$r_f$（以外币计），则该期权与支付连续股息的股票期权比较类似，其公式为：

$$c=S_0e^{-r_fT}N(d_1)-Ke^{-rT}N(d_2)$$

$$p=Ke^{-rT}N(-d_2)-S_0e^{-r_fT}N(-d_1)$$

$$d_1=\frac{\ln(S_0/K)+(r-r_f+\sigma^2/2)T}{\sigma\sqrt{T}}$$

$$d_2=\frac{\ln(S_0/K)+(r-r_f-\sigma^2/2)T}{\sigma\sqrt{T}}=d_1-\sigma\sqrt{T}$$

**【案例4－8——人民币外汇期权的定价过程】**

假设公司A在美国发行了10 000 000美元的一年期外币债券，但该公司的主营业务在中国市场面临巨大的汇率风险，该公司为了控制自己的汇率风险，决定购买USD/CNY的看涨期权，已知当前的汇率USD/CNY为6.2158。合约情况如下：

合约期限为一年，金额为10 000 000美元，约定的行权价格为6.2158，假设美元的无风险利率为1.5%，人民币的无风险利率为3%，汇率的波动率为5%，则该外汇欧式看涨期权的价格为：

已知：$S_0=6.2158$，$K=6.2158$，$T=1$，$r=3\%$，$r_f=1.5\%$，$\sigma=5\%$，代入公式中：

$$d_1=\frac{\ln(S_0/K)+(r-r_f+\sigma^2/2)T}{\sigma\sqrt{T}}$$

$$=\frac{\ln(6.2158/6.2158)+(0.03-0.015+0.00125)}{0.05}=0.325$$

$$d_2=d_1-\sigma\sqrt{T}=0.325-0.05=0.275$$

$$c=S_0e^{-r_fT}N(d_1)-Ke^{-rT}N(d_2)$$

$$=6.2158\times e^{-0.015}N(0.325)-6.2158\times e^{-0.03}N(0.275)$$

$$=0.1722$$

期权费率为0.1722基点。

期权费金额＝10 000 000×0.1722＝172.2（万元人民币）

**（二）人民币外汇期权交易**

1. 人民币外汇期权的标的资产。人民币外汇期权交易中报价的货币对包括USD/CNY、HKD/CNY、JPY/CNY、EUR/CNY、GBP/CNY、CNY/MYR、CNY/RUB等货币对，报价方通常对隐含波动率进行公开报价。目前，银行间外汇市场人民币外汇期权交易报价标的包括Delta值为50%的平价期权的波动率（ATM）、Delta值为25%的看涨期权的波动率（25D Call）和Delta值为25%的看跌期权的波动率（25D Put）。

**什么是期权的 Delta 值?**

外汇期权 Delta 值，是指外汇即期价格单位变动引起的外汇期权价格变动的绝对值，是衡量外汇期权风险的重要指标，通常用来衡量外汇期权头寸的风险。

外汇期权 Delta = 外汇期权价格的变化/外汇即期价格的变化

外汇期权 Delta 值大小反映了期权到期后成为价内（In - The - Money）的概率，总是介于 0 与 1 之间。平价期权的 Delta 值在 0.5 附近，价内期权的 Delta 值大于 0.5，执行价格越高的看涨期权的 Delta 值越大，越接近 1，价外期权的 Delta 值小于 0.5，执行价格越低的看涨期权的 Delta 值越小，其 Delta 值越接近 0。

机构应选择适当和公认的计量方法，基于合理的、符合市场水平的假设前提和参数，准确计量 Delta 头寸，计量 Delta 头寸的方法和参数原则上参照交易中心发布的有关指引。银行因选择其他方法计量 Delta 头寸与按照业务指引计量的值存在明显差异的，应及时向国家外汇管理局报告说明。

2. 人民币外汇期权的期权费。人民币外汇期权的期权费一般由交易双方约定计算期权费金额的比率，表示方式有两种：非基准货币百分比（Term%）和基点（Pips）。若期权费率采用非基准货币百分比为报价表达方式，则：

期权费金额 = 非基准货币金额 × 期权费率

若期权费率采用基点为报价表示方式，则：

期权费金额 = 基准货币金额 × 期权费率

期权费率表示每单位基准货币的费率，应采用基准货币金额数值来计算，最终直接用人民币表示。

3. 人民币外汇期权交易中的几个关键日期。

期权费支付日：人民币外汇期权交易期权费支付日为成交日后第 2 个营业日，简称“T + 2”。

若 T + 1 日为美元假日，该货币对期权费支付日不受影响；若 T + 1 日为货币对中非美元货币的假日，则该货币对期权费支付日按“下一营业日”准则调整；若 T + 1 日既为美元假日又为货币对中非美元货币的假日，该货币对期权费支付日按“下一营业日”准则调整。

如果 T + 2 日为美元假日或是货币对中任意一种货币的假日，期权费支付日按照“下一营业日”准则进行调整。

期权交割日：期权交割日指人民币外汇期权实际行权后，交易双方按照约定行权价格履行资金划拨，货币收款或付款真正执行生效的日期。期权交割日等于期权费支付日加上双方约定的期限。

若遇美元假日或货币对中任意一货币假日，1M 以下标准期限遵循“下一营业日”准则，1M 以上（包括 1M）标准期限遵循“经调整的下一营业日”准则。非标准期限的期权交割日由交易双方直接约定。

月末规则：若期权费支付日为某个月的最后一个营业日，那么 1M 以上（包括 1M）标准期限期权交易的交割日也应落在相应月份的最后一个营业日。

期权到期日：到期日（行权日）为期权交割日前第 2 个营业日。期权交易中，一般先确定交割日，再根据期权到期日（行权日）规则计算到期日（行权日）。

到期日（行权日）为人民币假日，根据“上一营业日”准则调整。到期日（行权日）为人民币之外的其他货币假日（包括美元假日），到期日（行权日）不受影响。

交割日的上一营业日遇该货币对中美元货币假日，到期日（行权日）不受影响；交割日的上一营业日遇该货币对中任何非美元货币假日，到期日（行权日）根据“上一营业日”准则调整。

期权交易相关日期的流程为：成交日⟶即期起息日（期权费支付日）⟶交割日（起息日）⟶到期日（行权日）（见图 4－20）。

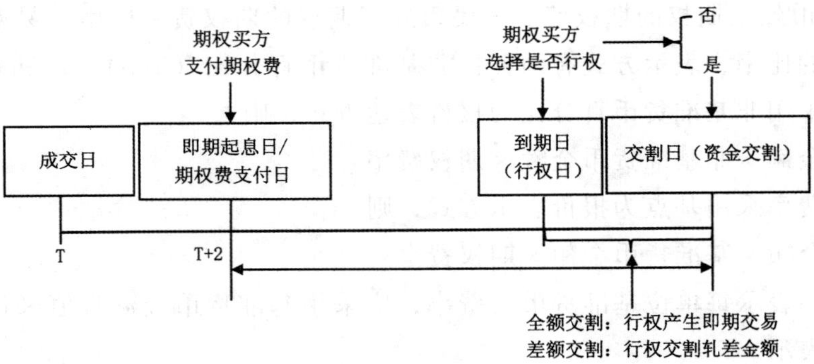


图 4－20　期权交易流程图

一般情况下，交割日的公式为：

交割日＝即期起息日＋期限＝期权费交付日＋期限＝到期日＋2D

4. 人民币外汇期权的交割方式。交割方式指交易双方在期权交易达成时约定的期权买方行权后，在交割日进行资金清算的方式，包括全额交割（Full Amount Delivery）与差额交割（Netting Delivery）。

全额交割指期权买方在到期日，按照约定的执行价格和约定金额，与期权卖方达成即期交易。在到期日当天 15:00 之前，买方有权选择行权或放弃行权。如买方选择行权，则交易系统将根据执行价格、交易金额自动产生一笔即期交易，并实时通知期权卖方；如买方到期日当天 15:00 之前未行权则视为放弃行权。期权行权后产生的即期交易，如交易双方均为净额清算会员，则自动纳入询价净额清算；如交易一方或双方不是询价净额清算会员，则由交易双方自行清算。

差额交割指交易双方在到期日当天，按照约定的执行价格与当天人民币兑相应货币汇率中间价进行轧差，并在交割日对差额进行交割。该差额称为轧差金额（Netting Amount）。到期日当天人民币兑相应外币汇率中间价产生后，系统根据执行价格和当日中间价计算该笔期权的盈亏。对于价外期权或平价期权，外汇交易系统将自动代买方放弃行权（中间价产生后一分钟内）；对于价内期权，买方在到期日当天15:00之前有权选择行权或放弃行权，15:00之前未行权则系统自动行权。

下面通过一个交易示例来说明人民币外汇期权在实际交易中的报价要素。

**【案例4-9】**

2012年3月1日，银行A通过银行间市场外汇交易中心的交易系统向银行B买入一笔金额为10 000 000的美元兑人民币看涨期权，该期权的期限为3个月，双方约定期权费率为2.00个基点，隐含波动率为2.0000%，行权价格为6.3016，约定差额交割。

2012年3月5日，银行A向银行B支付期权费：10 000 000×0.0002=2 000（元人民币）。

2012年6月1日，人民币兑美元的汇率中间价变为6.3308。银行A决定在15:00之前选择行权，采用差额交割方式，则银行B需要在6月5日向银行A支付10 000 000×(6.3308-6.3016)=29.2（万元人民币）（见表4-2）。

**表4-2　人民币外汇期权交易要素示例**

| 发起方 | 银行A | 报价方 | 银行B |
|---|---|---|---|
| 买方 | 银行A | 卖方 | 银行B |
| 交易方向 | 银行A：Buy USD Call/CNY Put<br>银行B：Sell USD Call/CNY Put | 行权状态① | 行权 |
| 交易类型 | USD Call/CNY Put | 行权方式 | 欧式 |
| 期权费率类型 | 基点 | 执行价格 | 6.3016 |
| 期权费率 | 2.00Pips | 期权费金额 | CNY2 000 |
| 成交日 | 2012年3月1日 | 即期起息日 | 2012年3月5日 |
| 期限 | 3M | 到期日 | 2012年6月1日 |
| 到期日中间价 | 6.3308 | 交割日 | 2012年6月5日 |
| 名义金额 | 机构A买入USD10 000 000　卖出CNY 63 016 000<br>机构B卖出USD10 000 000　买入CNY 63 016 000 | | |
| 折美元金额 | USD10 000 000 | | |
| 货币对 | USD/CNY | | |
| 交割方式 | 差额交割 | | |
| 清算模式 | 双边清算 | | |
| 交易模式 | 询价 | | |
| 轧差金额 | 机构B向机构A支付292 000元人民币 | | |

① 行权状态，指期权买方发出行权通知后外汇交易系统显示的状态，包括未行权（Valid）、行权（Exercised）和放弃行权（Expired）。

## 十五、什么是场外权益类期权？

场外权益类期权，是指标的资产为股票价格、一揽子股票/股票组合价格或者股票价格指数，并在场外交易的期权。按照标的资产可以划分为三类：单一股票期权、股票组合期权、股票指数期权。

从 BIS 的统计来看，与很多场外衍生品的发展类似，场外权益类期权从 1998 年开始一直保持增长的态势，虽然 2005 年时有一个短暂的回落，但是很快便进入到快速增长期。但是，到 2008 年金融危机时，场外权益类期权未平仓名义金额也出现了快速下跌，至今没有恢复到危机前的水平。

场外权益类期权被用于各个方面，包括避险（降低投资组合风险）、套利、增强组合收益率、资产配置、结构化产品设计等各个方面。图 4－21 大体罗列了常见的场外权益类期权常见的投资策略。

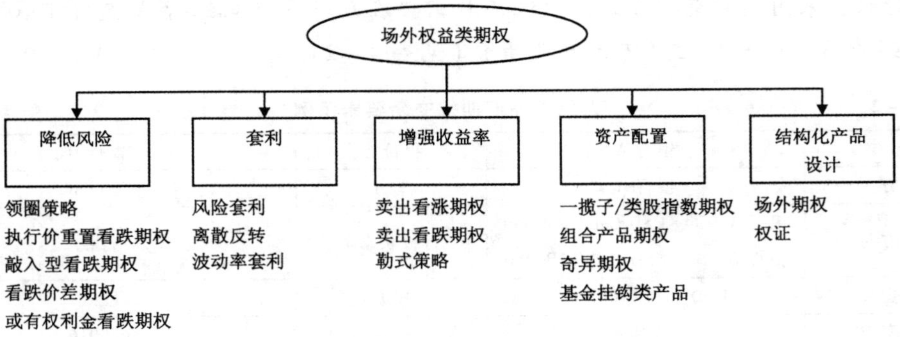


图 4－21　场外权益类期权投资策略

## 十六、什么是场外商品期权？

场外商品期权，是指标的资产为商品、商品价格指数或者相关指数等，并在场外交易的期权。常见的标的有贵金属、基础金属、原油和其他石油产品、天然气以及电力、海运费和天气指数等。

从 BIS 的统计来看，场外商品类衍生品，特别是场外商品类期权从 2004 年开始经历了一个快速增长期，2008 年金融危机后，其规模迅速下降，特别随着近年欧美等国家对场外衍生品监管的加强，部分品种也逐步转为交易所交易品种，或者场内、场外两种交易方式并存，场外商品类衍生品交易规模几乎维持在一定的水平不变。

# 第五章　信用衍生品

## 本章要点

> 本章介绍了次贷危机中走在风口浪尖的一类重要的场外衍生品——信用衍生品。通过本章的学习，读者们可以了解信用衍生品的定义、分类、结构、交易方式和信用衍生品在我国市场的发展。我们在本章重点阐释了信用衍生品涉及的相关概念，如信用风险、信用利差、信用事件、回收率、违约相关性等，简要介绍了信用评级和评级机构在信用衍生品中起到的重要作用。

2007 年，美国次贷危机爆发后迅速席卷了世界主要金融市场，并演变成了全球范围内的金融危机。这次危机造成了整个资本市场的巨大波动，金融市场一度崩溃，也使得曾享誉世界的美国五大投资银行中的雷曼破产、贝尔斯登和美林被收购；摩根士丹利和高盛也转型为金融控股公司；曾经市值最高的银行——美国花旗银行也因巨额亏损股价跌至不足 1 美元；世界上最大的保险公司——美国国际集团（AIG）也被美国政府接管。金融危机并没有局限在金融部门，也危及了实体部门，对实体经济造成了重大的创伤，如通用、福特、克莱斯勒美国三大汽车公司陷入经营困境，公司信用评级下调到垃圾级，克莱斯勒公司于 2009 年甚至还申请了破产保护。

从事后来看，导致次贷危机发生的原因是多方面的，而本章所介绍的信用衍生品正处于这场危机的风口浪尖，金融企业对信用衍生品的过度使用和创新，也是人们口诛笔伐的对象。为何一个创新性金融产品会与全球性金融危机密切关联呢？要回答这个问题，就要先了解什么是信用衍生品，这类产品是如何设计、定价和运作的，它会带来哪些风险。这些问题也是本章的重点。希望通过本章的介绍，投资者可以较为全面地了解信用衍生品的利弊，认清信用衍生品究竟是富有生命力和创造性的产品，还是华尔街制造的充满弊病的“猛虎野兽”。

## 一、什么是信用与信用风险?

### (一) 信用

不同类型衍生品合约可以用来对冲不同类型的风险，如前面章节介绍的利率衍生品可以对冲利率波动的风险，商品衍生品可以对冲商品价格波动的风险一样，信用衍生品从字面上来看，是与信用相关的衍生品，是用来对冲信用风险的。因此，要了解什么是信用衍生品，首先要了解什么是信用，什么是信用风险。

信用是伴随人类经济活动，在“借”或者“贷”的过程中产生的。在生活中有很多常见的例子。例如，某公司向银行借钱，本质上就是利用自身的信用获得资金；某公司允许另一家公司向其延期付款，由此产生的“应收账款”科目也是因为信任该公司而产生的会计科目；某个国家发行债券，承诺到期还本付息，这也是依靠国家的信用。在经济中，银行等各类金融机构是承载信用的主体，也是信用的给予方。随着经济的发展和分工的不断细化，信用在市场中无处不在，可以说，目前整个经济和交易的基础都是建立在信用的基础上。

为了更清楚地描述信用问题，我们用一个小例子来说明。

小明和小张现同时向小李借 100 元钱。当小李借钱给他们时，他们就获得了小李给他们的“信用额度”。但是，当小明和小张继续同时向小李借 10 000 元时，小李并没有借给小明，而是借给了小张；于是小明又转向银行，在抵押某些资产的情况下获得了 10 000 元的贷款，但被银行要求支付一定的利息。

在这个例子中，小李在借给小明和小张 100 元钱的同时，也承担了他们可能无法偿还 100 元钱的风险，但由于金额较小，不偿还风险还不大。当小明和小张再向小李借 10 000 元时，小李选择借给小张而不借给小明，是因为小李认为小明难以偿还而小张能够偿还借款，借给小张的不偿还风险较小。小明向银行借款，通过抵押的方式为自己增加信用，而银行也因为承担了较大的风险，要求小明支付一定的利息来弥补自己承担的风险。

从上述例子可以看出，债权人（放款方，例如小李）可以给予的信用额度是有一定限额的。随着债务人借款金额的加大，债权人要承担对方无法还款的风险也逐渐加大。债务人（借款方，例如小明）可以借助抵押或担保来增加自身的信用；债权人因为承担了相应的债务人无法偿还的风险，可以要求债务人支付一定的风险报酬，也就是常说的利息或者费用。

### （二）信用风险

债务人无法偿还的风险，就是债权人所面临的信用风险。信用风险是金融风险的重要类型，是因债务人违约而造成的债权人经济损失的可能性，或者说，是因交易对手不能按照约定的条款完成其相应义务而遭受损失的风险。不同债务人因偿还能力不同，其信用风险也不同。

对单个信用工具而言，信用风险的两种重要形式是违约风险和回收风险。当债权人将信用给予债务人时，如果后者不能按时偿还相应的债务，就构成了违约。违约概率是衡量违约风险的重要指标。一旦债务人发生违约，债权人有权利通过变卖债务人的相关债务而获得一部分资金来弥补自己的损失，这部分回收资金的多少也影响着债权人的实际经济损失，这就是所谓的回收风险。回收率是衡量回收风险的重要指标。如果考虑组合的信用风险，还必须考虑信用的相关性风险。所谓信用相关性，就是两个或两个以上经济体违约相关性。例如，手机生产公司和手机配件公司违约相关性较高，如果手机生产公司破产，手机配件公司破产的概率就会上升。

**信用工具**

信用工具是承担信用的载体，信用是通过信用工具表现的。信用工具的基本功能是为借款人筹得资金，它有多种形式，最基本的包括贷款和债券两类。

贷款是信用最简单、最基本的形式。在签订贷款协议下，贷款人向借款人提供资金，借款人定期支付利息并到期还款。贷款种类包括定期贷款、银团贷款、（无）抵押贷款、杠杆贷款等类型。债券是一种金融契约，是发行人按照法定程序向投资者发行的、约定在一定时期内还本付息的债权债务凭证，主要分为短期、中期和长期三种。通过发行债券，发行人获取一定的资金，并向投资人定期付息并到期偿还本金。与贷款相比，债券的投资人来自整个资本市场，更具有流动性。

## 二、什么是信用利差?

在上述例子中，对债权人小李来说，不同债务人小明和小张的信用风险不同，那么如何衡量市场中不同个体信用风险的市场价值呢？

信用风险的市场价值通常表示的是投资人因承担信用风险而获得的补偿，这里通常用信用利差（Credit Spread），或者信用风险加价来表示。由于利差表示两个不同收益率之间的差异，无风险债券的收益率表示不存在信用风险时的收益率。某公司的信用利差通常用公司债券收益率和与其特征相同的无风险债券收益率的差来表示。该指标是市场中用来衡量信用风险的最直接的指标。下面我们通过一个案例来说明市场是如何决定信用利差的。

**【案例5-1——债券的信用利差】**

假设持有一年期无风险债券的投资人会在一年后得到100元，现在市场的一年期无风险利率为5%，那么今天债券的价格应该为100/（1+0.05）=95.24（元）。再假设，该投资人同时持有某公司一年期的零息债券，该投资人在公司不违约的情况下获得100元，在公司违约的情况下获得40元，这意味着公司债券的回收率是40%，假设公司在一年内违约的概率为1.5%，那么一年后投资人可以获得的期望值为：

$100\times(1-1.5\%)+100\times40\%\times1.5\%=99.1$（元）

假设投资人对投资无风险债券和公司债券没有偏好，那么我们可以利用无风险收益率对该公司债券定价，从而得到公司债券的市场价格为99.1/（1+0.05）=94.38（元）。如果将其以收益率形式表示，那么有：

$100/(1+r)=94.38$（元）

得到：$r=5.95\%$。

将该收益率与无风险利率相减，可以得到有信用风险的债券收益率要比无风险债券的收益率高出95个基点（Basis Points，BP，1个基点表示万分之一），这就是我们所求的信用利差。

通过这个案例我们会发现，在计算信用利差时，重要的两个变量是违约率和回收率，而无风险利率、债券期限、息票率等也都会影响信用利差。例如，某公司发行了T年期面值为1元的零息债，约定到期一次性偿还本金（即使违约也是到期偿还）。假设该公司在T年内的违约率为p，债券违约后的回收率为R，市场无风险利率为r，债券的信用利差为s，那么违约损失率L就为“1－R”，该债券的收益率可以表示为“r＋s”，面值为1元的该零息债券的现值为$e^{-(r+s)T}$。投资者在T年后以p为违约率获得R元，以“1－p”为违约率获得1元，这意味着投资者获得的期望收入为：

$1-p+pR=1-p(1-R)=1-pL$

如果投资者对风险的认知是中性的，这意味着投资者对确定得到1元和预期得到1元没有差异，那么确定得到1元的现值应该等于预期得到1元的现值，因此，预期收入用无风险利率折现后的价值就应该等于零息债券的现值：

$e^{-rT}\times(1-pL)=e^{-(r+s)T}\Rightarrow e^{-sT}=1-pL$

两边同时取对数，从而得到信用利差的公式为：

$$s = -\ln(1 - pL)/T \tag{5-1}$$

从式（5－1）中可以看出，信用利差与违约概率成正比，违约概率越高，信用利差越大；信用利差与回收率成反比，回收率越高，信用利差越小。同时，信用利差与期限成正比，期限越长，信用利差越大。图 5－1 给出了美国 Aaa 级债券的平均利差，反映了美国 Aaa 级债券的平均信用风险变化情况。

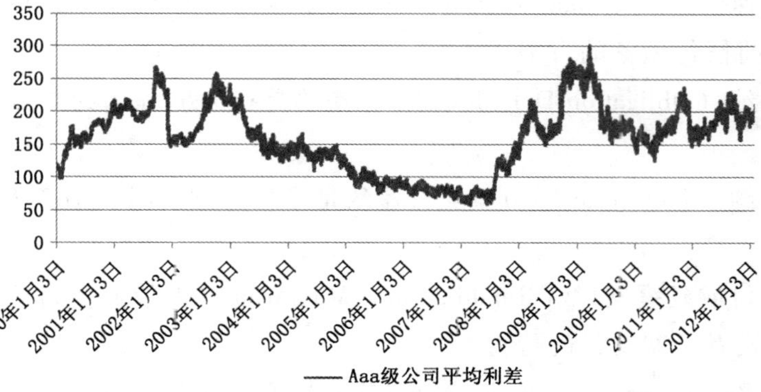


图 5－1 美国 Aaa 级债券平均利差（BP）

资料来源：Bloomberg（依照穆迪公司 Aaa 级评级计算得出）。

需要说明的是，在实际中，纯粹的信用利差是观测不到的，观测到的或者说计算出的信用利差实际上也包括了一些非信用风险的成分。例如，不同类债券的流动性不同，通常，对于流动性较差的债券，投资者需要更高的回报率，这部分对流动性风险的补偿反映在利差上。再例如，当金融系统存在系统性风险时，计算出的利差往往要高于平时的水平。此外，信用利差的大小还与投资者对风险的态度、无风险利率的变化程度以及税收等因素有关。

作为对信用风险的衡量，信用利差还是最好的指标之一。从信用利差的公式可以看出，要得到信用利差，需要知道公司的违约概率和回收率。实际上，这对于投资者来说，是很难估计的。接下来，我们对其进行一一介绍。

## 三、什么是信用事件和违约概率？

在信用衍生品交易中，信用事件（Credit Event），有时也被称为违约事件，是一个非常重要的概念，一旦某个债务实体发生信用事件，债务人则有责任立即偿还债务，而债权人则有权利获得赔偿。因此，对于债权人来说，如何定义信用事件有着非常重要的意义。

通常，信用事件不同于违约，后者是债务人的拒付行为，而前者则是金融交易的法律文件明文规定的与违约相关的事件。就信用衍生品而言，国际互换与衍生品协会（International Swaps and Derivatives Association，ISDA）在信用衍生品定义的标准文件（2003 年版）中对信用事件做了明确的定义，具体包括以下几项：

1. 破产（Bankruptcy）。破产是指公司按照法律程序进行破产登记，包括无法偿还债务、清算人的制定以及债权人的安排等。

2. 债务加速到期（Obligation Acceleration）。债务加速到期，是指债务违约导致的债务人必须提前偿付债务的行为。

3. 债务违约（Obligation Default）。债务违约是指因债务违约导致的债务被宣告提前到期的行为。

4. 支付违约（Failure to Pay）。支付违约是指债务到期时，债务人拒绝支付到期应付的行为。

5. 债务拒付或延缓支付（Repudiation / Moratorium）。债务拒付或延缓支付是指债务的拒付行为或者延期支付的行为。

6. 重组（Resturcturing）。重组是指债务人与债权人对债务所涉及的法律文件的修改，包括利息或者本金的减少、利息或者本金的推迟支付等。

根据中国银行间市场交易商协会（National Association of Financial Market Institutional Investors，NAFMII）的《中国银行间市场场信用衍生产品交易定义文件（2012 年版）》对信用事件的定义与 ISDA 类似，也包括破产、支付违约、债务加速到期、债务违约、拒绝或延期偿付和债务重组六类事件。

从上述对信用事件的定义看，各种信用事件是相互包容的，比如破产事件的发生意味着支付违约、债务违约等事件也可能发生。因此，我们可以这么说，投资者承担的违约风险实际上是关于上述所有信用事件的集合，违约概率就是衡量信用事件发生的概率。

违约概率通常可以分为两种：累计违约率和边际违约率。两者通常以年为单位。用通俗的话讲，累计违约率就是在一段时间内公司发生违约的概率；边际违约率是一种条件概率，表示某段时间内没有发生违约，而在之后的另一段时间内发生违约的概率。例如，某公司发行了 5 年期债券，我们通常把 4 年内发生违约的概率称为 4 年的累计违约率，而如果公司前 3 年没有违约，在第 4 年发生违约的概率则被称为第 4 年的边际违约率。这两个概念在信用衍生品定价中有重要的意义，两者之间可以相互转化。

为了说明两者之间的关系，我们令 $p_k$ 表示 k 年内发生违约的概率，即累计违约率，$q_k$ 表示 $k-1$ 年内没有违约的情况下，$k-1$ 年到 k 年内发生违约的概率，即边际违约率。从累计违约概率的角度看，$1-p_k$ 表示 k 年内没有发生违约的概率，而从边际违约概率的角度看，$1-q_1$ 表示第一年没有违约的概率，$(1-q_1)\times(1-q_2)$ 表示两年都没有违约的概率，$(1-q_1)\times(1-q_2)\times\cdots\times(1-q_k)$表示k年内没有违约的概率，两种方法计算结果应相同，即：

$$1-p_k=(1-q_1)\times(1-q_2)\times\cdots\times(1-q_k) \quad (5-2)$$

这也是边际违约率与累计违约率之间的关系。

**【案例5-2——累计违约率与边际违约率】**

某公司第一年、第二年直到第五年发生违约的边际违约概率分别为1%、2%、3%、4%和5%，那么该公司第一年发生违约的累计违约率也为1%，两年内发生违约的概率为：

$$1-(1-1\%)\times(1-2\%)=2.98\%$$

依次类推，5年内发生违约的概率为：

$$1-(1-1\%)\times(1-2\%)\times(1-3\%)\times(1-4\%)\times(1-5\%)=14.17\%$$

在实际中，违约概率不会像案例中那么容易得到，而是通过一些相对复杂的模型计算得来的。通常，这些模型主要包括三类：第一类是在定性基础上通过历史事件计算违约概率，如评级公司的评级就属于此类；第二类是通过模型得到，如Merton结构化模型或者简约化模型；第三类是通过数据模拟得到，如Monte Carlo模拟等。对整个市场而言，评级公司的评级对市场的影响力是很大的。

## 四、什么是信用评级机构与信用评级？

评级机构是一种提供分析、服务的组织或者公司。这些机构在客观、公正、独立、透明的基础上，利用其自身的评判标准对债券发行公司或者部门进行评估，给出一个独立的信用意见，如公司或部门的信用级别，并以此向市场传达有关发债公司或者部门的信用评级信息。投资者对评级机构的认可程度取决于对其所提供的信用评级的接受程度。在过去30年里，评级公司在金融市场中的作用越来越大，投资者对其信用评级认可度越来越高，因此，信用评级对公司债券、股票价格甚至是政府债券价格的影响力也越来越大。全球最大的三个评级公司是美国标准普尔公司（简称标准普尔）、穆迪投资服务公司（简称穆迪公司）和惠誉国际信用评级有限公司（简称惠誉评级）。它们都在1975年被美国证券交易委员会（SEC）认可为“全国认定的评级组织（Nationally Recognized Statistical Rating Organization，NRSRO）”。

### 延伸阅读

## 全球三大信用评级公司

标准普尔由亨利·瓦纳姆·普尔于1860年创立。标准普尔是麦格罗－希尔公司（McGraw－Hill）旗下的麦格罗－希尔金融咨询机构的子公司。其业务主要包括两个模块：一个是评级业务（S&P Ranting Service），另一个是资本IQ业务（S&P Capital IQ/S&P Capital），这部分主要是提供风险管理软件、信用经济分析、金融风险管理方面的咨询服务和研究报告等。其中，评级服务对象主要包括一般性企业、金融机构、保险公司、包括超国家实体的主权国家、公共融资和结构性融资产品六种实体的评级。此外，标准普尔还以标普指数的编制而广为人知。

穆迪公司的创始人是约翰·穆迪，他在1909年首创了对铁路债券进行信用评级，并于1913年开始对公用事业和工业债券进行信用评级。穆迪公司是穆迪投资服务公司和穆迪分析公司的母公司，其中，投资服务公司主要是提供信用评级和有关债券、有价证券的研究等，其评级对象与标准普尔相比，分类标准不同但评级范围更加广泛，主要包括一般性企业、金融机构、管理投资业务、主权国家和超国家实体、次主权实体、美国公共融资、基础设施和项目融资以及结构性融资产品八类实体的评级。

惠誉评级是约翰·惠誉于1913年创办的。1924年，惠誉评级首次引入了熟悉的从“AAA”到“D”级别的评级标准。惠誉评级是三大评级机构中最早进入中国的。自从2000年进入中国市场后，惠誉评级在2005年成立了惠誉（北京）信用评级有限公司。惠誉评级是惠誉集团的一部分，后者是Fimalac. S. A. 集团和赫斯特出版集团（Hearst Corporation）联合控股的子公司，因此，惠誉评级是三大评级机构中唯一的有欧资控股的企业。惠誉评级对象介于标准普尔和穆迪公司之间，主要包括企业、金融机构、保险公司、主权国家和超国家实体、公共融资、全球基础设施项目融资、结构性融资产品等。

三大评级公司的评级几乎垄断了全球的评级市场，它们的一举一动都足以引发国际金融市场的震动，具有很高的市场影响力。它们的信用评级不仅是投资者投资债券等金融工具的有益参考，也是管理者审查决策的依据。此外，信用评级在证明相关实体的还款能力的同时，也影响着其筹集资本的能力。在次贷危机中，由于评级机构起初对信用衍生品的评级较高，低估了相应实体的信用风险，但在危机发生后又高估了相关风险，这对市场波动影响较大，标准普尔甚至因“欺诈”被美国司法部起诉，继而被穆迪公司和惠誉评级降级。欧债危机以来，三大评级公司因政府债务比例过高而下调了希腊、葡萄牙、西班牙、意大利、法国等欧元区国家的主权评级，标准普尔甚至将美国的长期主权评级从 AAA 下调至 AA +，导致投资者人心惶惶，再次引发了世界金融市场大幅震动，国债收益率大幅攀升，进一步恶化了主权国家的融资环境，使主权债务危机雪上加霜。因此，有人指责这些评级公司在下调评级时不负责任，缺乏客观性，甚至有不良动机。这些引发了欧洲对评级机构的调查和更严格的监管，并计划组建更加公开、公正的欧洲评级机构与三大评级机构竞争。尽管三大评级机构也存在不够严谨和透明等问题，影响它们在市场中的公信力，但是整体而言，它们做出的评级参考还是值得投资者信赖的。

评级机构给出的信用评级，代表了评级机构对债务人本身或者是其发行的特定债务和其他金融工具的信用等级的综合意见。不同评级机构给出信用评级的标准和方法都有差别，向市场传达的信息也不同。

从信用评级的标准看，标准普尔主要针对的是受评对象的某项债务偿付能力，对某项特定风险进行揭示，参考的是发行人的违约可能性；穆迪公司主要是针对受评对象的信用质量，重点分析影响发行人长期偿债能力的因素和现金流的稳定性及可预测性；惠誉评级主要是针对受评对象违约风险及其能够履约的能力或意愿，反映有关债务产品的预期损失。

从信用评级的方法看，评级公司首先对受评对象进行各种评估，不同公司的评估方法存在某些差异，但通常都包括两部分：公司历史（如行业发展、公司运营、公司概况、管理战略、公司治理、集团架构等方面）的定性分析和财务方面（现金流、收益、资产负债等方面）的定量分析。根据这些评估结果将受评对象划分为不同的级别，表示信用等级的差别。

例如：标准普尔将长期信用评级的等级划分为 AAA 级到 D 级，其中，AAA 级表示信用等级最高，世界上只有极少数国家的政府、大银行和大型公司有 AAA 的评级，D 级表示违约。从 AAA 级到 D 级的信用等级逐渐下降，违约风险逐渐上升，要求的风险回报也越高。此外，标准普尔还将信用评级分为长期信用评级和短期信用评级，并用“+”和“-”将信用评级划分得更为细化。穆迪公司和惠誉评级的信用级别划分基本上与标准普尔类似（见表 5 - 1）。在市场上，习惯将 BBB - 及其以上级别的信用评级统称为投资级（Investment Grade），而将 BBB - 以下级别的评级称为非投资级（Non - Investment Grade）或者高收益级（High Yield Grade）。

表 5 - 1　　　　三大评级公司评级划分

| 描述 | 长期债务评级 | | | 短期债务评级 | | | 说明 |
|---|---|---|---|---|---|---|---|
| | 标准普尔 | 穆迪公司 | 惠誉评级 | 标准普尔 | 穆迪公司 | 惠誉评级 | |
| 投资级 | AAA | Aaa | AAA | A - 1 | P - 1 | F1 | 最安全 |
| | AA | Aa | AA | A - 2 | P - 2 | F2 | ↑↓ |
| | A | A | A | A - 3 | P - 3 | F3 | |
| | BBB | Baa | BBB | | | | |
| 投机级 | BB | Ba | BB | B | NP | B | |
| | B | B | B | C | | C | |
| | CCC | Caa | CCC | D | | D | |
| | CC | Ca | CC | | | | |
| | C | C | C | | | | |
| | D | | RD | | | | 信用最差 |
| | | | D | | | | |

注：对长期债务评级而言，标准普尔的每个级别都可以用“+”“-”来进行微调；穆迪公司除了 Aaa、Ca 和 C 之外的每个级别都可以分为三个级别，如 Aa1、Aa2、Aa3；惠誉评级的有些级别用“+”“-”来微调评级，并可以参考回收率级别对评级级别细分。

## 五、如何根据信用评级计算违约概率？

不同的信用评级反映出企业的违约风险也不同，从 AAA 级到 D 级，违约风险从小变大，反映了不同评级下的违约概率。那么如何通过信用评级计算违约概率呢？评级公司通常有大量公司的数据库，依据评级级别将公司分成相应的样本库，并观察不同年度内这些公司的违约数量，然后再将违约数量除以相应级别的样本总量，便得到相应年度不同级别的违约概率。例如，2012 年有 25 个 A 级别的公司违约，相应的 A 级别的样本共2 000个，那么 2012 年 A 级别的违约概率就为 1.25%。然后，根据这些年度的违约概率将其进行加权平均，权重为每年该级别的公司个数或者交易量等，可得到在某些年度内的平均违约概率。表 5 - 2 是穆迪公司从 1970 年到 2012 年不同信用级别各个年限的平均累计违约率。这些违约率可以作为不同级别公司的期望违约率的近似值。

从表 5 - 2 中可以看出，同一个等级下，随着时间的加长，累计违约率通常具有非下降的特征，例如，Aa 级的 2 年期违约率为 0.069%，10 年期违约率上升到 0.922%；

表 5－2　　1970～2012 年不同级别公司的平均累计违约率（%）

| 评级 | 1 年 | 2 年 | 3 年 | 4 年 | 5 年 | 10 年 | 15 年 | 20 年 |
|---|---|---|---|---|---|---|---|---|
| Aaa | 0 | 0.013 | 0.013 | 0.037 | 0.106 | 0.503 | 0.935 | 1.104 |
| Aa | 0.022 | 0.069 | 0.139 | 0.256 | 0.383 | 0.922 | 1.756 | 3.135 |
| A | 0.063 | 0.203 | 0.414 | 0.625 | 0.87 | 2.48 | 4.255 | 6.841 |
| Baa | 0.177 | 0.495 | 0.894 | 1.369 | 1.877 | 4.74 | 8.628 | 12.483 |
| Ba | 1.112 | 3.083 | 5.424 | 7.934 | 10.189 | 19.708 | 29.172 | 36.321 |
| B | 4.051 | 9.608 | 15.216 | 20.134 | 24.613 | 41.947 | 52.217 | 58.084 |
| Caa－C | 16.448 | 27.867 | 36.908 | 44.128 | 50.366 | 69.483 | 79.178 | 81.248 |
| 投资级评级 | 0.092 | 0.268 | 0.503 | 0.773 | 1.07 | 2.78 | 4.859 | 7.299 |
| 非投资级评级 | 4.495 | 9.265 | 13.814 | 17.819 | 21.314 | 33.836 | 42.679 | 48.647 |
| 全部评级 | 1.672 | 3.407 | 5.021 | 6.41 | 7.6 | 11.786 | 14.979 | 17.825 |

资料来源：穆迪公司，发行人加权。

同一个期限内，随着评级的下降，违约率也逐渐上升，如 5 年期 Aa 级的违约率为 0.383%，Ba 级的违约率上升到 10.189%。除了每个评级级别的平均违约率外，评级公司还会按照年份、行业或者地区分类，公布这些分类下的违约率。从每年公布的违约率看，违约率存在明显的周期性。图 5－2 给出了穆迪公司从 1980 年到 2012 年间投资级、非投资级和全部评级的一年违约率。从图 5－2 中可以看出，20 世纪 90 年代以来的三次经济周期都与违约同期呈现较强的负相关，尤其是 2007 年以来的次贷危机，导致不同级别的违约率都有较大幅度的上升。了解不同年度的不同级别公司的违约率也是很有用的。例如，如果投资者认为 2013 年的宏观经济形式可能跟 1998 年比较接近，那么，投资者可以采用 1998 年的某级别公司的违约率作为 2013 年该级别公司的期望违约率，而不是用前面所述的平均累计违约率作为替代，这样得到的违约率可能与实际结果更加符合。

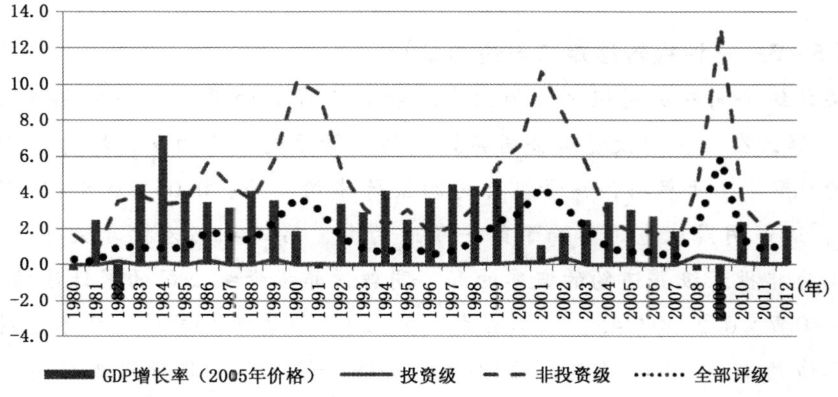


图 5－2　1980～2012 年穆迪公司投资级、非投资级和全部评级的一年违约率

资料来源：穆迪公司、美国商务部经济分析局（BEA）。

对公司的评级并不是一成不变的，公司可能因为种种原因，如宏观因素或公司财务因素，被降级或者升级，从而导致公司违约风险的变化，这就是所谓的评级过渡风险（Migration Risk）。评级公司每年都会计算评级风险过渡矩阵（Migration Matrix），以对评级过渡风险进行估计，反映不同级别的公司在一定期限内信用风险变化的可能性。表 5－3 给出了穆迪公司公布的一年期评级过渡矩阵。表 5－3 中的每一行都表示公布期初的评级，每列的数据表示未来一年里变化为不同级别的概率。例如，第三行中，期初为 Aa 级的公司在未来一年里有 1.16% 的可能性上升为 Aaa 级，有 83.43% 的可能性继续为 Aa 级，有 7.50% 的概率下降为 A 级，依次类推，违约的可能性为 0.07%。

**表 5－3　　1920～2012 年一年期平均评级过渡矩阵（%）**

| 期初评级 | Aaa | Aa | A | Baa | Ba | B | Caa | Ca－C | 违约 | 取消评级 |
|---|---|---|---|---|---|---|---|---|---|---|
| Aaa | 86.41 | 7.93 | 0.85 | 0.16 | 0.03 | 0.00 | 0.00 | 0.00 | 0.00 | 4.62 |
| Aa | 1.16 | 83.43 | 7.50 | 0.84 | 0.18 | 0.04 | 0.01 | 0.01 | 0.07 | 6.77 |
| A | 0.08 | 2.78 | 84.07 | 5.69 | 0.74 | 0.12 | 0.03 | 0.01 | 0.10 | 6.38 |
| Baa | 0.04 | 0.28 | 4.22 | 81.53 | 4.94 | 0.78 | 0.13 | 0.01 | 0.28 | 7.80 |
| Ba | 0.01 | 0.08 | 0.46 | 5.86 | 73.41 | 6.84 | 0.60 | 0.07 | 1.27 | 11.42 |
| B | 0.01 | 0.05 | 0.14 | 0.57 | 5.59 | 71.44 | 5.60 | 0.50 | 3.57 | 12.55 |
| Caa | 0.00 | 0.02 | 0.03 | 0.17 | 0.71 | 8.37 | 63.52 | 3.62 | 11.72 | 11.85 |
| Ca－C | 0.00 | 0.03 | 0.11 | 0.06 | 0.50 | 3.05 | 7.99 | 50.78 | 25.15 | 12.34 |

资料来源：穆迪公司。

利用一年期评级转移矩阵，我们可以算出任何一个等级在任何一年的累计违约率和边际违约率，并得到任何一个等级的累计违约率曲线和边际违约率曲线（信用曲线）。

**【案例 5－3——评级转移矩阵与违约率】**

假如某评级公司对公司级别分为投资级和非投资级两类，其一年期评级转移矩阵为表 5－4，那么在一年内投资级公司累计违约率等于边际违约率，均为 0.05，非投资级公司均为 0.2。在两年内，投资级公司的累计违约率为：$0.05+0.8\times0.05+0.15\times0.2=0.12$，这说明累计违约率等于第一年违约率、第二年仍为投资级并违约的概率、第二年转化为非投资级并违约的概率的和。同理，非投资级公司的累计违约率为 $0.2+0.1\times0.05+0.7\times0.2=0.345$，依据公式（5－2），投资级公司第一年不违约但第二年违约的边际违约率为：$1-(1-0.12)/(1-0.05)=0.074$，非投资级公司的边际违约率为：$1-(1-0.345)/(1-0.2)=0.181$。

表 5－4　　某公司一年期评级转移矩阵

| 期初评级 | 投资级 | 非投资级 | 违约 |
|---|---|---|---|
| 投资级 | 0.8 | 0.15 | 0.05 |
| 非投资级 | 0.1 | 0.7 | 0.2 |

需要注意的是，在应用评级转移矩阵的时候，我们有个重要的假设，就是公司以后的评级状态只与现在的状态相关，而与过去的状态没有关系。比如，上例中我们计算非投资级公司第二年的违约率时，并不考虑该公司第一年是投资级还是非投资级，我们认为公司的违约率都是 0.2。实际上，根据以往的经验看，这种假设并不成立。因为一旦公司被降级，公司被进一步降级的概率会比一直在同级别公司被降级的概率要大。这种现象被称为评级过渡惯性。同时，利用信用评级计算违约率时，我们也没有办法区分同一评级的不同公司之间的信用高低。实际上，信用评级也可能因为公司不同的行业、发展程度、财务水平等存在差别。

从整体上看，利用信用评级不仅可以得到公司平均累计违约率，而且可以通过构造转移矩阵，得到未来任何一年的累计违约率和边际违约率，使我们通过简单的方法，利用历史数据客观地衡量一个公司的长期信用风险，衡量公司的违约率。

## 六、什么是回收率？

回收率（Recovery Rate）表示债权人在债务人违约后能收回投资本金的比例。回收率决定了债权人在违约发生时能回收的比例，与违约率一起影响着债权人的最终损失。与回收率相对应的是违约损失率（Loss Given Default，LGD），损失率等于 1 减去回收率，显然，回收率越大，损失率越小。由于投资者比较关注损失，如果用 EL 代表某个债务的期望损失，p 代表违约率，R 表示回收率，L 表示违约损失率，那么期望损失就可以表示为：

$$EL = p(1 - R) = pL \qquad (5-3)$$

**【案例 5－4——回收率与期望损失】**

某投资人持有 100 万元某公司发行的一年期债券。假如该公司一年内违约率为 2%，回收率为 60%，那么该债券的损失率为 40%，该债券一年的期望损失为：

$EL = 1\,000\,000 \times 2\% \times (1 - 60\%) = 8\,000$（元）

在实际中，影响回收率的因素有很多，但从债务本身看，主要有三个方面的因素：首先是债权人对持有的债务是否有优先权；其次是债务是否有抵押；最后是债务人资产的市场价值。一般持有优先权、债务有抵押的债务人的资产的市场价值越高，回收率就越高。此外，回收率也与公司所在行业、宏观经济和投资者的议价能力等相关。

评级公司也会给出不同类型公司债务的平均回收率，这也是基于历史数据得来的，如表 5－5 中的平均回收率是在发行人加权或者价值加权的基础上，基于违约日当天或者 30 天后的交易价格计算的。通常，将这些回收率作为对回收率的估计。

**表 5－5　　　　公司债务的平均回收率：1982～2012 年**

<table>
<tr><th colspan="3">债务优先顺序</th><th>发行人加权<br>平均回收率（%）</th><th>价值加权<br>平均回收率（%）</th><th>最终平均<br>回收率（%）</th></tr>
<tr><td rowspan="3">贷款</td><td colspan="2">第一抵押贷款</td><td>66.0</td><td>59.9</td><td rowspan="3">80.6</td></tr>
<tr><td colspan="2">第二抵押贷款</td><td>29.8</td><td>28.2</td></tr>
<tr><td colspan="2">优先无抵押贷款</td><td>47.1</td><td>40.2</td></tr>
<tr><td rowspan="5">债券</td><td colspan="2">优先抵押债券</td><td>51.6</td><td>49.8</td><td>63.7</td></tr>
<tr><td colspan="2">优先无抵押债券</td><td>37.0</td><td>37.8</td><td>48.6</td></tr>
<tr><td rowspan="3">后偿债券</td><td>优先后偿债券</td><td>30.9</td><td>25.7</td><td rowspan="3">28.5</td></tr>
<tr><td>普通后偿债券</td><td>31.5</td><td>25.3</td></tr>
<tr><td>低级后偿债券</td><td>24.7</td><td>17.1</td></tr>
</table>

资料来源：穆迪公司。最终平均回收率是 1987～2012 年之间北美公司的平均值。

在实际中，债务的回收是一个很漫长的过程。从公司发生违约到公司资产的变卖涉及各个债权人的利益协调。资产的变卖不仅取决于公司资产的特征，还与宏观经济、资产变卖成本等相关联，实际回收率也是难以提前预计的。为此，评级公司也针对每年实际发生的违约案例观察其最终平均回收率（Ultimate Recovery Rate）。从最终平均回收率看，考虑到统计时间和公司范围的差别，三种方法计算的平均回收率相差不大。

作为信用利差的重要影响因素，回收率与违约率存在一定的负相关性。比如，在经济衰退时期，回收率往往比较低，而此时公司的违约率相对比较高；而在经济上升时期，回收率往往比较高，公司违约率相对也比较低。

## 七、什么是违约相关性？

前面，我们对单个债务的违约率、回收率和信用利差等进行了介绍，但是当我们购买的是一篮子债务或者组合的时候，有必要分析这些债务之间的违约相关性。这并不是说在组合水平上，单个债务的违约率和回收率不重要，而是说这两个条件并不足决定损失的整体分布，或者说组合的违约风险并不是单个债务的违约风险的简单相加，这就要求我们计算出不同资产之间的违约相关性。

相关性是组合中资产之间相互关联的程度，违约相关性就是组合中资产发生违约事件相互关联的程度，而不是价格或者信用利差变动的相关性。违约相关性在生活中比比皆是。比如说，麦当劳和肯德基是两个相互竞争的餐饮业，一般情况下，因为它们同属一个行业，产品结构相似，他们之间的违约相关性应该是显著大于零的。这意味着如果肯德基破产，那么麦当劳破产的可能性便会增加。但是，在实际中这两个公司的违约相关性要比看起来复杂。比如说当肯德基因为食品质量问题或者自身经营不善，在竞争中逐渐衰弱，与此同时，麦当劳因为经营得当，在市场份额中独占鳌头，此时这两家企业的违约相关性应该是负的。

从这个例子中我们也可以看出，违约相关性依赖于公司治理、行业发展和宏观经济的发展。一般来讲，行业和宏观因素对同类企业的冲击会导致违约相关性的上升，而公司方面的因素因为属于个体因素，往往单独出现，会导致违约相关性的下降。这也说明相关性并不是一成不变的。这种违约相关性发生变化引起资产组合的价值发生变化的风险就是所谓的相关性风险，也是在信用衍生品中需要关注的问题之一。

违约相关性在资产组合中起到什么作用呢？实际上，相关性并不影响对组合收益的期望，但是，影响组合收益的分布，或者说影响组合的风险。也就是说，不管违约相关性如何变化，组合的期望收益是不会变化的，期望损失也是不会变化的，但是资产组合得到不同收益的概率会发生变化，组合的风险会发生变化。图 5－3 给出了不同相关性下损失的可能分布情况。从图 5－3 中可以看出，图形右端随着相关性的上升而上升，说明损失出现极端情况的可能性越来越大，这就是金融学中常见的“厚尾”现象。图形左端也随着相关性的上升而上升，说明损失不发生的概率也变大。从整体上看，随着相关性的上升，图形相对离散，这说明组合发生极端情况的风险在上升。正是因为这个原因，违约相关性在涉及组合的信用衍生品定价中起到了非常重要的作用。

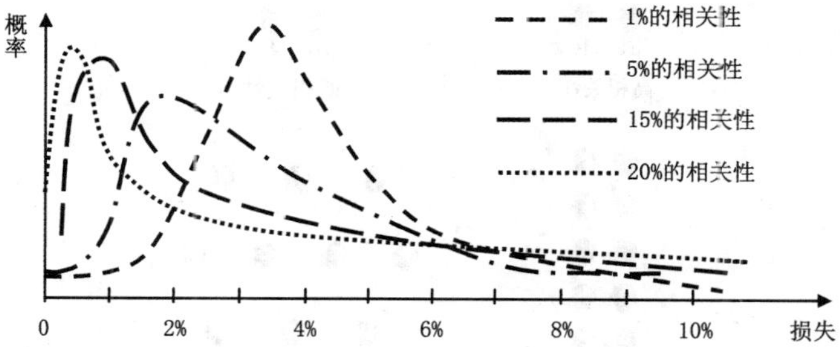


图 5－3 损失分布与相关性

**【案例 5－5——违约相关性与组合的违约风险】**

假设组合中有 A 和 B 两个债券，从单个债券看，A 债券的违约率为 0.1，B 债券的违约率为 0.2，那么如何衡量组合 A 和 B 同时违约和同时不违约的概率呢？

如果 A 和 B 的违约风险完全不相关，那么 A 和 B 同时违约的概率就为 $0.1\times0.2=$

0.02，同时不违约的概率为 0.9×0.8=0.72。如果 A 和 B 违约风险完全正相关，意味着如果 A 违约，那么 B 也违约了；反之亦然，那么 A 和 B 同时违约的概率就为 A、B 债券中违约风险较大的一个，即 0.2。同时，不违约的风险就为 0.8。此外，不管违约风险如何变化，组合的期望收益都等于 A 的期望收益加上 B 的期望收益。

随着违约相关性从完全不相关变为完全正相关时，组合中两个债券同时违约的概率从 0.02 上升到 0.2，同时不违约的概率也从 0.72 上升到 0.8，组合收益的分布发生了变化，组合的风险也发生了变化，但是组合的期望收益并没有发生变化。

**士兵与地雷**

在说明违约相关性和违约风险的关系时，图 5－4 是一个经典的例子。图 5－4 中，当一排士兵沿直线走过一片雷区时，如果地雷密集地摆放在一片地区的一部分，如图的左边，那么这排士兵全部踩雷而亡或者全部没有踩雷且能生存的概率就比较高；如果地雷之间比较分散，如图的右边，那么这排士兵全部死亡或者全部生存的概率就比较小。但是，总有一部分人死亡的概率比较大。违约相关性与此类似。当违约相关性比较高时，组合中债券全部违约的概率上升，全都不违约的概率也上升；当违约相关性比较低时，可能会有债券违约，但是全部违约或者全部不违约的概率比较低。

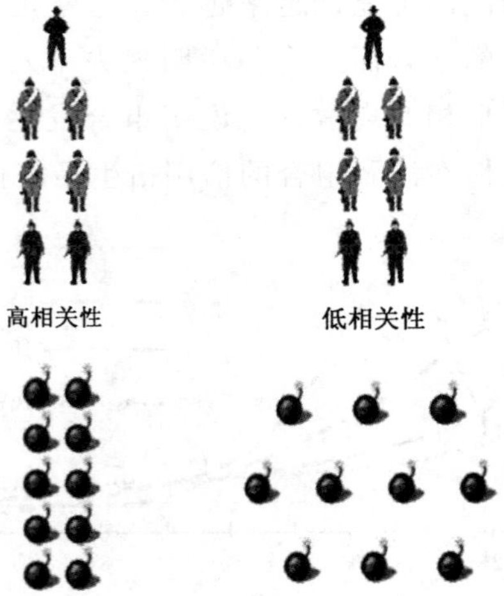


图 5－4　士兵与地雷

既然违约相关性在信用衍生品定价中起到了非常重要的作用，那么我们如何衡量违约相关性的大小呢？相关性的计算通常要用到相关系数，这里对最常用的相关系数进行简单介绍。假设 X 和 Y 分别为两个资产，如果违约为 1，不违约为 0，并且 X 和 Y 分别违约的概率为 $P_x$ 和 $P_y$，两个资产同时违约的概率为 $P_{xy}$，这里我们可以求出：

$E(X) = E(X^2) = P_x$

$E(Y) = E(Y^2) = P_y$ 和 $E(XY) = P_{xy}$

上式可得到违约相关系数 $\rho_{x,y}$：

$$\rho_{x,y} = \frac{cov(X,Y)}{std(X)std(Y)} = \frac{E(XY) - E(X)E(Y)}{\sqrt{[E(X^2) - E(X)^2][E(Y^2) - E(Y)^2]}}$$

$$= \frac{P_{xy} - P_x P_y}{\sqrt{P_x(1 - P_x)P_y(1 - P_y)}}$$

其中，cov（X，Y）、std（·）和 E（·）分别表示协方差、标准差和均值。

在实际中，违约常常伴随着公司的破产，通常只发生一次，违约相关性因此也无法观察到。对评级公司来说，利用评级公司的评级转移矩阵可以得到单个资产的违约概率，也可以得到两个资产违约的概率。利用上述公式便可以估算出不同评级或者行业经验相关系数。这样估计的结果在违约很少发生时可能会与实际有较大出入。为了解决这一问题，有时可以通过理论模型将资产价值相关性作为违约相关性的替代，但是资产价值也无法观测，于是采用股票价格的相关性作为资产价值相关性的替代，由此得到的违约相关性与经验相关性还是有较大差别的。目前，在信用衍生品定价中，使用较多的是采用一定的连接函数，如不同的 Copula 函数，将多个随机变量的分布函数转化为联合分布，以此刻画违约相关性。

## 八、什么是信用衍生品?

在介绍了信用衍生品涉及的相关概念后，我们接下来对信用衍生品进行介绍。

信用衍生品出现于 20 世纪 90 年代早期，尽管历史较短，但其发展非常迅速，目前是信用市场的重要组成部分。与其他类衍生品一样，信用衍生品是从其他资产如债券、贷款或者其他金融产品中衍生出来的金融产品，但又与这些衍生品有所不同，信用衍生品主要是为了转移这些金融产品中的信用风险。1992 年，ISDA 正式把信用衍生工具确定为一类特殊的衍生品。

依据 ISDA 的定义，信用衍生品是指用来分离和转移信用风险的各种工具和技术的全部，交易双方利用信用衍生品来增加或者减少对某一参考实体的信用风险的暴露。因此，信用衍生品与其他金融工具一样，其本质上是一种双边合约，是针对某个或者某些经济活动主体所发行的金融资产承载的信用风险而设立的（见图 5－5）。其中，经济活动主体可以是一个或多个公司或政府，是信用风险的载体，在信用衍生品市场中也被称为参考实体（Reference Entity），而该主体所发行的金融资产则是信用风险载体的媒介，被称为参考债务（Reference Obligation）。通常，在信用衍生品市场上参考实体基本不涉及衍生品的交易，是与合约买卖双方不同的第三方实体；而合约的买方将信用风险转移给了合约的卖方。

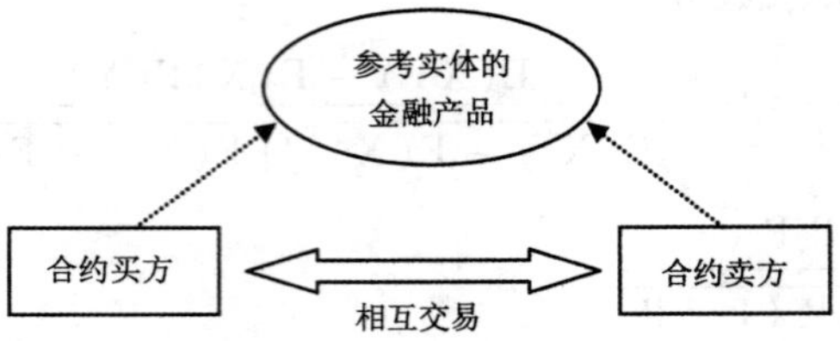


图 5－5　信用衍生品合约结构

此外，从定价上看，信用衍生品的合约价值随着实体的信用风险的变化而变化；从交易场所上看，信用衍生品大都采用 ISDA 的定义和范本在场外市场交易，是两个对手方之间形成的私人合约，这也区别于股票、期货和一些场内期权产品。

**【案例 5－6——信用衍生品】**

某银行向某公司发放了为期 3 年的 1 000 万元贷款。为了避免该公司到期无法偿还贷款，便向某对冲基金购买了一个名义金额为 1 000 万元、针对该公司的为期 3 年的某信用衍生品合约。该合约约定如果该公司在 3 年内发生违约，对冲基金必须向银行支付 1 000 万元，以弥补银行可能无法收回的本金。同时，为了补偿对冲基金承担的风险，银行必须要向对冲基金定期支付一定的费用。这个费用的大小与公司的信用风险水平密切相关，例如每季度支付 10 000 元。在这个例子中，对冲基金是该信用衍生品合约的卖方，银行是合约买方，公司就是参考实体，银行向公司发放的贷款就是参考债务。通过信用衍生品合约的买卖，银行将公司的信用风险转嫁给了对冲基金，而对冲基金则承担了公司的信用风险。

读者可能会产生疑问，既然银行觉得有风险，为什么还要发放贷款而且要购买衍生品合约呢？对冲基金为什么会卖出衍生品合约？在实际中，银行可能因为不想失去该公司这个客户但又不想使自己的头寸暴露于信用风险当中，也可能是出于监管对资本金的要求或者银行资产自身流动性的需求，所以，选择在保留与该公司业务往来的同时要对冲信用风险。对冲基金一方面可以在不需要任何本金的情况下获得一系列银行支付的现金流，另一方面可以使其在遭遇利率风险的情况下获得纯信用风险收益。此外，这个合约还可能是因为双方对该公司信用风险持有不同看法而达成的，比如银行可能认为公司违约风险非常高，而对冲基金则认为该公司违约风险较低。用信用衍生品专业术语讲就是银行做空公司的信用风险，而对冲基金做多公司的信用风险。

## 九、信用衍生品有哪些？

信用衍生品的早期形式是资产互换。资产互换将利率互换与债券相结合，既可以作为货币市场工具，也可以作为信用衍生品工具。资产互换改变了债券的现金流，持有债券的一方（买方）为了对冲信用风险支付给其对手方（卖方）债券的固定利率，而卖方支付给买方浮动利率（如 Libor）加上或者减去一定的利差。通过这种方式，买方将原始的信用风险转化为利率风险，并获得一定的信用利差。资产互换的一个重要缺点就是如果标的债券违约，互换协议并不会终止。目前，资产互换在信用衍生品中的比例已经比较小了。

在资产互换的基础上，信用违约互换（Credit Default Swaps，CDS）产生了，并成为信用衍生品的最基础产品。CDS 的参考实体最早的是单一经济实体，也称为单一名称的信用违约互换（Single Name CDS）。随着 CDS 的参考实体从单一实体向组合实体延伸导致了担保债务凭证（Collateralized Debt Obligation，CDO）的出现，之后，信用衍生品得到了快速发展，其创新层出不穷。各种出于不同目的设计的信用衍生品也具有不同的结构和现金流，有时难以将信用衍生品划分清楚。就目前看，其产品主要有两大类。

首先，依据参考实体的个数，信用衍生品分为单一产品、组合产品和其他产品三种。其中，单一产品是参考实体为单一经济实体的信用衍生品，主要包括 CDS、总收益互换（Total Return Swaps，TRS）、信用联结票据（Credit Linked Notes，CLN）、信用价差期权（Credit Spread Options，CSO）等。组合产品是指参考实体为经济实体组合的信用衍生品，主要包括指数 CDS、合成 CDO（Synthetic Collateralized Debt Obligation）、互换期权（Swaption）、分层级指数交易（Tranched Index Trades）等。其他产品主要是与资产证券化结合较为紧密的信用衍生品，例如固定比例债务债券（Constant Proportion Debt Obligation，CPDO）、固定比例投资组合保险债券（Constant Proportion Portfolio Insurance，CPPI）、资产证券化信用违约互换（ABCDS）等。

其次，依据有无现金债券发行，信用衍生品分为无现金（Unfunded）和有现金（Funded）两种。如果不涉及现金债券的发行，这类信用衍生品就是无现金信用衍生品，例如 CDS、TRS、合成 CDO 等；如果涉及现金债券的发行，则属于有现金的信用衍生品，例如 CLN、CPDO、CPPI 和合成 CDO 等。从上述分类可以看出，合成 CDO 既可以是有现金流的信用衍生品，也可以是无现金流的信用衍生品。

此外，市场上还有一类较为重要的结构性信用产品（Structured Credit Products），即现金流 CDO，例如 CBO（Collateralized Bond Obligation）、CLO（Collateralized Loan

Obligation）和其他类型的现金流 CDO 产品。这类产品与合成 CDO 名字很类似，且都属于分档信用产品，但这类产品在设计上更多地利用了资产证券化的风险分割技术，在使用目的上承担着为发行人融资的功能，与资产证券化产品有更多的共同点。由于界定上的模糊和分类上的争议，市场上通常用结构性金融产品（Structured Products）或者结构性信用产品来囊括一般信用衍生品在内的所有结构较为复杂的金融产品。

## 十、信用衍生品市场发展程度如何？

信用衍生品的出现与银行业为了逃避监管、控制风险密不可分。在美国 20 世纪 80 年代以后，金融市场相继出现了存贷机构危机、商业按揭的大批违约，而 90 年代初发生的经济衰退又使银行资产质量雪上加霜，再加上当时对银行资本金加强了监管，市场迫切需要一种金融工具，一方面可以改善银行的资产负债表，另一方面可以对冲信用风险，降低筹资成本。于是以 CDS 和 CDO 为基础的信用衍生品开始出现并快速发展起来。

**延伸阅读**

**CDS 的诞生**

在 20 世纪 90 年代早期，CDS 的雏形已经出现，但比较公认的说法是 CDS 出现在 90 年代中晚期，由当时在 JP 摩根的财务总监派斯·马斯特（Blythe Masters）带领的团队首创。Blythe Masters 毕业于英国剑桥大学数学专业，对金融衍生品情有独钟，他在毕业后进入 JP 摩根从事金融投资工作。当时，JP 摩根出于对银行资本金的监管，希望将其资产负债表上的公司债券和商业贷款的部分信用风险转移出去，以便节省大量的资本金。为此，他开发了这个以公司为参考实体的 CDS，并说服上司开始销售 CDS 产品，不久 CDS 就便广为人知，并成为革命性的新风险产品，JP 摩根则逐渐成为 CDS 市场最大的买卖方。

信用衍生品市场早期的发展速度比较平稳，从 2004 年开始，其进入了快速发展通道。依据 BIS 的估计，全球 CDS 名义总额在 2007 年达到了顶峰，近 60 万亿美元，远大于同期的股票市场总值（约为 36 万亿美元）。但是随着次贷危机的爆发，全球信用衍生品市场开始进入收缩和调整阶段。尽管次贷危机的爆发使信用衍生品的成交量发生了萎缩，但并不会使信用衍生品消亡，反而会促进投资者对正确使用信用衍生品的方式进行反思和改变。一方面，设计复杂、杠杆比例较高的信用衍生品将被逐渐淘汰，例如资产支持证券信用违约互换（Asset Backed Securities Credit Default Swaps，AB-CDS）、CPDO 和一些复杂的现金流 CDO 等；另一方面，关于信用衍生品的法律文件也得到了不断的完善和修订，如将完善 CDS 产品的标准和交割标准，同时建立清算中心、中央对手方系统，对特殊的信用衍生品颁布指导性法律等。这一系列措施将进一步促进信用衍生品市场的发展，使衍生品市场更加标准化、透明化，也使基础的信用衍生品如 CDS、结构简单的 CDO 等在市场中占据越来越重要的地位，更好地起到了对冲信用风险的作用。

**延伸阅读**

**雷曼兄弟破产与信用衍生品**

2008 年 9 月 15 日，美国第四大投行雷曼兄弟宣布申请破产保护，成为美国金融史上最大的一宗公司破产案，随后引发了市场大幅震动。有人认为，过多持有雷曼兄弟的信用衍生品头寸是引发市场震动的主要原因。不可否认，信用衍生产品有一定责任，它给市场带来了较大的系统性风险，但这不是决定性因素，真正的元凶是市场的恐慌和衍生产品交易机制的不透明。

在雷曼兄弟破产前，基于其债券的 CDS 面额，市场预估有 1 000 亿至 6 000 亿美元，但其具体数量和哪些机构持有其 CDS，市场并不知道，因此，当其破产时市场陷入极大恐慌。雷曼兄弟倒闭导致全球股市暴跌，国际金融市场陷入了空前的信任危机中。然而，最终统计结果显示，基于雷曼兄弟的 CDS 总计为 720 亿美元，在冲销掉重复交易后，需要结算的净敞口金额仅为 52 亿美元。如果市场预先知道这一数据，雷曼兄弟破产后金融市场可能不会出现大幅震荡。

实际上，在 2008 年金融危机前期，信用衍生品表现很好，平稳地处理了大量违约事件，美联储前主席格林斯潘认为，信用衍生产品起到了“减震器（Shock Absorber）”的作用。市场不透明导致的恐慌是雷曼兄弟破产后金融市场震荡的根本原因，而信用衍生品本身并不是雷曼兄弟破产的根源，也不是雷曼兄弟破产后金融危机加剧的根本原因。

信用衍生品市场最主要的参与者包括银行、证券公司、对冲基金和保险公司。其中，银行（含证券公司）在信用衍生品买方和卖方市场均占有很大的市场份额。一方面，很多投资银行和商业银行作为市场的交易商，为其他参与对手提供信用衍生品的买卖服务，并通过买卖价差赚取利润，这时它们充当了市场的做市商；另一方面，银行对信用衍生品也有需求，银行可以通过信用衍生品对冲风险，释放资本金。银行是信用衍生品的买方。除此之外，信用衍生品还可以作为一种投资工具，银行等机构通过判断市场趋势参与交易，此时它们既可以作为买方也可以作为卖方。对冲基金在信用衍生品交易活动中日趋活跃，它们非常关注市场流动性，良好的流动性有利于它们及时从市场中撤离。随着信用衍生品日趋标准化，流动性逐渐增大，对冲基金在信用衍生品市场的重要性也逐渐增大。保险公司可以通过两种途径参与到信用衍生品交易中：一方面，它们可以在资产组合中配置一些信用衍生品以满足它们对流动性的需求；另一方面，它们通常是信用保护的卖方，例如一些专业债券保险商和一些再保险公司都会参与到其中。此外，养老基金、共同基金、一些资产管理公司和一般企业在信用衍生品市场也有少量参与。目前，一些信用衍生品的交易需要通过中央对手方的方式进行，借以降低因对手方违约而发生的风险，中央对手方在目前的市场份额中也占据较大比例。

信用衍生品的出现为信用风险管理开辟了全新思路，引起了信用风险管理和金融监管方式的重大变化。一方面，信用衍生品可以促进金融机构信用风险的分散和转移，增强金融体系弹性，完善信用风险定价机制，有利于市场形成较为一致的信用风险定价水平；另一方面，信用衍生品可以提高金融市场的流动性，提高金融市场信息透明度和效率，有利于金融监管预警。信用衍生品市场，尤其是基础信用衍生品 CDS 和 CDO 的迅速发展，也印证了信用衍生品对整个金融市场有积极作用。

## 十一、什么是信用违约互换？

信用违约互换（CDS）是最基本的信用衍生品合约。在标准的 CDS 合约中，当投资者认为参考实体的信用会变差，就会购入一定名义金额的 CDS 合约，并为此支付一定的费用。支付的费用与该参考实体的信用水平相关，其信用利差越高，支付的费用就越高。这一费用也被称为“溢价支撑（Premium Leg）”。CDS 卖方在获得费用的同时承担了参考实体的信用风险，并在参考实体发生违约时向买方支付相当于名义金额减去回收金额之外的损失，这也被称为“保护支撑（Protection Leg）”。通过这种合约的买卖，CDS 的买方向 CDS 卖方转移了参考实体的信用风险。例如，银行向对冲基金购买关于某公司为参考实体的 CDS 合约，就是将该公司的信用风险转移给了对冲基金。通常，CDS 合约的期限从 1 年到 10 年不等，但市场中最具有流动性的通常是 5 年期合约。图 5-6 给出了 CDS 合约的结构。

图 5-6 中，CDS 的买方也是购买保护（Buy Protection）的一方，是保护多头（Long

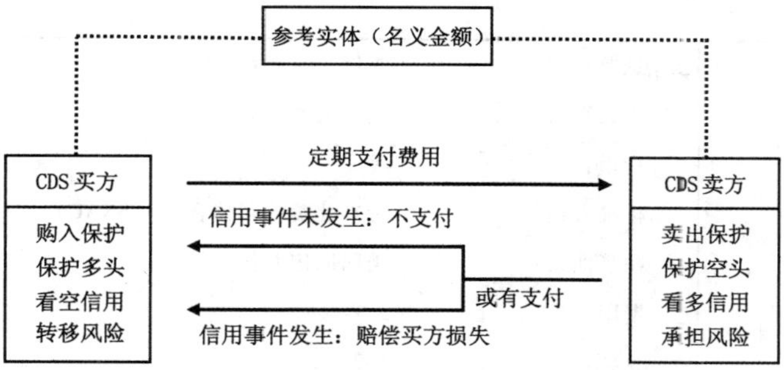


图 5－6 CDS 合约的结构

Protection）的，他们看空信用，并转移信用风险；CDS 的卖方是卖出保护（Sell Protection）的一方，是保护空头（Short Protection）的，他们看多信用，并承担信用风险。

从合约和交易形式上看，CDS 与债券和保险都有相同点和不同点。

与债券相比，债券的投资者支付本金收到现金流的同时承担了债券发行人的信用风险，而 CDS 的卖方在承担了信用风险的同时并不需要支付相应名义金额本金，买方只需定期支付与利差相关的现金流即可。因此，可以说 CDS 分离了债券的现金流和信用风险。CDS 与债券也有一些相同点，比如它们的价格都反映了参考实体的信用风险程度。当信用风险上升时，CDS 信用利差上升，债券的收益率也上升；反之也一样。因此，当我们看多参考实体信用时，我们既可以选择购买债券，也可以选择出售 CDS 来获取收益。

与保险相比，CDS 买方相当于保险的买方，向卖方支付保费；卖方相当于保险的卖方，在参考实体发生违约时赔付。但是，CDS 与保险在法律和经济意义上也有较大的区别，例如，保险的买方要拥有被保险的东西，购买汽车保险要拥有汽车，购买财产险要拥有财产，而 CDS 的购买者不需要拥有参考实体的债务。再如，保险的总额一般不超过财产的总额，但是 CDS 的名义总额可以远高于参考实体的债务总额。

**信用衍生品合约说明表（见表 5－6）**

**表 5－6　　信用衍生品合约说明表**

| | | |
|---|---|---|
| 债务实体 | 信用实体： | AIG 公司 |
| | 分类： | 金融 |
| | 行业： | 保险公司 |
| | 国家： | 美国 |
| 参考债务 | 债务类型： | 高级 |
| | 参考债务： | US026874AZ07 |

续表

| | | |
|---|---|---|
| CDS 主要条款 | 息票频率： | 季度 |
| | 天数算法： | 实际天数/360 |
| | 货币： | 美元 |
| | 标准合约： | 标准北美公司债合约（SNAC） |
| | 贴现曲线： | 美国固定互换曲线 |
| | 期限： | 5 年 |
| | 息票： | 100 |
| | 回收率： | 0.4 |
| | 重组： | 不包含 |

资料来源：Bloomberg。

## 十二、信用违约互换的运行机制如何？

经过 20 多年的发展，CDS 合约无论是从标准化程度还是流动性上都得到了长足的发展，这与其运行机制是密切相关的。要想弄清楚 CDS 是如何运行和交易的，我们就得从费用的支付、价格的影响因素、交割和对冲方式、违约事件、清算体系和回收率拍卖等方面对其进行介绍。

### （一）费用的支付

在 CDS 合约中，我们通常观察到的是信用利差，而不像股票等金融工具可以直接观察到价格。它所支付的费用是需要投资者自行计算的，计算的方法与债券利息的计算方法相同，即以买卖发生时观察到的信用利差作为息票率，由买方向卖方定期支付，因此，CDS 支付的费用也被称为利息。通常，费用是按季度支付的，支付时间是在每年季月（3 月、6 月、9 月和 12 月）的 20 日，费用计算是以实际天数除以 360 天。

**【案例 5－7——CDS 的费用计算】**

某银行在 2013 年 2 月 1 日购买了名义金额为 1 000 万元的参考实体为投资级的 CDS 合约。当时，合约市场信用利差的报价为 120BP，从 2 月 1 日到最近的买方支付日 3 月 20 日为 47 天，因此，需在 3 月 20 日向卖方支付的 CDS 费用是：

10 000 000 × 0.012 × 47 ÷ 360 = 15 667（元）

之后每个季度需要支付的费用以同样的方法计算。

在实际中，交易双方并不按照上述案例中计算的结果支付费用。根据 ISDA 在 2009 年更改的交易规则，买方需要定期向卖方支付统一的固定费用，即对于参考实体为投资级的固定费用为 100BP，参考实体为投机级的为 500BP。因为每个参考实体的信用风险不同，实际CDS的价格可能高于或者低于固定费用，所以，在交易当日，买卖双方还需要支付一次性的即期费用进行清算，避免交易一方支付过多或者过少。例如，上述案例中信用利差的报价为120BP，在实际中买方需要在季月的20日支付按照年度100BP计算的季度全额费用，如在3月20日支付30 000（即10 000 000×0.012×90÷360）元，之后季月依次类推。同时，在交易日当日支付与多出的20BP相关的一次性费用。该费用的计算与债券价格的计算方法类似，将每季度应该多支付的20BP以合约约定的贴现率（贴现曲线）贴现到交易日当日。另外，因为买方在第一次付费时多付了从2012年12月20日到2013年2月1日的费用，所以卖方要返还这部分费用，共计14 333元，即30 000－15 667，这被称为“应计利息”的返还。

这样，涉及信用衍生品的现金支付就由固定支付的现金流、即期支付的现金和利息三部分构成。这样的做法提高了CDS的标准化程度，使CDS合约与CDS指数或者债券之间的差距缩小，并使现金流统一化，方便了投资者之间的交易，同时也不影响信用衍生品的定价。这时的定价主要体现在即期费用上。例如，当CDS报价从120BP上升到130BP时，买方每季度支付的数额不变，但是即期支付的额度将上升；当CDS报价从120BP下降到90BP时，买方每季度支付的数额仍不变，但买方相当于多付了固定费用，卖方通过向买方支付一定的即期费用进行返还。目前，通过彭博或者其他市场专业信息提供公司可以比较容易地获得某一公司的CDS交易价格和买卖双方在交易日相互交换的现金流信息。

### （二）价格影响因素

CDS与其他金融工具一样，有一定的价值，其市场价格会随着市场行情的变化而变化，并通过低买高卖从中获利。从上述“费用的支付”中，我们可以看出，信用利差在为CDS合约定价时起到了重要作用。除了信用利差外，CDS合约还与哪些因素有关系呢？通常，影响CDS合约价格的因素主要有参考实体信用风险的变化、回收率的变化、CDS合约的剩余期限、交易对手信用风险的变化、用于计算现值的贴现曲线的变化等。其中，如公式（5－1）所示，信用风险和回收率是影响公司理论上的信用利差的重要因素。但是，该公式的计算稍显复杂，在实际中，交易员通常仅对信用利差进行粗略估算，他们的计算方法很简单，即信用利差约等于违约率与损失率的乘积：

$$s \approx p(1-R) = pL$$

这个公式很直观地说明了公司信用风险和回收率的变化对公司信用利差的影响，可以用来估计和判断信用利差的走势和改变的幅度。当投资者预计参考实体的信用风险变高或者回收率变低时，其信用利差变大，CDS价格会走高；反之，CDS价格会降低。

正常情况下，随着CDS合约期限的变长，参考实体的违约风险上升，信用利差就会上升，从而使CDS价格上升，这点从公式（5－1）中也可以看出。因此，随着合约期限变长，CDS价格会上升。但是，当公司破产风险突然加剧时，短期CDS合约的价格上升幅度会明显超过长期CDS合约的价格上升幅度，这可能是因为短期内公司渡过难关的可能性较低，但从长期看，一旦渡过难关，其违约风险就会变小，CDS价格也会下降。在图5－7中，AIG公司1年期和10年期CDS在正常时段和危机时段的信用利差变化也正是反映了这点。

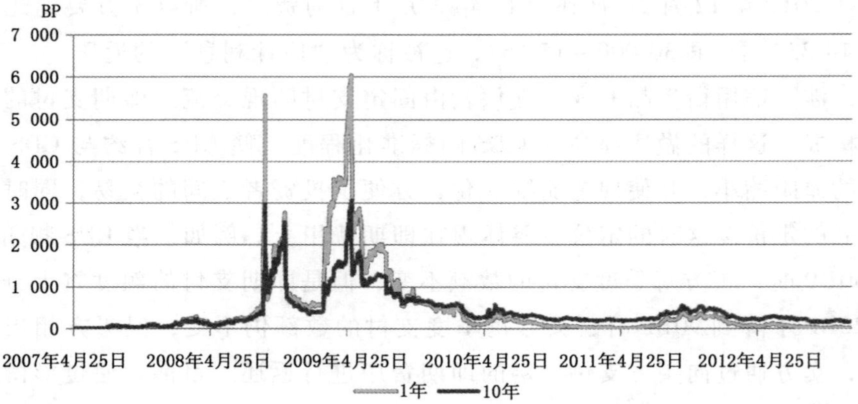


图5－7　AIG公司1年期和10年期CDS信用利差

既然CDS价格会发生变化，买卖双方一定会有损失或者利得。如果CDS利差变大，对买方来讲就是利得，对卖方来讲就是损失，因为其市场价格变大了；如果CDS利差变小，对买方来讲就是损失，对卖方来讲就是利得，因为其市场价格变小了。一般，通过计算CDS的盯市价格可以计算出相应的损失或者利得，计算方法为CDS的名义金额乘以该CDS的现在的信用利差与购买或者卖出时的信用利差的差，再乘以风险调整后的息期。这里的息期与债券的久期概念相同。

**【案例5－8——CDS的损益】**

假设某个5年期CDS合约的参考实体的信用利差为200BP，一年后该参考实体的信用利差变为100BP。对于买方来讲，该CDS将带来损失，而对于卖方来讲，该CDS则带来收益。假设该CDS的名义金额为1 000万元，风险调整后的息期为3.5，那么该CDS的损益是：

$$10\ 000\ 000 \times (0.02-0.01) \times 3.5 = 350\ 000\text{（元）}$$

在实际的交易情况下，CDS买方的损失不一定等于卖方的收益，这可能是买卖双方的定价模型不同造成的，比如折现曲线的微小差异、信用利差报价的微小差别、双方定价模型的不同等。

### （三）交割与对冲方式

当投资者持有 CDS 合约时，除了等待 CDS 合约自然到期外，还可以通过交割或者对冲的方式结束 CDS 合约。前者是针对参照实体违约事件发生时的平仓方式，后者是投资者在没有发生违约事件且合约尚未到期时投资者可以选择的平仓方式。

当参考实体违约时，CDS 卖方需要赔偿买方损失，这被称为 CDS 的交割，交割日是合约的终止日，也是买方付费的终止日。通常，该交割方式与期货的交割方式类似，主要有两种：实物交割和现金交割。其中，实物交割表示在赔偿时买方必须向卖方提供与 CDS 名义值相等、债权地位相同的债券，卖方则向买方支付相应名义金额的现金，这时买方提供债券的市场价值就是卖方的回收值。现金交割是买卖双方根据 CDS 协议书中双方事先同意的程序或者 ISDA 规定的程序确定参考债务的市场价值，从而最终决定 CDS 的回收值。依据 CDS 的回收值可以得出买方得到的赔付金的大小（等于名义金额减去回收值），并最终结束 CDS 合约。近年来，现金交割越来越占据主导地位。

对冲方式是指当买卖某一方获得账面盈利或者亏损时了结仓位的方式，如股票或者期货市场中，当买入股票获得盈利时可以卖出平仓。在 CDS 市场中，通常可以采用签订反向合约、解除现有合约、转移合约等三种方式平仓。签订反向合约是指 CDS 买方可以在其 CDS 合约之外再作为卖方出售新的以同样债务为参考债务的 CDS 合约。解除现有合约是指买卖双方解除了之前签订的 CDS 合约，这时买卖双方需了结相应的盈利或者亏损。转移合约表示合约一方可以将 CDS 合约转让给第三方，第三方将继续承担转让方的角色。为此，第三方必须要与转让方了结相应的盈利或者亏损。

### （四）违约事件

CDS 的卖方需要在参考实体发生违约时向买方赔付，如何确定违约事件的发生在整个 CDS 合约中起到的作用呢？ISDA 对违约事件有明确的规定。标准 CDS 的违约事件通常包括前述信用事件中的破产、支付违约和重组。其中，重组事件是不同 CDS 的主要区别。依据 ISDA 对重组的划分，重组包括重组（Old Restructuring，Old R）、修订重组（Modified Restructuring，Mod R）和再修订重组（Modified Modified Restructuring，Mod Mod R）。其中，重组主要应用在日本和其他新兴国家的 CDS 合约中；修订重组主要应用在 2009 年 4 月之前北美的 CDS 合约中，之后的 CDS 合约不包括重组事件；再修订重组主要应用于欧洲市场。

### （五）清算体系

在次贷危机发生以前，当买卖双方要结束 CDS 合约头寸时，清算主要是通过买卖双方采用柜台式的自行清算方式解决。但是，由于交易对手方风险的存在，可能使买方或者卖方出现损失或无法获取盈利的情况。交易对手方风险是指因交易对手方违约而产生的风险。例如，当签订 CDS 合约的信用利差为 200BP，一年后信用利差变小到 150BP，对卖方来讲是获利的，但是如果买方违约，不再每年向卖方支付 200BP，那么卖方只能以较小的 150BP 的价格继续卖给其他投资者。这对卖方来讲，就是因为买方的交易对手方风险产生了每年 50BP 的损失。再如，对买方来说，如果参考实体发生违约，买方本应收到卖方对买方本金损失的补偿，如果卖方违约，那么买方就无法收到相应的赔偿，这对买方来讲也是损失。

通常，买方的交易对手方风险要比卖方大，这是因为即使买方违约，卖方最大的风险仅为无法收到的剩余费用。但是．当卖方违约时，买方可能无法收到大额的索赔。这说明 CDS 合约中买卖双方的对手方风险并不对称，买方面临的交易对手方风险通常是交易对手方风险的核心。为了对冲交易对手方风险，在实际中，买方一般要求评级在 AAA 以下的卖方出具具有流动性的抵押品，并签订抵押支持附属协议（Collateral Support Annex，CSA），确保一旦卖方违约或者破产，买方可以通过抵押品来抵销部分因卖方违约造成的损失。但是，这么做也在一定程度上增加了卖方的风险，因为抵押品增加了卖方的流动性风险。在信用利差增大时，买方会要求卖方提高其抵押品或者保证金的数量，从而使卖方面临的流动性风险更大。2008 年美国的 AIG 公司就是因为这个原因出现资本匮乏，从而不得不向美国政府寻求巨额资本注入才避免破产的。交易对手方风险也在这个时期达到了顶峰。

为此，ISDA 在 2009 年对 CDS 市场进行了一些改革，即通过建立清算中心，将双边交易改为实行清算中心式的交易，改变前后的交易模式见图 5－8。改革要求在清算中心成员之间的 CDS 交易必须通过清算中心进行，而清算中心作为 CDS 合约的中央对手方（Central Counterparty，CCP），有担保交易执行的责任，直接承担了交易对手方风险，避免了双边交易中投资者承担的交易对手方风险。目前，主要的清算中心包括洲际信用清算所（ICE Credit Clear）、洲际欧洲清算所（ICE Clear Europe）、芝加

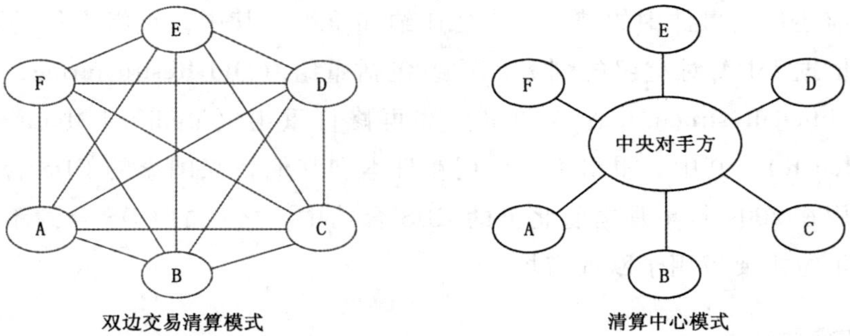


图 5－8　清算模式对比

哥商业交易所集团清算所（CME Clearing）、欧洲期货交易所信用清算所（Eurex Credit Clear）和伦敦清算所（LCH. Clearnet）等，约有85%的CDS和90%的利率互换通过清算中心进行交易。

### （六）回收率与回收率拍卖

当CDS参考实体没有违约时，市场会假定一般债券的回收率为40%。然而，在实际违约后，参与现金交割的卖方需要支付买方名义金额减去回收值的现金，这时的回收率并不等于40%，需要通过拍卖等程序确定相应债券的价值，即确定回收率。这也是CDS合约可以完成的关键一步。

在CDS采用现金交割的初期，由于违约后的交割在各个交易对手方之间进行，这导致同一参考实体的不同CDS合约有不同的回收率。为了避免这种情况的发生，ISDA采用了新的交割程序，通过拍卖决定统一的回收率，以保持和提高CDS的可交易性。

CDS的拍卖主要分为两步完成。首先，参与竞标的证券公司需要向竞标主持方提交相应的竞标价格。竞标主持方通过这些信息计算出中间值，这被看作是初始回收率，同时，将通过参与实物交割的CDS买卖双方没有相互抵销的部分作为开放权益。例如，在所有的买卖双方中，其中一个买方要求参与实物交割10 000 000元的CDS名义金额，其余买卖双方都要求现金交割，这就产生了10 000 000元的买方开放权益。其次，在竞标主持方公布初始回收率两小时内，参与人需要提交有限订单，然后通过荷兰式竞标，最后一个满足开放权益的有效订单将决定最终的回收率。这个回收率便作为本次竞标中提交的各现金交割共同的回收率。例如，2008年10月10日，也就是雷曼兄弟破产的第28天，ISDA通过拍卖得到雷曼债券的回收率仅为8.625%，而在同年10月6日拍卖的房利美和房地美的债券回收率达到了90%以上。

## 十三、什么是一篮子信用违约互换？

当信用违约互换的参考实体为单一公司时，就是我们常见的单一名称CDS；当其参考实体为多个公司或者一篮子公司时，就是一篮子信用违约互换。通常，参考实体的数量从5个到200个不等。

一篮子CDS与单一名称CDS类似，不同之处在于赔付触发条件，或者叫作保护触发的条件不同。单一名称CDS要求在参考实体违约时赔付，而一篮子CDS的保护触发取决于一篮子参考实体的第n个违约事件，即只有到特定数量的参考实体发生违约，卖方才会赔付。

例如，当参考实体有100个时，买卖双方约定只要有一个实体违约，卖方就必须赔付，这时 n = 1，叫作第一违约 CDS（First – to – Default CDS）；当约定两个实体违约才触发赔付，这时 n = 2，叫作第二违约 CDS（Second – to – Default CDS）；当约定 n 个实体违约为赔付触发条件，叫作第 n 违约 CDS（Nth – to – Default CDS）。其中，第一违约 CDS 在实际中应用较为广泛。

比如，当一个投资者同时购买了 10 个不同公司的债券，为了对冲信用风险，他可以选择分别购买这 10 个不同公司债券的 CDS 合约，也可以购买 1 个以这 10 种债券为参考债券的第一违约 CDS。虽然，这两种方式提供的对冲效果不太相同，但是后者可以在保证对冲效果的情况下支出较低的实际成本。

例如，投资者拥有 5 个债券组成的投资组合，其平均利差为 28BP，而第一违约 CDS 所需的利差可能仅为 120BP，这小于同时购买 5 个单独的 CDS 所需要的成本：28 × 5 = 140BP。其中的原因与一篮子 CDS 的定价相关。一篮子 CDS 的定价与单一名称 CDS 不同的是违约相关性在定价中起到了重要作用，即随着一篮子 CDS 违约相关性的增加，整个资产组合同时违约和同时不违约的概率都得到提高，也就是说，同时发生 n 个违约的概率发生了变化。这点从图 5 – 3 和案例 5 – 5 中也可以看出。

除此之外，一篮子 CDS 有一个重要的用途——组成 CDS 指数。在 CDS 指数的发展过程中，以公司为参考实体的 CDS 指数被率先推出，反映了组成该指数公司的整体信用风险的大小及其随时间变化的特征。

目前，市场上最重要的 CDS 指数包括美洲的 CDX 指数和欧洲的 i – Traxx 指数。其中，北美市场的 CDX 指数共有三类指数：投资级、非投资级、介于两者之间的混合指数。此外，还有一些新兴市场指数。i – Traxx 指数主要有投资级和非投资级两类指数，也包含一些行业的指数。

CDS 指数与股票指数的意义类似，但是与其不同的是这些指数都是有期限的指数。以 CDX 为例，每 6 个月就会有新的 CDX 系列指数被推出，每个新的系列都会有自己的资产组合，纳入组合的一般都是流动性较高的参考实体。一旦资产组合中某一个参考实体发生违约，该实体便被剔除出资产组合。新的 CDX 指数一旦被推出，它便成为所谓的新发（On the Run）系列，之前的系列被称为原（Off the Run）系列。因此，原系列可能不止一个。例如，2009 年 3 月 CDX 推出 12 系列后，12 系列就成为新发系列，这与国债的发行和惯例的叫法类似。新的系列推出后，投资者可以继续保留原系列直至到期，也可以从原系列中转移到新发系列中。2012 年 JP 摩根的交易员“伦敦鲸” Bruno Iksil 就因为看错了市场方向而大量卖空了北美 CDX 投资级 9 系列的 10 年期 CDS 指数，使 JP 摩根在 2012 年 5 月亏损了 20 亿美元，7 月 13 日亏损又增至 58 亿美元。

CDS 指数的交易与 CDS 的交易一样，也有特定的期限，买方也需要定期支付费用（息票），并结清应计利息。计息惯例和计息时间与 CDS 的相同，实际的付费也分为固定费用加一次性即期费用。

## 十四、常见的信用违约互换交易策略有哪些？

CDS是衍生品，因此一般衍生品所具有的投资策略CDS也具备，又因为CDS本身跟债券的性质有着极大的相似性，都反映了公司的信用风险，所以债券的一些投资策略也可以应用到CDS的交易中。总体看，CDS的交易策略主要包括投机、套利、基于利差曲线的交易策略中的等面值交易策略、等息期交易策略、自融资策略、套期保值策略等。

### （一）投机

CDS的投机性交易与股票、债券、期货等很相似。当投资者看多公司信用，认为信用利差会缩小时，投资者可以选择卖出CDS合约。如果信用利差真的缩小了，投资者可以选择买入一个剩余期限相同的CDS合约进行对冲，从而获取盈利；如果信用利差变大了，投资者则受到损失。反之，如果投资者看空公司信用，认为信用利差会扩大，可以选择买入CDS合约。如果信用利差真的扩大了，投资者可以选择卖出一个剩余期限相同的CDS合约进行对冲，从而获取盈利；如果信用利差变小了，投资者也会受到损失。案例5-8就是关于投机的一个例子。

### （二）套利

由于CDS与债券同时反映了同一个参考实体的信用风险，两者之间有天然的等价关系，否则就会出现套利的机会。一般来说，如果CDS的利差与平价债券等价的违约互换（平价违约互换）的利差不同，这时就产生了套利机会。一般我们把CDS利差与平价违约互换利差的差称为基差，并依据基差的正负分为负基差套利和正基差套利。

当市场上出现负基差时，市场上的CDS的利差比较低，债券的利差较高。这时，投资者就应该在购买债券的同时在市场上买入CDS。随着两者的利差变得相同，投资者就可以从中获取利润，并对冲了参考实体的信用风险。换句话说，即使债券的违约风险上升，但是由于购买了CDS，违约的风险就被对冲了。一般，当基差大于20BP时就有利可图了。

当市场上出现正基差时，说明CDS的信用利差较高，而债券的利差较低。这时，投资者可以采用卖空债券的同时卖空同一经济实体的CDS。这样，在参考实体没有违约的情况下，CDS的收益超过了债券每年在利息上的损失，从而获利；而在参考实体发生信用违约的时候，卖空债券取得的正收益正好可以补偿出售CDS的损失，也对冲了风险。表 5 - 7 给出了相应的基差投资策略。

表 5 - 7　　基差投资策略

| 基差状态 | 状态说明 | 交易策略 |
|---|---|---|
| 正基差 | CDS 票息大于与平价债券等价的违约互换票息 | 卖空债券的同时卖空 CDS |
| 负基差 | CDS 票息小于与平价债券等价的违约互换票息 | 买入债券的同时买入 CDS |

除了债券与 CDS 的套利外，市场中也有资本结构套利（Capital Structure Arbitrage）策略。具体来说，就是把 CDS 和股票或者股票期权相结合的策略。通常情况下，如果公司财务出现困难，公司债券和股票的价格都会下降，但是它们下降的幅度会有差别，这是因为债券和股票在公司资产结构中的优先程度不同。当较小负面消息出现时，股票价格因为处于第一亏损的位置，通常会比债券价格下滑得更多；当负面消息持续增加时，股票价格由于反映了市场对公司未来的期望，股票继续下跌的幅度要小于债券。这种关系的存在促成了资本结构套利策略的实施。

### （三）基于信用曲线的交易策略

信用曲线与债券的利率期限结构曲线类似，是由到期时间不同的 CDS 的票息所组成的曲线，反映了整个市场对某个债券的不同时期信用的预测。它也和利率曲线类似。信用曲线一般分为上升的信用曲线、下降的信用曲线和水平的信用曲线。

基于信用曲线的交易策略就是在对市场未来走势有明确看法的基础上，利用长短期的 CDS 合约构建对冲组合的策略。由于需要对信用曲线的未来变化做出判断，比如投资者可能会认为信用曲线会变得更加陡峭，如果市场没有出现预期的变化，投资者需要自行承担风险。通常，当认为信用曲线变得更加陡峭时，投资者可以买入较长期的 CDS，同时卖出较短期的 CDS。这时，即使短期 CDS 的利差上升，但由于长期的变动幅度较大（信用曲线才能变得陡峭），长期 CDS 的盈利也会超过短期 CDS 的损失，于是投资者就会获利；相反，当投资者认为信用曲线变得更加平缓时，投资者可以买入短期 CDS 而卖出长期 CDS，这时，即使长期 CDS 利差上升，但由于短期变动幅度更大（信用曲线变得平缓），短期 CDS 的盈利也会超过长期 CDS 的损失，投资者也会获利。表 5 - 8 给出了基于信用曲线的交易策略。

表 5 - 8　　基于信用曲线的交易策略

| 信用曲线 | 状态说明 | 交易策略 |
|---|---|---|
| 陡峭 | 长期 CDS 利差与短期 CDS 利差的差值变大 | 买入长期 CDS 卖出短期 CDS |
| 平缓 | 长期 CDS 利差与短期 CDS 利差的差值变小 | 买入短期 CDS 卖出长期 CDS |

需要说明的是，这个策略在制定时需要考虑四方面的问题：来自时间的影响、对票息的敏感度、违约风险和盈亏平衡点的计算。决定买入还是卖出长期 CDS 或者是短期 CDS，以多少的名义金额买入或者卖出 CDS，这都会对策略的实施效果有影响。

**【案例 5－9——基于信用曲线的交易策略】**

假设某公司的 3 年期和 10 年期 CDS 的信用利差分别为 30BP 和 50BP。投资者认为 1 年后信用曲线会变得陡峭，于是他卖出了名义金额为 1 000 万元的 3 年期 CDS，同时买入了名义金额为 1 000 万元的 10 年期 CDS，并持有 1 年。这时，投资者因卖出保护而获得收入 10 000 000 × 0.003 = 30 000 元，同时因买入保护而支出 10 000 000 × 0.005 = 50 000 元。这时投资者的现金流就为 30 000 － 50 000 = － 20 000 元。如果 1 年后，9 年期 CDS 从 50BP 变成 60BP，而 2 年期 CDS 价差不变，息期为 1.5，那么投资者从组合中盈利 10 000 000 × （0.006 － 0.005） × 1.5 = 15 000 元。但是，由于投资者初始现金流为 － 20 000 元，他不仅没有从本应赚钱的策略中赚钱，反而亏损了 5 000 元。同样的道理，如果 1 年后 9 年期 CDS 价差变为 70BP，2 年期 CDS 价格不变，那么投资者没有盈利也没有亏损。

这个例子说明，在依据信用曲线制定交易策略时，需要考虑两方面问题：买卖方向及相应的名义金额。对于这个问题，我们可以依靠等面值策略、等息期策略和自融资策略分别进行考虑。案例 5－9 实质上就是等面值策略。

## 十五、什么是总收益互换？

总收益互换（Total Return Swap，TRS）是指交易的一方在合约期间将参照基础资产的总收益转移给交易的另一方。总收益可以包括本金、利息、预付费用以及因资产价格的有利变化带来的资本利得。作为交换，获得总收益的一方须承诺向对方支付购买该资产的资金成本，通常是 Libor 加一个差额，并支付因资产价格不利变化带来的资本亏损。总收益互换结构见图 5－9。

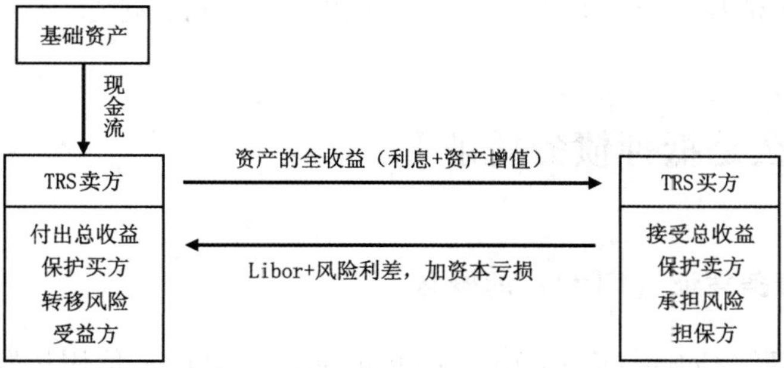


图 5－9　总收益互换结构

TRS 的卖方通过将基础资产的全部收益支付给 TRS 的买方，并将资产的风险转移给买方，而 TRS 的买方在获得了资产全部收益的同时也承担了资产的信用风险和市场风险。这意味着 TRS 的卖方也是信用保护的买方，TRS 的买方则为信用保护的卖方，因此，也称 TRS 的卖方为受益方，TRS 的买方则为担保方。通常，TRS 的卖方为大型银行，而买方基本为对冲基金。TRS 的参考资产可以是任何一种资产，也可以是资产组合。

为什么 TRS 买方会选择 TRS 合约来获得这些资产的收益，而不是通过直接买卖这类资产呢？TRS 买方之所以这么做，可能是出于以下原因：（1）TRS 的买方可能没有足够的资金直接购买资产；（2）TRS 买方的直接借贷成本比较高；（3）TRS 买方出于监管的原因，无法直接投资这种资产。通过 TRS，买方可以在资金有限的情况下，获取投资这些资产的直接收益。

同样，TRS 也可以给卖方带来好处。对卖方来说，TRS 不仅可以作为风险管理的有效工具，还可以通过 TRS 将资产的全部收益或者损失转移给买方，但该资产还在卖方的资产负债表中，继续保持着与有关客户的业务往来。这点与 CDS 类似，卖方可以使用 TRS 来规避对资本金的监管。

**【案例 5－10——总收益互换举例】**

一家银行以利率 10% 贷款给某企业 10 亿元，期限为 5 年。银行认为该企业信用风险可能会加大，这时银行需承担贷款市场价值下降的风险。银行为转移这类风险而与某对冲基金签订了总收益互换合约。按该合约规定（以一年为支付期），银行向对冲基金支付以固定利率为基础的收益，等于固定利率加上贷款市场价值的变化，同时，对冲基金向银行支付浮动利率的现金流。假设在支付期内贷款市场价值下降 6%，那么银行向交易对方支付的现金流的利率为 10% －6% =4%，即为 0.4 亿元；如果总收益互换到期时浮动利率为 12%，银行的收益为 12%，获得 1.2 亿元，减去支出获得 0.8 亿元。经过总收益互换，银行可以冲销在信贷市场上的损失。若不进行总收益互换，则银行亏损 0.6 亿元；总收益互换买方由于承担了该贷款价值下降的风险，损失了 0.8 亿元。当然，尽管经过总收益互换，银行仍面临利率风险，如果浮动利率大幅下降到 2%，那么银行将亏损 0.2 亿元，对冲基金盈利 0.2 亿元。

## 十六、什么是抵押债务凭证？

### （一）抵押债务凭证（CDO）的概念

抵押债务凭证（Collateralized Debt Obligation，CDO）是信用风险发展的一个显著标志，它是一种以金融资产组合为依托的金融工具。通常，CDO 是由特殊目的公司

（SPV）发行的，它们通过向投资者发行债券或者股本获得原始资金，并用获得的资金购买一定的资产，然后通过资产的利息和本金收入向不同投资者付息或者分红，并偿还本金。因此，如果把 CDO 看作是经济实体，那么它的资产就是由购买的资产组成的资产组合，其负债就是 CDO 发行人发行的，被分割为若干风险板块的债券和股本。这里，处在资产方的资产组合通常被称为基础资产（Underlying Assets），有时也被称为抵押资产；处在负债方的负债通常被分为不同风险特征的条块（Tranche），通常包括承担较低风险的债权档和承担较高风险的股权档。总体看，CDO 把处在资产方的风险收益特征按照一定的规则加以分割、整合并转移到 CDO 的负债方。图 5－10 给出了现金型 CDO 的结构和运作流程。

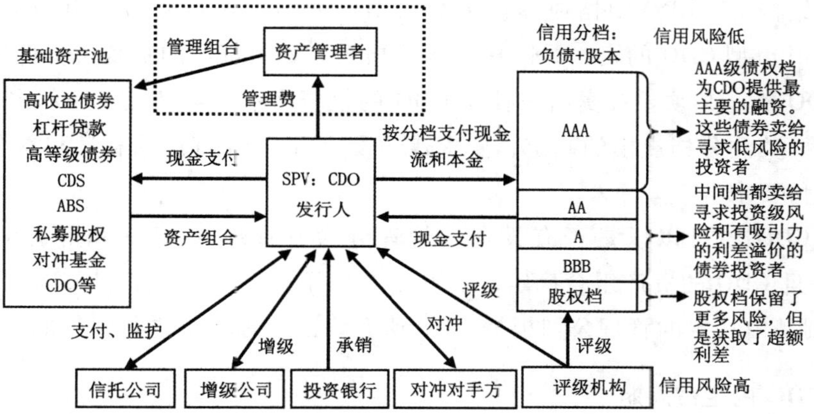


图 5－10　现金型 CDO 的结构和运作流程

### （二）CDO 的分类

现金型 CDO 是 CDO 最早的形式，20 世纪 90 年代开始大量发行，它经历了 20 年的发展已经成为一种成熟产品。随着进一步发展，现金型 CDO 逐渐发展到合成型 CDO。这两类 CDO 的结构有相似，也有不同。这里首先以现金型 CDO 为基础，说明 CDO 的结构和运行机制，然后再介绍合成型 CDO 的结构。

现金型 CDO 从发行目的上看，是为了融资而发行的；从结构上看，更像是一类资产支持证券，而不是信用衍生品，属于结构性金融产品。现金型 CDO 与资产证券化产品类似，利用资产证券化的风险分割技术，将资产池中的资产按照风险和收益特征分类后，对债券的风险进行分割和划分，发行不同风险和收益的票据。

通常，CDO 包括四个要素：基础资产、发行目的、信用结构和分档结构。前三个要素也是划分 CDO 类型的主要依据。

从基础资产看，为了构造现金流 CDO，发行人需要购买资产，购买的资产包括商业贷款、公司债券、对冲基金、ABS、RMBS、CDO 本身等。通过购买这些资产，相当于 SPV 持有了这些资产。依据资产的不同，CDO 也分为担保贷款凭证（Collateralized Loan Obligation，CLO）、担保债券凭证（Collateralized Bond Obligation，CBO）、担保基金凭证（Collateralized Fund Obligation，CFO）、资产支持证券的担保债务凭证（CDO of ABS）、住房抵押支持贷款的担保债务凭证（CDO of RMBS）、CDO 平方等。

从发行目的看，CDO 根据证券化的交易动机和资产来源可以分为资产负债表 CDO 和套利型 CDO。资产负债表 CDO 通常由可证券化资产的持有人发起，例如商业银行，它希望卖出资产或者转移风险，是为资产负债表“瘦身”，为减少监管资本而发行的。套利型 CDO 则相反，它由资产管理人或者股权档投资者发起，是为了赚取资产收益和利息支付的差价。

从信用结构看，CDO 根据债券档免受信用损失的方式划分为盯市型 CDO 和现金流型 CDO。盯市型 CDO 的资产是盯住市场价格的。如果资产的折现价值低于债券档的面值时，CDO 资产必须要被卖出来补偿 CDO 的投资者；现金流型 CDO 不需要进行盯市测验，主要关注分档规模的确定，要求违约发生后 CDO 资产的利息和本金能够覆盖债权档的支付要求。

此外，CDO 还可以以是否有投资人管理分为有管理的 CDO 和静态 CDO。静态 CDO 就是一旦 CDO 的资产组合确定，资产组合将不再变动，一直到 CDO 到期；有管理的 CDO 则是由特定的管理公司根据 CDO 所允许的管理条例进行资产的管理。

### （三）CDO 的生命周期

在整个 CDO 的周期中，通常分为三个阶段：募集期（Ramp Up Phase）、再投资期（Reinvestment Phase）和偿还期（Amortization Phase）。在募集期内，CDO 的管理人员使用发行 CDO 债券和股权的资金买入初始资产，通常 CDO 的管理条例中会设定初始组合的参数，但是并没有具体的组合要求；在再投资期内，CDO 管理人员不断地改变组合头寸，并将组合的现金流进行再投资；在偿还期内，管理人员将资产组合停止交易，并对债权档进行分期偿还。通常，在 CDO 发行 3 到 5 年的时间内会进入偿还期。

### （四）CDO 市场的投资者

除了发行人和投资者外，活跃在 CDO 市场的投资者还包括资产管理公司、评级公司、投资银行、增级公司、信托公司和对冲对手方等。

资产管理公司的主要功能是在有管理的 CDO 中负责基础资产的管理。它们通常对基础资产按照制定的规则进行管理，买入或者卖出基础资产，以满足 CDO 的各项风险测定指标。资产管理公司必须协调 CDO 不同风险板块持有人的利益，而这些利益是相互冲突的。

评级公司的主要功能是对信用衍生品的法律与信用结构加以审查，并对资产管理公司和受托人进行考察，为 CDO 产品进行评级。

投资银行的主要功能是与发行人、资产管理公司、评级公司进行协调，为信用衍生品制定结构、确定评级、起草法律文件、完成定价，同时还承担了承销 CDO 的工作。

增级公司的主要功能是为金融工具的信用提供担保。通常，增级公司都有很高的信用评级，其担保金融工具的评级也会上升，为此，增级公司会收到一部分担保费用。在美国，通常由保险公司承担这类角色，例如 AIG 等。

信托公司的主要功能有两个：一方面，作为投资者的受托人，为投资者提供 CDO 基础资产的定期报表，确保其投资收益；另一方面，作为 CDO 的受托人，执行 CDO 法律文件中的各项条款，向投资人分配其应得的现金收入。

对冲对手方主要是与 CDO 进行利率互换、货币互换、流动性互换等交易，是 CDO 规避非信用相关的风险承担者。通常，对冲对手方主要是一些投资银行或者商业银行。

### （五）CDO 的分档结构与运作机制

CDO 的分档结构就是依据投资者的需求和对风险的偏好，将 CDO 的负债分为不同评级的债权档和股权档，如图 5 – 10 中的 AAA 级、AA 级、A 级、BBB 级和股权档等。

可以这么理解分档结构。如果把 CDO 看成一个长方形，它的每个分档便是这个长方形中的一部分。每一个分档的大小取决于该分档的起点和终点，起点和终点是以 CDO 资产额的百分比来表达的。例如，股本块都处在 CDO 资本结构的最底层，因此，其起点是 0，终点依据股本块占的比例确定；BBB 块的起点也就是股本块的终点，BBB 块的终点也就是股本块所占比例与 BBB 块所占比例的和，依次类推。从档位的融资程度看，AAA 级债券承担了 CDO 绝大多数的融资，通常占 70% 以上，这部分债券的收益率最低，风险也最低；相反，股权档在 CDO 中比例较低，但其风险最大，收益率也最高。

档位和风险的关系产生的原因与 CDO 的运作机制有很大联系。按照 CDO 的规则，如果资产发生违约或者损失，那么由于负债方有不同的分档，其承担损失的先后顺序如何确定呢？就损失而言，股本块首先承担损失，当股本块全部损失后，由 BBB 级债券的本金承担损失；当 BBB 级全部损失后，由 A 级债券的本金承担，依次类推，最后才由 AAA 级分块承担。如果资产盈利，负债方也应得到相应的报酬，那么报酬的分配如何在分档中排序呢？通常，盈利首先支付给最优级——AAA 级档，然后，如果有剩余就支付给 AA 级档，依次类推，最后支付给股本档。从这点看，AAA 级因最先得到收益同时最后承担损失，其本金损失的风险也最小，因而叫优先档；股本块正好相反，最先承担损失同时最后得到收益，承担的风险最大，因而叫后偿档。如果资产一旦盈利，并在分配给债券部分后仍有剩余，剩余全部归股本块所有。所以，股本块风险高，收益也高。

由此可见，CDO 资产的表现会影响资产现金流的流向和负债方现金流的获得。为了确保优先档得到必要的保护，同时股权档也可以得到必要的顾及，通常会对 CDO 资产和利息计算相关的覆盖指标（Coverage Rate）。覆盖指标通常有两类：利率覆盖检验（IC Test）和抵押覆盖检验（OC Test）。其中，IC 检验被用来检验 CDO 是否有足够的利息来支付一定分块的利息。CDO 的每个级别都有相应的 IC 检验，IC 检验一旦失败，利息现金流就将改为用于减少该级别和比该级别更优先级别的本金，一直到 IC 检验重新得到满足。OC 检验被用来检验 CDO 是否有足够的资产来偿还负债。CDO 每个级别也都有相应的 OC 检验。

CDO 分档后，不同档位风险的估计必须要考虑资产的违约相关性。相关性对 CDO 中不同的分档会产生相反的影响，优先档从基础资产信用风险的低相关性中获益；而股权档则会在高相关性中获益。可以这么想这个问题：只有在很多资产发生损失的情况下，CDO 的优先档才会损失，相关性越低，同时损失的可能性就越低，CDO 优先档也就越安全，因而优先档从低相关性中获益；当个别资产发生损失，CDO 的股权档就发生了损失，相关性越高，同时不损失的概率也越高，CDO 的股权档也相对越安全，因而股权档从高相关性中获益。

因为低相关性通常意味着资产组合比较分散，而高相关性意味着资产组合分散度不够，所以股权档更加倾向于资产组合较为集中的情况，优先档更加倾向于资产组合更为分散的情况。这也是资产管理公司要协调不同风险板块持有人的利益的原因。

## 十七、什么是合成型抵押债务凭证?

合成型 CDO 与现金型 CDO 在发起方式、分块方式、市场投资结构等方面都很类似，主要的差别在于资产的形成方式上。现金型 CDO 需要 SPV 去购买资产，组建资产池；而合成型 CDO 并不需要购买相应的资产，其资产通常是通过 CDS 合约、卖出保险而合成的，并不需要实际的资产池。因此，可以说合成型 CDO 是资产证券化和 CDS 的结合，其参考实体是某个资产组合，或者说合成型 CDO 是以资产组合为参考实体的一篮子 CDS 的特例。与一篮子 CDS 不同的是，CDO 将资产组合通过分块的方式实现了重组，而一篮子 CDS 只是若干资产的简单组合，合成型 CDO 结构图见图 5-11。

理论上，合成型 CDO 的参考资产组合可以是任何一种金融资产，如公司债券、公司信贷、市政债券、现金型 CDO、ABS、RMBS 等，也可以是上述多种资产的组合。

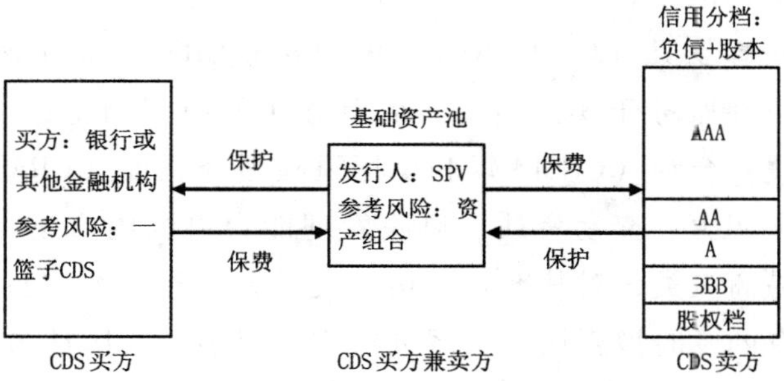


图 5－11 合成型 CDO 的基本结构

其中，公司债券为参考风险的占了合成型 CDO 的绝大部分市场份额。即使在次贷危机中，这类合成型 CDO 仍有一定的交易量，具有较强的生命力。

## 十八、国内信用衍生品市场发展如何？

目前，我国债券市场发展相当迅速，市场规模已跃居亚洲第二、世界第三。在债券总额不断增长的情况下，债券市场出现了新的问题，主要表现在：债券市场由单一的利率风险结构转变为利率风险与信用风险并存的混合风险结构，且随着市场参与主体种类和发行债券种类的增加，信用风险在债券市场中慢慢积累。但是，我国债券市场还比较缺乏规避信用风险的相关金融衍生品。这些问题导致我国债券市场的信用风险不断累积，终于，2012 年发生了多起信用风险事件：鞍山钢铁集团公司没有按照约定时间兑付发行额为 50 亿元的中期票据的本息；山东海龙股份有限公司、江西赛维 LDK 太阳能高科技有限公司和新疆中基事业股份有限公司三家企业因经营不力导致其财务状况恶化，其发行的短期融资券出现了兑付危机，且只有通过政府或者股东担保等非常规方式才能如期兑付。这些信用风险事件的发生引发了市场对债务违约或者债务主体违约的猜测和担忧，也引发了对一些债务的评级下调，我国债券市场信用风险在不断上升。

其实，在市场中，商业银行面临的信用风险最大。一方面，商业银行是参与债券市场交易的主体；另一方面，我国银行业主要依赖贷款增长和存贷利差。目前，我国商业银行主要采取信用等级分类、授信额度限制、增收保证金等方式静态地管理信用风险，缺乏管理信用风险的衍生工具，这无疑会影响银行业的长远健康发展。此外，随着对银行业监管的日益严格，银行也迫切需要释放适度的信贷资产和信用风险，以提高银行的资本利用效率，进而提升银行的竞争力。因此，为了缓解债券市场的信用风险，完善债券市场的信用风险分担机制，适应当前金融市场发展的客观需要，保证金融市场稳健发展，中国银行间市场交易商协会于 2010 年 10 月 29 日颁布了《银行间市场信用风险缓释工具试点业务指引》（以下简称《指引》）及相关配套文件，在我国市场推行信用风险缓释工具（Credit Risk Mitigation，CRM）试点业务。《指引》将信用风险缓释工具定位在服务于实际需要、简单务实的原则的基础上。目前，《指引》仅界定了信用风险缓释合约（CRMA）和信用风险缓释凭证（CRMW）两类简单基础性产品，并根据资本实力、交易资质、风险管理能力将国内市场参与者分为交易商、核心交易商、非交易商三类，对其准入资格、交易方向和内容进行分层管理，并对交易商交易情况等信息的及时披露做出一系列规定。目前，我国地方性商业银行均可在国内信用衍生品市场上与核心交易商或者一般交易商进行以风险对冲为目的的信用风险缓释工具交易。

**（一）信用风险缓释工具**

依据《指引》，信用风险缓释工具（CRM）指的是利用衍生金融产品转移、对冲和分离信用风险的技术。它主要包括信用风险缓释合约、信用风险缓释凭证及其他用于管理信用风险的、简单的基础性信用衍生品。与其他在银行间市场交易的金融衍生品相同，《指引》对 CRM 的定义符合我国银行间市场对信用衍生品的定义文件，即《中国银行间市场信用衍生品交易定义文件（2012 年版）》。

信用风险缓释合约（CRMA），是指交易双方达成的约定在未来一定期限内，信用保护买方按照约定的标准和方式向信用保护卖方支付信用保护费用，并由信用保护卖方就约定的标的债务向信用保护买方提供信用风险保护的金融合约。从结构上看，CRMA 类似于典型的 CDS 合约，由银行间市场交易商私下约定，属于私人合约，并不在二级市场交易。

信用风险缓释凭证（CRMW）是我国首创的信用衍生工具，是指针对参考实体的参考债务，由参考实体之外的第三方机构创立的凭证，目的是为凭证持有人提供针对参考债务的信用风险保护。因而，第三方创设机构相当于为 CRMW 提供了保证金等履约保障机制。与信用风险缓释合约相比，它属于更加标准化的信用衍生品，它可以在二级市场交易流通，是价格随参考实体信用风险的变化而变化的有价凭证。表 5 - 9 是兴业银行在 2010 年以攀钢集团债务创设的 CRMW 的基本条款和发行情况。

**表 5 - 9　　CRMW 的例子：10 兴业银行 CRMW001**

| 基本条款 | | | |
|---|---|---|---|
| 债券代码 | 21006001 | 债券简称 | 10 兴业银行 CRMW001 |
| 凭证全称 | 兴业银行股份有限公司 2010 年度第一期信用风险缓释凭证 | 信用事件 | 标的实体在标的债务项下发生支付违约，标的实体破产 |
| 创设机构 | 兴业银行股份有限公司 | 登记机构 | — |
| 标的债券 | 10 攀钢集 CP02 | 标的实体 | 攀钢集团 |

续表

| | | | |
|---|---|---|---|
| 基本条款 | | | |
| 凭证起始日 | 40543 | 凭证到期日 | 40829 |
| 剩余期限（天） | — | 期限（年） | 0.78 |
| 履约保障机制 | — | 结算方式 | 实物资产或现金 |
| 交易市场 | 银行间市场 | 上市日期 | 40547 |
| 发行情况 | | | |
| 创设机构 | 兴业银行股份有限公司 | 发行方式 | 簿记建档 |
| 发行对象 | 经中国银行间市场交易商协会备案的信用风险缓释工具核心交易商或信用风险缓释工具交易商 | 簿记建档日 | 40542 |
| 计划发行金额（万元） | 5 000 | 实际发行金额（万元） | 5 000 |
| 付费方式 | 前端一次性付费 | 创设价格（元） | 0.3 |
| 发行时标的债券余额（亿元） | 10 | CRM 创设规模/标的债券余额 | 正无穷大 |

资料来源：Wind 资讯。

CRMA 和 CRMW 的结构和交易相差较大。CRMA 是典型的场外金融衍生工具，在银行间市场的交易商之间签订，适合于现行的银行间金融衍生品市场的运行框架，它在交易和清算等方面与利率互换等场外金融衍生品相同。CRMW 与场外金融衍生品合约相差较大，更类似于场外市场发行的债券，实行“集中登记、集中托管、集中清算”，有利于增强市场的透明度，防范市场风险。通常，CRMW 由银行或者其他创设机构，如增信公司等创设登记，并需经过银行间交易商协会的金融衍生品专家召开专题会议决定是否接受创设登记，只有被金融衍生品专家接受创设登记才可以进入银行间市场交易流通。此外，值得注意的是，CRMW 可以由创设机构买入自身创设的 CRMW，并予以注销，例如“10 汇丰银行 CRM W001”就在没有到期时被汇丰银行购回并予以注销。当然，作为银行间市场金融衍生品合约，CRMA 和 CRMW 都需要双方交易商分别签订信用衍生品交易的标准文本：《中国银行间市场金融衍生品交易主协议（2009 年版）》（以下简称《2009 年主协议》）和《中国银行间市场金融衍生品交易主协议（凭证特别版）》（以下简称《凭证版主协议》）。

## 信用衍生品的定义文件和主协议

《中国银行间市场信用衍生品交易定义文件（2012 年版）》（简称《定义文件》）在 2009 年版针对信用衍生工具（第五章）的基础上对信用

衍生品定义了84个条目，涵盖了通用定义、参考实体、参考债务、信用事件、现金结算和实物结算六个方面的定义和交易确认书、信用事件通知模板、公开信息通知模板、拒绝或延期偿付展期通知模板和实物交割通知模板五个附件，明确了2009年版本存在的原则性定义，引入了大量新的可选定义，建立了现有的CRM工具和未来可能推出的信用衍生产品交易全流程的完整框架，避免了因定义不明确带来的法律风险。

《凭证版主协议》与《2009年主协议》相互独立，互不影响，是独立管辖CRMW的法律文件。在主协议结构上，《凭证版主协议》保留了未经补充协议修改的《2009年主协议》全部条款作为通用条款，并设立了针对CRMW的特别条款，还规定了特别条款的构成和效力的等级、适用范围、违约和终止事件的处理、提前终止交易的计算方式和签署方式等几个内容。其中，在定义和适用范围上，特别条款将凭证交易定义为创设机构通过凭证为凭证持有人就标的债务提供信用风险保护的金融合约，并规定了当同一凭证存在多个凭证持有人时适用特别条款。在提前终止交易计算方式上，将计算方法统一为适用替代交易法。在签署方式上，采用多边签署的方式。此外，为保障交易双方的合法权益，特别条款还引入了持有人会议机制。

我国信用缓释工具主要的特点有：（1）设计结构简单，属于最为基础的一类信用衍生品合约，但并不影响其规避信用风险功能的发挥。国际上，CDS等信用衍生工具对信用保护债务类型限制不多，出现了很多结构复杂的衍生品，有些甚至背离了信用衍生品管理风险的本质。我国CRM明确了保护的债务类型，每笔合约与具体债务对应，更加简洁明确。（2）对市场参与者进行了限制。《指引》明确依据参与者的资本和业务能力规定了市场准入，并进行分层管理，有助于有效防范市场风险。（3）市场透明度较高。市场透明度不足是次贷危机爆发的主要原因之一，我国CRM市场比较关注市场监管和市场透明度，《指引》和相关公告都要求市场交易商定期报告其衍生品头寸、凭证创设机构定期披露其财务状况等，并通过上海清算所进行集中托管、清算，确保市场透明度较高。（4）严格控制交易杠杆。《指引》引入了风险控制指标，并对交易商持有的单一债务CRM工具净买入/卖出余额与该标的债务总余额的比例、CRM净卖出总余额与其注册资本或净资本的比例、单一债务CRMW创设总规模进行控制，从而限制了杠杆比例，控制了风险。

### （二）我国CRM市场的发展状况

从信用缓释工具的发展看，我国信用缓释工具自从被推出以来发展比较平稳。在2010年11月，首批信用风险缓释合约上线之初，我国有27家CRM交易商，其中包括14家CRM核心交易商和23家信用风险缓释凭证创设机构完成备案。从交易量上看，2010年全年，11家交易商达成了23笔CRMA交易，名义本金合计19.9亿元人民币，3家机构创设的8只CRMW，名义本金合计6.9亿元。

从历史看，CRM 自 2010 年在银行间市场首次创设以来发展缓慢，2013 年至 2016 年年中，CRM 甚至处于停滞状态。2016 年 9 月 23 日，交易商协会发布修订后的《银行间市场信用风险缓释工具试点业务规则》，在原有的两类信用风险缓释工具基础上推出了信用违约互换合约和信用联结票据另类新的信用风险缓释工具，并一同发布了新版《信用风险缓释合约业务指引》、《信用风险缓释凭证业务指引》、《信用违约互换业务指引》（Credit Default Swap，CDS）、《信用联结票据业务指引》（Credit Linked Note，CLN）四份产品指引以及《中国场外信用衍生产品交易基本术语与适用规则（2016 年版）》。2016～2017 年，CRM 不断丰富和完善，但市场发行量依然偏少。

2017 年以来，随着我国宏观经济下行压力增大，去杠杆压力上升，部分民营企业融资出现困难，市场对信用风险缓释的需求较为迫切，这为 CRM 市场的发展提供了有利时机。2018 年 10 月，国务院常务会议召开，决定设立民营企业债券融资支持工具，以市场化方式帮助缓解企业融资难的状况。CRM 再次受到市场关注，尤其是 CRMW 的发行明显提速，成为市场热点。统计显示，自 2018 年 9 月 20 日市场成功发行 18 中债增 CRMW001（18 太钢 MTN001）后，全年共发行信用风险缓释凭证 51 只，合计金额 87.75 亿元；涉及债券 48 只，总规模 235.20 亿元，其中民营企业发行 44 只，发行规模 202.20 亿元，占比 85.97%。在一定程度上解决了部分民营企业融资困难的问题。

从 2010 年 CRM 在我国推出至 2019 年 8 月，银行间市场共达成合约类信用风险缓释工具（包括 CDS 和 CRMA）交易 156 笔，名义本金总计 77.76 亿元；共创设凭证类信用风险缓释工具（包括 CLN 和 CRMW）138 项，名义本金总计 174.18 亿元。

从我国信用衍生品市场看，CRM 的参与者数量较少，其中绝大多数为风险偏好较低的银行，而基金、保险公司等信用债持有大户较少参与 CRM 业务。具体来看，CRM 的核心交易商和一般交易商总计 134 家，约占交易商协会会员总数（6 743 家）的 2%。CRM 的交易商大多为银行、证券公司和增信机构。

从国际成熟信用衍生品市场发展看，信用衍生品发展的原动力是各商业银行的资本缓释需求。目前我国信用衍生品市场尚处于发展初期，交易需求尚未被完全激发，市场深度和广度尚待拓展，未来发展前景广阔。随着我国信用衍生品市场在法律法规、参与者类型、品种数量、定价能力等方面的不断提升，这类产品将会得到更广泛的应用，从而进一步提升金融市场效率，支持实体经济发展。①

① 部分内容摘自《我国信用风险缓释工具发展初探》，作者为中国建设银行金融市场交易中心。

# 第六章　场外商品衍生品

## 本章要点

本章我们主要介绍与中国经济发展息息相关的一些场外商品衍生品，包括铁矿石掉期、远期运价协议以及石油期权等，介绍其市场状况及在风险管理方面的运用。本章最后介绍了大商所商品互换业务和“保险+期货”业务相关内容。

## 一、什么是场外商品衍生品？

场外商品衍生品是指标的资产为大宗商品或者商品价格指数及相关指数的场外互换、远期以及期权。常见的标的有贵金属和基础金属、原油和其他石油产品、天然气、电力、海运费和天气指数等。随着近年欧美等国家对场外衍生品市场监管的加强，部分品种也逐步转为交易所场内交易品种，或者是场内、场外两种交易方式并存。

在场外商品衍生品交易中，以黄金为标的的场外衍生品交易量占比较大，主要包括黄金远期、黄金掉期和黄金期权交易，下文还将介绍黄金租赁业务。

## 二、常见的原油场外衍生品有哪些？

### （一）石油远期

远期交易在石油市场发展中发挥了重要的作用。远期和期货被视为竞争性工具，很多人认为期货将最终取代远期，就像在其他商品市场一样。但是，Brent、WTI 远期与期货同样成功，表明了远期在石油市场的重要性。远期对期货起补充作用，因为它有期货没有的相对优势。第一，远期能 24 小时交易，是标准期货交易所工作时间之外的交易工具。第二，使参与者一次能交易更大量的石油。第三，参与者能选择交易伙伴。第四，它的实货交割满足了一些公司实际或会计方面等原因的偏好。最近的一些创新，Brent 差额合约如 CFDs 和“纸货”塔皮斯（Tapis）以互换而不是传统的远期为基础。许多以前活跃的纸货远期市场被互换替代，如俄国汽油、英国利特布鲁克（Littlebrook）燃料油。即使这样，远期仍在北海、美国、远东发挥着重要作用。

### （二）石油期权

场外原油期权是指交易商基于原油的买卖选择权的交易，具体内容由买卖双方约定。2005 年 7 月 NYMEX 开始场外原油期权交易。目前 NYMEX 和 ICE 的场内和场外原油期权交易都很活跃。

### （三）石油互换

互换是 OTC 衍生品市场中比较新的形式，是唯一一种能灵活填补由于其他交易工具而导致的石油市场空白的产品，完美地适应了石油市场的复杂性。石油互换市场由石油生产商、石油购买者（投资者）和金融机构构成，金融机构通过对生产商、购买商进行撮合，提供头寸等方式，获取佣金或价差。石油互换在过去几年飞速发展。

石油互换为石油产品的价格风险提供了短期和长期的管理工具。短期互换已经从公司之间大额的私下交易发展到更标准化、更透明的交易工具，被广泛作为许多远期纸货合约的替代。然而，长期互换的协商要比用其他石油交易工具花费更长的时间，这些工具有时能以更低成本提供相同程度的风险保护。石油互换是管理石油基差风险的有效手段。

## 三、如何利用场外石油衍生品进行风险管理?

### (一) 互换的应用

1. 固定价 - 浮动价互换(Fixed - to - float Swaps)。石油生产商为了控制价格波动的风险,可以通过石油互换工具来将 WTI 石油价格锁定在一个固定价格上。作为石油互换的对手方,石油用户(航空公司等)也想通过互换在未来的同样一段时间内将其购买的石油价格锁定在一个固定价格上,双方同意以美元交换现金流。石油生产商作为石油互换的卖方收取石油互换合约的固定价格,支付浮动价格指数(WTI 价格指数),石油用户(航空公司等)则进行相反的交易;双方每个月按照 WTI 的现货价格进行现金流结算。

**【案例 6 - 1】**

2008 年 5 月,WTI 原油价格为 118 美元/桶,A 航空公司认为原油价格会有继续走高的趋势,为了降低未来购买原油的价格风险,与 B 投资银行签订了一份半年期的石油互换合同,按照合同,A 航空公司每个月将从 B 投资银行以每桶 125 美元的价格买入 100 000 桶原油。

支付过程:

在月底的第一个结算日,原油价格为 121 美元/桶,由于浮动价格低于合同中的固定价格 125 美元/桶,A 航空公司向 B 投资银行支付净差额:(125 - 121) × 100 000 = 400 000(美元)。

如果在月底的第一个结算日,原油价格为 130 美元/桶,由于浮动价格高于合同中的固定价格 125 美元/桶,B 投资银行向 A 航空公司支付净差额:(130 - 125) × 100 000 = 500 000(美元)。余下月份依次类推。也就是说,在每个结算日,A 航空公司与 B 银行按照现货行情走势与锁定的 125 美元/桶之间的差值结清头寸。B 投资银行支付给 A 航空公司差价,在数量上与 A 航空公司在现货市场上的亏损(成本增加额)会非常接近,实现了保值。航空公司最终可以按照相当于 125 美元/桶的原油价格,在现货市场买到原油。

由上述可见,固定价 - 浮动价互换使油品用户可以锁定未来时间的购买价格,当未来价格上涨时可以通过保值对冲价格风险,但当价格下跌时也同样面临机会成本。

2. 敲出式互换(Knock - out Swaps)。敲出式互换是指当合约规定的标的资产(例如 WTI 原油价格指数)达到一个合约约定的障碍水平时,该敲出式互换失效。

**【案例 6 - 2】**

逐月结算的 180CST 燃料油价格及 2011 年上半年敲出掉期报价如下:

敲出掉期水平：USD335/MT　　　　　敲出触发点：USD400/MT

A 航空公司和 B 投资银行进行了交易，到期时：

如果 180CST 燃料油现货月均价（设为 P）低于 USD335/MT，则 A 航空公司需要支付 335 - P 给 B 投资银行（P≤335）；

如果 180CST 燃料油现货月均价（设为 P）高于 USD335/MT 且低于 USD400/MT，B 投资银行需要支付 P - 335 给 A 航空公司（335 < P < 400）；

如果 180CST 燃料油现货月均价（设为 P）高于或等于 USD400/MT，策略失效，双方无须任何支付。

敲出式互换的优点是：无任何费用；当 180CST 燃料油价格处于 335 ~ 400 的区间时，可以将航空公司买入 180CST 燃料油价锁定在 USD335/MT。

敲出式互换的缺点是：当 180CST 燃料油现货月均价高于或等于 USD400/MT，策略自动失效，航空公司面临承担较高价格买现货的风险，并且没有保值收益；当 180CST 燃料油现货月均价低于 USD335/MT 时，航空公司需要承担价格下跌的风险，享受不到价格下跌带来的收益。

3. 延展性互换（Extendable Swaps）。其与固定价 - 浮动价互换相类似，但不同的是延展性互换赋予了投资银行延长互换合同的权利。

延展性互换的优点是：该互换的固定价可以低于传统互换。

**【案例 6 - 3】**

A 航空公司与 B 投资银行达成一项为期一年的延展性互换协议，相同互换期限和互换数量的固定价 - 浮动价互换协议的合约固定价为 125 美元/桶，而该延展性互换协议的固定价仅为 122 美元/桶。但是如果 B 投资银行选择延长合约期限，如将合同规定的合约期限延展一年，那么 A 航空公司将在未来一定时间内以同样的价格继续买入约定的协议数量。其实质相当于：A 航空公司为了使买入石油价格下降 3 美元/桶，而卖出了一个未来的看跌期权，B 投资银行有权在合约期限内选择是否执行该看跌期权。

延展性互换协议见表 6 - 1。

**表 6 - 1　　　　　　　　　　延展性互换协议**

| 名称 | WTI 原油期货延展性互换协议 |
|---|---|
| 合约期限 | 一年 |
| 固定价支付者 | B 投资银行 |
| 浮动价支付者 | A 航空公司 |
| 结算方式 | 现金结算 |
| 结算日期 | 每个定价期之后的 5 个工作日 |
| 定价期 | 2006 年 5 月至 2007 年 4 月的 12 个日历月 |
| 协定价差数量 | 10 万桶/月 |

续表

| 名称 | WTI 原油期货延展性互换协议 |
| --- | --- |
| 协定价 | NYMEX 的 WTI 官方结算价 |
| 浮动价格 | 定价期内，协定价的算术平均值 |
| 浮动支付金额 | 浮动价格 × 协定价差数量 |
| 固定价格 | 70 美元/bbl |
| 固定支付金额 | 固定价格 × 协定价差数量 |
| 延展期限 | 一年 |
| 参考文件 | B 投资银行标准铁矿石掉期协议 |

**（二）期权的应用**

1. 上限、下限期权（Caps，Floors）。

Caps：价格上限，是为未来油品消费建立的最高购买价，当价格上涨时提供完全保护，当价格下跌时损失有限，本质上相当于买入看涨期权。

Caps 适用情况：一般由石油消费的终端用户购买。

Caps 优点：类似于买入看涨期权，Caps 的买方可以设置自己买入石油的最高价，当石油价格上涨时，可以为石油买方提供价格保护。

Caps 缺点：买入 Caps 需要付出权利金，而平值或者实值期权的权利金价格通常很高。

Floors：价格下限，是为未来的油品销售建立的最低销售价，当价格下跌时可以得到完全保护，即便是价格上涨损失也有限，相当于买入看跌期权。

Floors 适用情况：一般由油品生产商购买。

Floors 优点：类似于买入看跌期权，Floors 的买方可以设置自己卖出石油的最低价，当石油价格下跌时，可以为石油卖方提供价格保护。

Floors 缺点：买入 Floors 需要付出权利金，而平值或者实值期权的权利金价格通常很高。

Caps 和 Floors 一般都基于特定时期内油价均值，用现金进行结算。

2. 双限期权（Collars，也被称为衣领期权）。在买入 Caps 的同时，卖出相同到期时间、相同名义价值的 Floors，被称为 Collars。

买入 Collars 可以很好地应对石油价格的上涨，其中，买入 Caps 可以应对石油价格上涨，而卖出 Floors 可以收到一笔权利金，降低买入 Caps 的成本。

买入 Collars 的缺点是：因为卖出了 Floors，所以当价格下跌时，需要承担价格下跌的风险，保守的套期保值者，会为了降低风险，卖出一个执行价比较低的看跌期权，支付部分期权费差额；有风险偏好的套期保值者，会相信自己对油价的预测，提高看跌期权的执行价，降低买入 Collars 的成本。

（1）零成本区间（Zero - cost Collars）。零成本区间是 Collars 的一种，通过选择

Caps 和 Floors 的价格，使得买入 Caps 和卖出 Floors 的权利金相等，这样 Collars 的买入方，无须付出任何费用。

Zero - cost Collars 可以很好地应对石油价格上涨的风险，但是需要承担石油价格下跌的风险。

（2）反转区间（Reverse Collars）。Reverse Collars 是和 Zero - cost Collars 相反的一种交易模式，在买入 Floors 的同时，选择权利金、到期时间、价值相同的 Caps 卖出。

Reverse Collars 的优缺点也刚好和 Zero - cost Collars 的相反，可以很好地应对价格下跌的风险，但是需要承担价格上涨的风险。

区间协议见表 6 - 2。

**表 6 - 2　　区间协议**

| 名称 | WTI 原油合约价格区间协议 |
|---|---|
| 合约期限 | 一年 |
| 天花板价支付者 | A 航空公司 |
| 地板价支付者 | A 航空公司 |
| 浮动价支付者 | B 投资银行 |
| 结算方式 | 现金结算 |
| 结算日期 | 最后交易日之后的 5 个工作日 |
| 定价期 | 月末结算的每个日历月 |
| 协定数量 | 10 万桶/月 |
| 协定价格计算依据 | NYMEX 的 WTI 原油官方结算价格 |
| 上限执行价 | 75 美元/bbl |
| 浮动价格 | 定价期内，协定价格的算术平均值 |
| 下限执行价 | 60 美元/bbl |
| 上限支付数额 | 浮动价超过上限执行价时，支付数额为：（浮动价 - 上限执行价）×协定数量 |
| 下限支付数额 | 浮动价低于下限执行价时，支付数额为：（下限执行价 - 浮动价）×协定数量 |
| 支付日期 | 结算日之后的 5 个工作日 |
| 参考文件 | B 投资银行标准铁矿石掉期协议 |

（3）三相衣领期权（Three Way Collars）。三相衣领期权，是在衣领期权的基础上，多卖出/买入一个期权，通常包括买入/卖出一个执行价高于上限的看涨期权、买入/卖出一个执行价低于下限的看跌期权。

**国际大航空公司为什么都喜欢用双限期权、三相衣领期权进行风险管理**

（1）相比其他商品期权，能源期权的价格显得更加昂贵，因为能源的波动率相对更大。

能源期权价格的昂贵，造成单独买一个期权来对冲价格风险的成本特别高，而类似双限期权、三相衣领期权能降低权利金的期权组合就特别受欢迎。

(2) 大多数情况下，大宗商品的价格都会呈现一定的周期性，类似双限期权、三相衣领期权这种结构性产品刚好符合套期保值参与者的需求，上下限之间刚好可以构成一个价格的波动区间，不同的套期保值者根据自己对于价格区间的判断，构建自己的双限期权的执行价格；在双限期权的基础上，为了获得更低的套期保值成本，在相信商品运行的周期性这一基础上，可能会选择卖出一个比上限更高的看涨期权，或者卖出一个比下限更低的看跌期权；又或者担心油价跌破下限，而在低于下限的价格上买入一个看跌期权。不同的套期保值者，根据自己对商品价格波动区间的判断和风险偏好，进行自己期权组合结构的搭建。

(4) 敲出式期权（Knock - out Options）。敲出式期权是指期权买卖双方事先约定一个价格，在合约有效期内当标的资产价格触及或超过该价格时，期权立即失效，否则期权将一直有效至到期；其他方面与普通期权无异。敲出式期权因为比普通期权多了提前失效的机会，因此价格比普通期权价格便宜，这是它吸引客户的原因。

(5) 期权组合交易策略。常见的有牛市看涨期权组合、牛市看跌期权组合、熊市看涨期权组合和熊市看跌期权组合。

下面我们以牛市看涨期权组合为例介绍。

牛市看涨期权组合是由两个看涨期权组合而成，买入一个执行价较低（$X_1$）的看涨期权，权利金为 $C_1$，同时卖出同一到期月份的执行价较高（$X_2$）的看涨期权，权利金为 $C_2$，其中 $X_1 < X_2$，$C_1 > C_2$。组合到期盈亏情况见图 6 - 1。

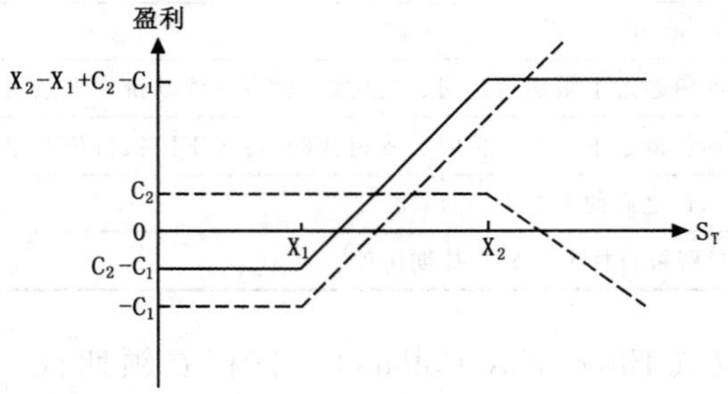


图 6 - 1　牛市看涨期权组合到期盈亏情况

假设到期时，石油价格为 $S_T$，则石油买入方实际的买入价格见表 6 - 3。

表 6 - 3　石油买入方实际的买入价格

| 石油价格 | 期权组合盈亏 | 买入石油现货价 | 实际买入价 |
| --- | --- | --- | --- |
| $S_T > X_2$ | $X_2 - X_1 + C_2 - C_1$ | $S_T$ | $S_T -$ （$X_2 - X_1 + C_2 - C_1$） |
| $X_1 < S_T < X_2$ | $S_T - X_1 + C_2 - C_1$ | $S_T$ | $S_T -$ （$S_T - X_1 + C_2 - C_1$） |
| $S_T < X_1$ | $C_2 - C_1$ | $S_T$ | $S_T -$ （$C_2 - C_1$） |

**【案例 6-4】**

2011 年 6 月 WTI 原油价格为 82 美元/桶，A 航空公司预计未来原油价格会上涨，因此和 B 投资银行做了一笔牛市看涨期权组合交易，具体如下：

买入 2011 年 9 月到期的执行价格为 88 美元/桶的看涨期权，权利金为 8 美元/桶；

卖出 2011 年 9 月到期的执行价格为 98 美元/桶的看涨期权，权利金为 5 美元/桶。

交易数量：100 000 桶。

假设：2011 年 9 月到期时，石油价格为 100 美元/桶，则 B 投资银行需支付给 A 航空公司 $(X_2 - X_1 + C_2 - C_1) \times$ 数量 $= (98 - 88 + 5 - 8) \times 100\,000 = 700\,000$（美元）。

A 航空公司在现货市场以 100 美元/桶的价格买入原油，减去 B 投资银行支付给 A 航空公司的 700 000 美元，相当于以每桶 93 美元的价格买入。

2011 年 9 月到期时，石油价格为 80 美元/桶，则 A 航空公司需支付给 B 投资银行 $(C_1 - C_2) \times$ 数量 $= (8 - 5) \times 100\,000 = 300\,000$（美元）。

A 航空公司在现货市场以 80 美元/桶的价格买入原油，A 航空公司需支付给 B 投资银行的 300 000 美元，相当于以每桶 83 美元的价格买入。

总结：到期时，当原油价格在 $X_1$、$X_2$（即 88～98 美元/桶）之间时，A 航空公司可以用 $C_1 - C_2$（即 $8 - 5 = 3$ 美元/桶）的成本将购买原油的价格锁定在 $X_1 + C_1 - C_2$（即 $88 + 8 - 5 = 91$ 美元/桶）上，但是，如果到期时原油价格大于 98 美元/桶，或者低于 88 美元/桶，A 航空公司依然得接受石油价格的波动风险。

表 6-4 列出了石油市场参与者适用的价格风险管理策略。

**表 6-4　　石油市场参与者的石油价格风险管理策略**

| 参与者 | 价格波动 | 交易策略 |
|---|---|---|
| 石油生产者 | 原油价格下跌 | 卖出原油期货、远期合约、互换或者买入原油看跌期权 |
| 炼油商 | 原油价格上涨 | 买入原油期货、远期合约、互换或者买入原油看涨期权 |
| | 原油价格下跌 | 卖出原油期货、远期合约、互换或者买入原油看跌期权 |
| 石油消费者 | 原油价格上涨 | 买入原油期货、远期合约、互换或者买入原油看涨期权 |

## 延伸阅读

### 航空公司套保之伤

**事件**

2008 年国际原油价格突破 140 美元/桶时，A 航空企业为了防范未来原油价格上涨，向 B 投资银行购买了油价为 150 美元/桶的虚值看涨期权，数量为 100 000

桶/月；卖出执行价为200美元/桶的看涨期权，数量为100 000桶/月；同时又反向卖出了油价为62.5美元/桶的虚值看跌期权，数量为200 000桶/月。在约定期限内，如果油价超过150美元/桶，国内航企有权按照150美元/桶价格买入原油，届时将获得套保收益；如果价格继续上涨，超过200美元/桶之后，超过200美元/桶的部分，因为A航空公司卖出了同等数量的看涨期权，所以，无法享受200美元/桶之上的收益；如果油价跌破62.5美元/桶，B投资银行有权按照62.5美元/桶的价格将原油卖给A航空公司，这时A航空公司将承担套保损失。此外，为了使整个期权结构的权利金对冲为零，合约还有以下特点：

一是杠杆性：卖出看跌期权的数量为买入看涨期权数量的两倍；

二是合约设立了止盈条款，但未设止损条款，即当油价持续上涨，高于200美元/桶时，卖出的看涨期权将被执行；

三是合约执行时间长，连续执行三年。

2007～2013年WTI原油价格走势情况见图6－2。

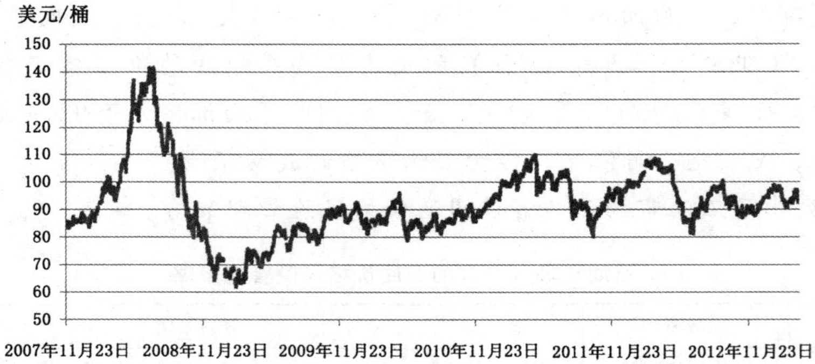


图6－2　2007～2012年WTI原油价格走势情况

资料来源：Bloomberg。

**方案原理分析**

A公司采用的套保方案基本符合上文中的三相衣领期权。为了应对原油价格上涨带来的成本上涨，A公司买入看涨期权来应对价格风险，但是因为权利金昂贵，为了降低权利金，所以卖出了看跌期权，同时又卖出了更高价格的看涨期权。

**持仓过程**

1. 盈利：假设签订合约之后，国际油价从140美元/桶直线上涨，最高达到200美元/桶的价位。因为油价大于150美元/桶，B投资银行每个月到期时需要支付A航空公司：

我们用P表示到期时原油价格，当$150 < P < 200$时，支付金额$= (P - 150) \times$

100 000 美元；当 $200<P$ 时，支付金额 $=(200-150)\times 100\ 000=5\ 000\ 000$（美元）。

B 投资银行的最大亏损为：每个月原油价格都超过 200 美元/桶，连续 3 年，总计亏损达 $36\times 5\ 000\ 000=180\ 000\ 000$（美元）。

2. 亏损：假设合约签订后不久，国际油价从 140 美元/桶高位直线回落，跌到 40 美元/桶的价位。而 A 航空公司所签订的合约因为油价跌破 62.5 美元/桶价格下限，亏损不断扩大，而且卖出的看跌期权就是看涨期权的数量，亏损更是完全超过盈利。因为油价低于 62.5 美元/桶，A 航空公司每个月到期时需要支付 B 投资银行：

我们用 P 表示到期时原油价格：

当 $P<62.5$ 时，支付金额 $=(62.5-P)\times 200\ 000$（美元）

假设合约执行期间，合约最低价为 40 美元/桶，A 航空公司的最大亏损为：

$36\times(62.5-40)\times 200\ 000=162\ 000\ 000$（美元）

原油价格为 0 时，A 航空公司的最大理论亏损为：

$36\times(62.5-0)\times 200\ 000=450\ 000\ 000$（美元）

3. 方案改善：我们假设，A 航空公司在买入 150 美元/桶看涨期权、卖出 62.5 美元/桶看跌期权的同时，相对于原方案卖出 200 美元/桶看涨期权改成买入 50 美元/桶的看跌期权，那么在最初购买期权成本发生了一些变化的情况下，其持仓盈亏会变成什么样？

盈利：当原油价格大于 150 美元/桶时，盈利无上限；

亏损：当原油价格低于 62.5 美元/桶时，持仓亏损，但是因为买入了 50 美元/桶的看跌期权做保护，A 航空公司面对价格下跌，期权组合仓位的最大亏损为：

$(62.5-50)\times 36\times 200\ 000=90\ 000\ 000$（美元）

**总结**

1. 支付权利金为零，不代表套保方案零成本，不代表套保方案属于无风险套保；支付的权利金低，不代表套保方案低风险。

2. 没有免费的午餐，不想承担价格波动的风险，就需要付出成本。

3. 杠杆是双刃剑，用不好不如不用。

**期权风险分析——情景分析**

之前在介绍航空公司为什么喜欢采用双限期权等组合来进行套期保值的时候提到原因之一在于，大部分时间商品价格的运行具有周期性，双限期权等结构性产品刚好符合需求，但是在实际商品价格运行过程中，总是会有脱离了价格波动区间的状况。例如，2008 年的金融危机，当出现这种情况的时候，可能造成套期保值的仓位有非常大的亏损。下面我们以两个组合策略为例来分析其盈亏状况。

一、构建投资组合1：本例中我们均以1 000桶为数量进行说明（见图6-3）。

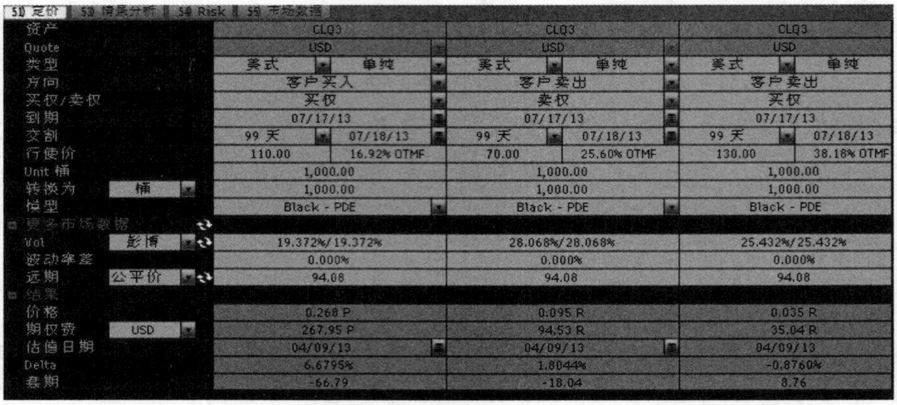


图6-3 投资组合1构造

资料来源：Bloomberg。

2013年4月9日，我们买入执行价为110美元/桶的看涨期权A，卖出执行价为70美元/桶的看跌期权B，卖出执行价为130美元/桶的看涨期权C，三个期权标的资产均为WTI原油期货08合约，到期日为2013年7月18日，当下WTI原油期货08合约的价格为94.08美元/桶。

其中，期权A的价格为0.268美元/桶；期权B的价格为0.095美元/桶；期权C的价格为0.035美元/桶。

拥有投资组合1的成本为：(0.268 - 0.095 - 0.035) × 1 000 = 138（美元）。

根据图6-4，持有投资组合1到期的最大盈利为：(130 - 110) × 1 000 - 138 = 20 000 - 138 = 19 862（美元）。

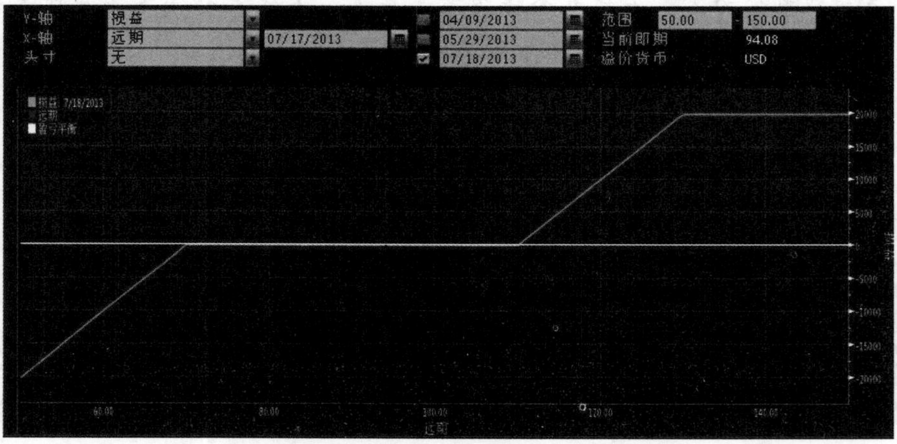


图6-4 投资组合1到期损益图

资料来源：Bloomberg。

到期的最大亏损：无下限。

原油价格处于［70，110］之间时，投资组合到期权益为0，只亏损最初投资组合买入成本138美元。

解释（见图6－5）：左边第一列，表示当标的资产（WTI原油期货08合约）的价格分别为30美元/桶、50美元/桶直到140美元/桶，左边第二列，－20%表示波动率减去20%（如果现在波动率为20%，减去20%之后波动率为0）。由图6－5我们可以看出，当原油价格为50美元/桶，波动率下降15P时，投资组合1亏损19 500美元。

53 情景选项　情景 可变标的价格　损益自 成本

| | 标的价 | Vol | 日期 | 利率 | 损益 | 损益% | Delta | Gamma | Theta | Vega |
|---|---|---|---|---|---|---|---|---|---|---|
| | 阶梯 | 阶 | 0 | 单 | | | | | | |
| | | | --/--/-- | | | | | | | |
| 71) | 30.00 | -20.00 | 04/09/13 | 0.00 | 0 | 0 | 0 | 0 | 0 | 0 |
| 72) | 50.00 | -15.00 | 04/09/13 | 0.00 | -19.5k | -14.09k | -41,245T | -17.14 | 0 | 0 |
| 73) | 60.00 | -10.00 | 04/09/13 | 0.00 | -9.66k | -6.98k | -38,367.13T | 617.77T | 3.78 | -46.86 |
| 74) | 70.00 | -5.00 | 04/09/13 | 0.00 | -3.19k | -2.31k | -18,381.44T | 1,277.54T | 16.95 | -145.33 |
| 75) | 80.00 | 0.00 | 04/09/13 | 0.00 | -1.11k | -799.05 | -6,174.29T | 647.72T | 13.66 | -100.21 |
| 76) | 90.00 | 5.00 | 04/09/13 | 0.00 | -255.94 | -184.96 | -4,703.22T | -75.27T | 3.55 | -4.16 |
| 77) | 100.00 | 10.00 | 04/09/13 | 0.00 | 1.64k | 1.19k | -9,731.66T | -388.81T | -4.96 | 50.2 |
| 78) | 120.00 | 15.00 | 04/09/13 | 0.00 | 7.94k | 5.73k | -13,677.82T | 12.24T | 15.61 | -43.01 |
| 79) | 140.00 | 20.00 | 04/09/13 | 0.00 | 13.15k | 9.5k | -9,540.15T | 277.47T | 36.87 | -135.46 |

图6－5　投资组合1情境分析1

资料来源：Bloomberg。

根据图6－6的数据我们可以看到，当原油价格为30美元/桶，对应波动率上升20P的时候，持有投资组合1的亏损可以达到39 510美元。

| | 标的价 | Vol | 日期 | 利率 | 损益 | 损益% | Delta | Gamma | Theta | Vega |
|---|---|---|---|---|---|---|---|---|---|---|
| | 阶梯 | 阶 | 0 | 单 | | | | | | |
| | | | --/--/-- | | | | | | | |
| 71) | 140.00 | -20.00 | 04/09/13 | 0.00 | 0 | 0 | 0 | 0 | 0 | 0 |
| 72) | 120.00 | -15.00 | 04/09/13 | 0.00 | 10.23k | 7.39k | -37,590.37T | 679.37T | 5.31 | -109.96 |
| 73) | 100.00 | -10.00 | 04/09/13 | 0.00 | -71.24 | -51.48 | -1,451.55T | -648.06T | -1.83 | 39.83 |
| 74) | 90.00 | -5.00 | 04/09/13 | 0.00 | -181.74 | -131.34 | -762.74T | 39.54T | 1.44 | -9.79 |
| 75) | 80.00 | 0.00 | 04/09/13 | 0.00 | -1.11k | -800.13 | -6,182.29T | 648.39T | 13.67 | -100.28 |
| 76) | 70.00 | 5.00 | 04/09/13 | 0.00 | -4.65k | -3.36k | -18,357.95T | 912.72T | 24.26 | -144.93 |
| 77) | 60.00 | 10.00 | 04/09/13 | 0.00 | -11.27k | -8.14k | -30,270.37T | 662.37T | 19.85 | -105.89 |
| 78) | 50.00 | 15.00 | 04/09/13 | 0.00 | -19.94k | -14.41k | -37,474.25T | 298.38T | 9.26 | -47.52 |
| 79) | 30.00 | 20.00 | 04/09/13 | 0.00 | -39.51k | -28.55k | -41,245T | 934.71B | 0 | -.03 |

图6－6　投资组合1情境分析2

资料来源：Bloomberg。

二、构建投资组合2：本例中我们均以1 000桶为数量进行说明（见图6－7）

2013年4月9日，我们买入执行价为110美元/桶的看涨期权A，卖出执行价为70美元/桶的看跌期权B，买入执行价为60美元/桶的看涨期权C，三个期权标的资产均为WTI原油期货08合约，到期日为2013年7月18日，当下WTI原油期货08合约的价格为94.11美元/桶。

其中，期权A的价格为0.268美元/桶；期权B的价格为0.094美元/桶；期权C的价格为0.014美元/桶。

拥有投资组合2的成本为：(0.268－0.094＋0.014)×1 000＝188（美元）。

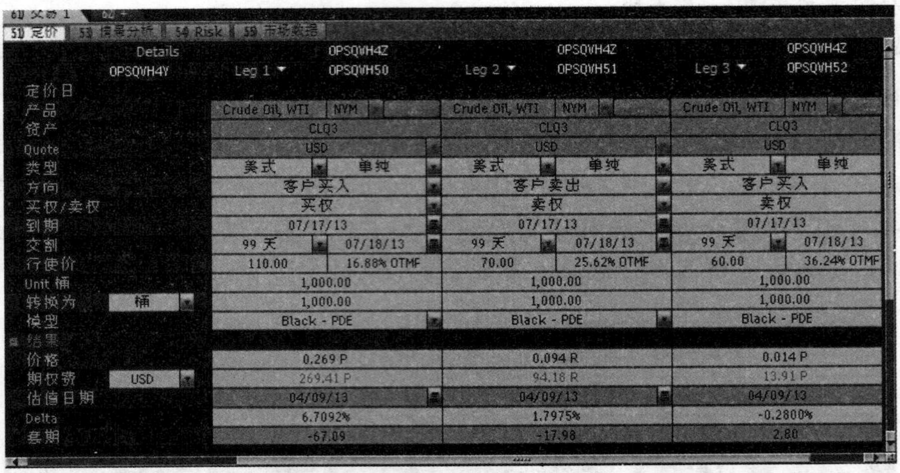


图 6-7　投资组合 2 构造

资料来源：Bloomberg。

根据图 6-8，持有投资组合 2 到期的最大盈利：无上限。

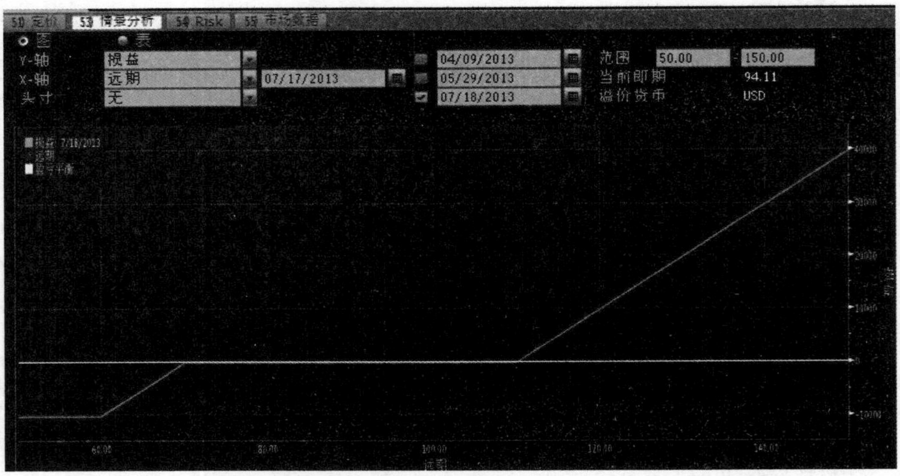


图 6-8　投资组合 2 到期损益图

资料来源：Bloomberg。

原油价格处于［70，110］之间时，投资组合到期权益为 0，只亏损最初投资组合买入成本 188 美元。

持有投资组合 2 到期的最大亏损为：（70－60）×1 000＋188＝10 188（美元）。

我们可以从图 6-9 中看到，当原油价格为 50 美元/桶，对应波动率下降 15P 的时候，持有投资组合 2 的亏损为 10 140 美元。

我们可以从图 6-10 中看到，当原油价格为 30 美元/桶，对应波动率上升 20P 的时候，持有投资组合 2 的亏损为 10 170 美元。

情景选项　情景 可变标的价格　名义　损益自 成本

| | 标的价 | Vol | 日期 | 利率 | 损益 | 损益% | Delta | Gamma | Theta | Vega |
|---|---|---|---|---|---|---|---|---|---|---|
| | 阶梯 | 阶 | 0 | 单 | | | | | | |
| | | | __/__/__ | | | | | | | |
| 71) | 30.00 | -20.00 | 04/09/13 | 0.00 | 0 | 0 | 0 | 0 | 0 | 0 |
| 72) | 50.00 | -15.00 | 04/09/13 | 0.00 | -10.14k | -5.39k | -1,322.61T | -389T | -1.58 | 22.2 |
| 73) | 60.00 | -10.00 | 04/09/13 | 0.00 | -7.25k | -3.85k | -20,203.49T | -701.11T | -10.18 | 77.6 |
| 74) | 70.00 | -5.00 | 04/09/13 | 0.00 | -2.68k | -1.42k | -13,826.48T | 710.98T | 7.45 | -71.68 |
| 75) | 80.00 | 0.00 | 04/09/13 | 0.00 | -974.68 | -518.56 | -4,851.87T | 451.28T | 8.73 | -64.88 |
| 76) | 90.00 | 5.00 | 04/09/13 | 0.00 | -155.02 | -82.47 | -4,746.46T | -237.87T | -1.92 | 28.34 |
| 77) | 100.00 | 10.00 | 04/09/13 | 0.00 | 2.44k | 1.3k | -13,476.07T | -807.7T | -23.21 | 158.85 |
| 78) | 120.00 | 15.00 | 04/09/13 | 0.00 | 14.37k | 7.65k | -30,161.22T | -735.09T | -34.74 | 204.09 |
| 79) | 140.00 | 20.00 | 04/09/13 | 0.00 | 31.85k | 16.94k | -37,298.83T | -346.97T | -24.02 | 130.79 |

图 6-9　投资组合 2 情景分析 1

资料来源：Bloomberg。

情景选项　情景 可变标的价格　名义　损益自 成本

| | 标的价 | Vol | 日期 | 利率 | 损益 | 损益% | Delta | Gamma | Theta | Vega |
|---|---|---|---|---|---|---|---|---|---|---|
| | 阶梯 | 阶 | 0 | 单 | | | | | | |
| | | | __/__/__ | | | | | | | |
| 71) | 140.00 | -20.00 | 04/09/13 | 0.00 | 0 | 0 | 0 | 0 | 0 | 0 |
| 72) | 120.00 | -15.00 | 04/09/13 | 0.00 | 10.44k | 5.56k | -41,245T | -635.34T | 0 | 0 |
| 73) | 100.00 | -10.00 | 04/09/13 | 0.00 | -119.38 | -63.52 | -1,480.02T | -661.11T | -1.93 | 41.19 |
| 74) | 90.00 | -5.00 | 04/09/13 | 0.00 | -225.13 | -119.78 | -721.99T | 20.74T | 1.08 | -6.94 |
| 75) | 80.00 | 0.00 | 04/09/13 | 0.00 | -975.64 | -519.07 | -4,857.31T | 451.7T | 8.73 | -64.92 |
| 76) | 70.00 | 5.00 | 04/09/13 | 0.00 | -3.3k | -1.76k | -11,199.49T | 364.63T | 6.53 | -47.41 |
| 77) | 60.00 | 10.00 | 04/09/13 | 0.00 | -6.35k | -3.38k | -12,235.96T | -60.08T | -6.66 | 18.4 |
| 78) | 50.00 | 15.00 | 04/09/13 | 0.00 | -8.67k | -4.61k | -7,989.94T | -255.39T | -12 | 43.8 |
| 79) | 30.00 | 20.00 | 04/09/13 | 0.00 | -10.17k | -5.41k | -367.55T | -40.71T | -.9 | 5.14 |

图 6-10　投资组合 2 情景分析 2

资料来源：Bloomberg。

总结：

对比投资组合 1 和投资组合 2 可以发现两个投资组合在盈利和亏损方面的差别，除了最初买入投资组合成本的不同（这个例子因为是短期期权，差异不明显，随着买入期权到期时间的增加，最初买入投资组合的成本差别很大，这个是造成很多航空公司选用投资组合 1 的原因），在持有投资组合的过程中，投资组合 2 的抗风性优势非常明显。

## 四、什么是黄金租赁业务？

黄金租赁业务指的是企业以租赁的方式向商业银行租用黄金，到期后归还黄金，并以现金方式支付租赁利息的业务模式。黄金租赁业务是为了满足产金公司的资金需求，可以用来融资，也可以用来对冲金价波动。该业务是 20 世纪 80 年代在国际黄金市场出现的新兴业务。其出现的基本原因有以下三点：（1）黄金企业可以规避风险；（2）可以降低黄金企业的财务费用；（3）拓宽了黄金生产企业的融资渠道。

进行黄金租赁交易，有三个重要的利率指标是 GOFO、Libor 和 Gold Lease Rate。

1. 黄金远期利率（GOFO）。GOFO（Gold Forward Offered Rates），即黄金远期利

率、黄金掉期利率，也有很多把它译为“黄金出借利率”。

GOFO是由伦敦黄金协会（The London Bullion Market Association，LBMA）每日伦敦时间上午11点在其官方网站（www.lbma.org.uk）公布的。据其官方解释，GOFO由其做市商成员——加拿大丰业银行、高盛公司商品部、加拿大皇家银行、摩根大通、法国兴业银行、汇丰银行和瑞银集团提供。GOFO代表了做市商会员用掉期借出黄金换美元的利率，GOFO平均值（GOFO mean）提供了黄金掉期利率的国际标准值，它的作用是提供了黄金掉期利率交易和黄金远期利率协议的基准。

GOFO期限一般有1个月、2个月、3个月、6个月和一年。期限最多一年。在黄金租赁市场时常有各国央行的身影。央行时常有外汇头寸的调剂要求，所以产生了黄金与美元互换这个品种。各国预算都为一年，所以黄金出借期限一般上限为一年。

2. Libor。Libor特指美元的Libor利率。

3. 黄金租赁利率（Gold Lease Rate）。黄金租赁利率由Kitco网站每天公布，实际上是个衍生利率，其公式为：Gold Lease Rate = Libor - GOFO。

**【案例6-5——典型的黄金套息交易（Gold Carry Trade）】**

假设：金价为1 200美元/盎司，Libor为5%，GOFO利率为4%，期限是12个月。一投资者从伦敦黄金协会做市商成员比如汇丰银行那里借入1 000盎司黄金，并立即在市场卖出，筹资1 200 000美元，然后存入银行。

12个月后，如果金价维持在1 200美元/盎司，则投资者收入：

存款：1 200 000美元

利息：60 000美元

合计：1 260 000美元

投资者支出：

购入1 000盎司黄金支付给汇丰银行：1 200 000美元

支付GOFO利率：48 000美元

合计：1 248 000美元

投资者净收益：1 260 000 - 1 248 000 = 12 000（美元），净收益率为1%。这个1%的净收益率实际上就是黄金租赁利率。

整个上述过程完成了一个低息货币和高息货币互换的黄金套息交易策略：如果卖出黄金的本金不存入银行，而作为融资用，那么上述的过程就是一个利用黄金租赁业务进行融资的过程，融资利率低于Libor。此外，需要注意的是：对于进行黄金租赁的企业或者进行套息交易的交易者来说，黄金价格下跌有利于整个交易过程，当然，也需要承担黄金价格上涨的风险。

## 五、场外铁矿石掉期如何运作?

### (一) 什么是铁矿石掉期

铁矿石掉期是一种重要的铁矿石衍生品，以铁矿石指数为交易标的，铁矿石指数无法交割，因此到期均是以现金结算，用以对冲铁矿石现货的市场风险。

以现金结算的过程中必然涉及两个价格，一个是合同规定的价格，另外一个则是按合同规定的参考价格（合同规定的交易标的：某个铁矿石指数），两者之差就是掉期交易者的收益或损失，相当于在这两个价位上对铁矿石做了个一买一卖的操作。其中，铁矿石掉期的买入者支付固定价格（合同规定的价格），铁矿石掉期的卖出者，支付协议规定的参考价格，到期差额结算。

### (二) 常用的铁矿石价格指数

目前，国际上比较有影响力的铁矿石指数有三种，分别是普氏能源资讯（Platts）的普氏指数（Platts Iron Ore Index）、环球钢讯（SBB）的 TSI（the Steel Index）指数以及金属导报（Metal Bulletin）的 MBIO（MB Iron Ore Index）指数。

1. 普氏指数（Platts Iron Ore Index）。2008 年 4 月，来自荷兰的普氏能源资讯推出了铁矿石普氏指数，并开始在全球范围内推广，而在此之前铁矿石指数并未引起市场关注。

普式铁矿石指数目前包括对 62% 铁含量和 63.5%/63% 铁含量品位、高品位 65% 和低品位 58% 铁含量的统一价格进行评估，以及每日对铁矿石（60% ~63.5% 铁含量）每 1% 铁含量差价进行报告。普式采集的价格为中国主要港口的铁矿石 CFR 现货价格，并将这些价格经过相关处理标准化为至中国青岛港口固定品位的参考价格。

2. TSI（the Steel Index）指数。环球钢讯（SBB）在 2008 年 5 月推出了铁矿石价格指数，主要发布两种铁矿石现货参考价格，分别为含铁 62% 和 58% 的铁精粉中国港口 CFR 进口价。SBB 通过相关产品公司采集铁矿石现货的实际成交价格，并将这些交易价格按一定要求换算成参考价格制定的产品规范标准，并剔除不符合规范的信息，最后对这些标准化数据加权平均得到最终的参考价格。

3. MBIO（MB Iron Ore Index）指数。MBIO 指数的制作与 PlattsIOI、TSI 相似，它采集了钢厂、铁矿石供应商和贸易企业三方面的价格和成交数据，排除异常数据，对不同产地、不同品位、不同港口的成交数据进行科学计算而成。该指数也是以中国青岛港口的 62% 品位的铁精粉价格为基准，58% ~66% 品位的铁矿石价格都将会被换算为 62% 品位的价格，再按照交易量加权平均，最后得出该铁矿石指数。

以上三种指数的比较见表6-5。

表6-5　三种指数的比较

| 指标 | 金属导报（Metal Bulletin）MBIO指数 | 普氏能源咨询（Platts）普氏指数 | 环球钢讯（SBB）TSI指数 |
|---|---|---|---|
| 价格 | 矿粉，美元/吨 | 矿粉，美元/吨 | 矿粉，美元/吨 |
| 彭博代码 | MBIOMBIO | PFATIOCH | TSIPIO62 |
| 含铁量 | 62% | 62% | 62% |
| 最低交易规模 | 3万吨 | 3.5万吨 | 2万吨 |
| 交割港口 | 青岛 | 青岛 | 天津 |
| 数据收集 | 每日 | 每日 | 每日 |
| 发布时间 | 伦敦时间每天中午12点 | 伦敦时间每天中午12点 | 伦敦时间每天中午12点 |

## 延伸阅读

### 铁矿石定价的发展过程

铁矿石长协定价：开始于1980年，此后谈判机制逐步稳定并延续了30年左右。其框架是：铁矿石供需双方长期协议“定量不定价”；价格一年一谈；确定“首发价”后，其他矿山公司和钢厂进行确认跟随。在长协合同中定死了供货的数量或采购的数量，期限一般达到5~10年，甚至达到20~30年。根据惯例每年第四季度开始，由世界主流铁矿石供应商与其主要客户进行谈判，决定下一财政年度铁矿石价格，价格一经确定，双方则依照谈定的价格在一年内执行。铁矿石需求方中的任意一方与铁矿石供应方中的任意一方价格达成一致后则谈判结束，国际铁矿石供需双方均接受此价格为新财年的价格。这一谈判模式即“首发-跟风”模式；且计价基准为离岸价，同一品质的铁矿石各地涨幅一致，同一类型各品质铁矿石涨幅一致，即“离岸价、同涨幅”。

传统的铁矿石年度长协谈判主要在全球三大铁矿石生产商和全球各大钢铁企业之间举行。在中国采购崛起之前，世界铁矿石长协谈判是三大矿山和日韩美欧几家大钢厂之间势均力敌的垄断博弈，这些钢厂和矿山之间彼此还有交叉持股。根据传统的谈判习惯，国际铁矿石市场分为亚洲市场和欧洲市场。其中，亚洲以日本的新日铁和韩国的浦项为代表，欧洲以德国阿赛洛为代表与世界铁矿石主要供应商澳大利亚必和必拓、力拓以及巴西淡水河谷公司，分别确定亚洲市场和欧洲市场铁矿石产品价格。作为全球最大的铁矿石进口国，2003 年底（2004 财年度谈判）宝钢作为中国钢企代表加入到了铁矿石谈判的队伍中，而宝钢的加入以及中国对铁矿石的巨大需求量逐渐成为改变铁矿石长协谈判格局的因素之一。

季度定价：2010 年 4 月 1 日（长期协议价的起算日）后，中国与三大矿山就铁矿石长协价未达成统一意见，标志着铁矿石传统的年度定价机制瓦解；必和必拓、淡水河谷明确表达"长协改短约"的意愿，并开始了实际动作，必和必拓于 3 月 30 日宣布，已经同一批"相当数量"的亚洲客户签订短约合同，这些合同摆脱了之前的年度定价机制，改为基于到岸价（包含海运费）的短期协议；4 月 1 日淡水河谷宣布已经与 97% 的客户达成季度合同；4 月 2 日韩国浦项表示已初步同意 4 ~ 6 月以每吨 100 ~ 105 美元的价格从淡水河谷进口铁矿石，涨幅 83% ~ 86%。

月度定价：仅仅试水两个季度之后，全球三大矿商之一的必和必拓又开始游说我国钢厂采取更新的定价方法——月度定价。2011 年 6 月 23 日，力拓方面也表示放弃季度定价，将转向更为灵活的铁矿石定价策略，包括按季度、月度甚至每天进行定价。

### （三）铁矿石及铁矿石掉期的市场发展状况如何

铁矿石主要被三大供给方垄断，包括巴西淡水河谷公司、必和必拓公司和力拓矿业集团。三大集团占据全球海运铁矿石量的 70% 以上。目前，最主要的铁矿石需求国家有中国、日本、韩国和德国，其中，中国是世界最大的铁矿石消费国。

2008 年 5 月 23 日，瑞士信贷和德意志银行宣布铁矿石现货场外交易的诞生，推出了第一份现金结算的铁矿石掉期交易合约。起初的这份铁矿石掉期交易以铁矿石普式指数为交易标的，以一年掉期合同为准，每月结算，合同的基准是澳大利亚—中国的 CFR 和印度—中国的 CFR，也就是基于海运指数和铁矿石价格变化而设计的产品。2008 年 7 月正式开始铁矿石掉期交易，当时的 4 个主要场外交易公司是瑞士信贷、德意志银行、必和必拓、嘉吉。2009 年铁矿石长协价的难产使得季度定价、现货定价的呼声越来越高。在 2009 年 5 月，摩根士丹利、高盛和巴克莱三大投行联手推出了现金结算的铁矿石投机交易。

随着铁矿石掉期交易的发展，私下进行、双边场外交易的掉期协议买、卖双方，都承担着对手方违约风险，这将妨碍很多交易的顺利开展。铁矿石掉期合约的 OTC 结算服务应运而生。2009 年 4 月，世界老牌的航运期货交易所新加坡交易所（SGX）首家推出了铁矿石掉期合约的 OTC 结算服务，有了铁矿石掉期清算所之后，交易的方式变为可以任意选择对手进行交易清算。同年 5 月，同样以航运期货交易著称的另一家英国老牌交易所伦敦清算所（LCH）也宣布提供铁矿石掉期合约的清算服务，并于当年的6月4日完成了第一笔通过伦敦结算所结算的铁矿石掉期合约；2009年年底，美国洲际交易所（ICE）也宣布将参考普氏能源资讯制作的普氏指数来提供铁矿石掉期清算服务。目前为止，全球有四家交易所提供铁矿石掉期的报价：新加坡交易所（SGX）、伦敦清算所（LCH）、美国洲际交易所和美国芝加哥商品交易所（CME）。

伴随着清算所出现的还有铁矿石掉期合约的中介商，FIS（海运投资服务）公司和伦敦 Commodity Broker 成为目前市场上规模比较大的铁矿石掉期合约经纪行。

### （四）铁矿石掉期的主要参与者

铁矿石掉期交易的主要参与者包括四类角色：交易所、清算会员、经纪商和客户（铁矿山、钢铁厂等）。交易所负责上市和管理掉期清算产品，作为中央对手方，清算所处理成交合约并保证履约；客户作为掉期交易的直接参与者，在清算会员处开立账户，存入保证金并进行交易；清算会员为客户提供相应的后台服务并监控客户头寸风险；经纪商负责为客户询价报价及撮合成交；也有部分的清算会员会兼任经纪商的角色。

新加坡交易所铁矿石掉期合约见表6-6。

**表6-6　新加坡交易所铁矿石掉期合约介绍**

| 产品 | 铁矿石掉期 |
|---|---|
| 合约 | CFR中国铁矿石（62%铁矿石）掉期 |
| 合约规模 | 1手=500吨 |
| 报价代号 | FE |
| 最小波动价 | 0.01美元/吨<br>每个跳动点的价格=0.01美元/吨×500吨=5.00（美元） |
| 合约月份 | 从现月开始，最长达36个连续月份 |
| 交易登记时间（新加坡时间） | 上午8点至次日凌晨4点<br>最后交易日：上午8点至晚上8点<br>注：每天从上午4点1秒至上午7点59分59秒不交易 |
| 最后交易日 | 合约月份内钢铁指数（TSI）铁矿石参考价格的最后发布日期 |
| 最后结算价格 | 按合约到期月份内钢铁指数（TSI）铁矿石参考价格的简单平均值进行计算，保留至小数点后两位数，并以现金结算 |
| 结算费用 | 12美元/手 |

其中，新加坡交易所用来计算客户浮动盈亏及持仓风险的每日结算价，是交易所采集市场报价并采取特定算法计算得出的，而最终用来平仓到期合约的现金交割价是某一权威的价格指数，新加坡交易所采用的是合约到期月份一个月的TSI指数的简单平均价。

铁矿石掉期交易既可以通过专门的 OTC 经纪人进行，也可以在对手方之间进行双边交易。包含 OTC 经纪人的标准交易流程如下：

（1）OTC 经纪人建立交易意向，获得实际的出价和报价；

（2）经纪人首先与买卖双方进行口头确认；

（3）随后将发布一个完整的合约和扼要说明，详述相关的条款和条件；

（4）合约被签署或承认，原件由 OTC 经纪人保存；

（5）在结算日，对结算价格进行评估，并发布结算声明；

（6）结算资金在一定的结算日或之前支付。

**CFR 及相关术语**

在铁矿石指数中，我们提到，铁矿石指数都是综合了海运费的定价。

FOB（Free cn Board），即船上交货，习惯上被称为装运港船上交货。按此术语成交，由买方负责派船接运货物，卖方应在合同规定的装运港和规定的期限内，将货物装上买方指定的船只，并及时通知买方。货物在装船时越过船舷，风险即由卖方转移至买方。

CFR（Cost and Freight），中文意思为成本加运费，要指定目的港，当货物在指定装运港越过船舷时，卖方即完成交货，卖方支付将货物运至目的港所必需的海运费，交货后的灭失和损坏的风险自交货时已转移至买方。卖家并负责租船或订舱，支付抵达目的港的正常运费。

CIF（Cost Insurance and Freight），中文意思为成本加保险费加运费，要指定目的港。当货物在装运港越过船舷时，卖方即完成交货。货物自装运港到目的港的运费保险费等由卖方支付，但货物装船后发生的损坏及灭失的风险由买方承担。

### （五）典型的铁矿石掉期交易流程

我们以矿山—投资银行—钢厂为例来解释铁矿石掉期交易的一般流程（见表 6－7）。

表 6－7　　铁矿石掉期交易流程

| | 在 T 月与投资银行签订铁矿石掉期合同 |
|---|---|
| 铁矿山 | 合同规定：在 T＋n 月矿山将铁矿石卖给投资银行，卖出价格为 S1，结算价格采用到期金属导报公布的现货算术平均价格 |
| 钢铁厂 | 合同规定：在 T＋n 月从投资银行买入铁矿石，买入价格为 S2，结算价格采用到期金属导报公布的现货算术平均价格 |

假设到期 T＋n 月金属导报公布的现货算术平均价格为 P，可分析交易三方的损益

情况：

1. 矿山。在T月，矿山与投资银行订立在未来T+n月将1万吨铁矿石卖给投资银行的铁矿石掉期合同，卖出价为S1；在T+n月，矿山与投资银行就此铁矿石掉期合同进行结算。矿山与投资银行既不发生1万吨铁矿石的实物转手，也不发生1万吨铁矿石购买本金的转移，两者仅就1万吨铁矿石在S1与P之间的价差进行结算。

铁矿石掉期到期时，双方结清P与S1的差价。若现货市场处于上涨阶段，P>S1，则矿山的此笔铁矿石掉期合同亏损，亏损为（P-S1）/吨，但是由于现货上涨，矿山实际上在现货市场产生了盈利；若现货市场处于下跌阶段，P<S1，则矿山的此笔铁矿石掉期合同盈利，盈利为（S1-P）/吨，但是由于现货下跌，矿山实际上在现货市场产生了亏损，这笔铁矿石掉期盈利减少了现货市场上的亏损。

显然，通过与投资银行签订铁矿石掉期合同，矿山将T+n月的1万吨铁矿石的卖出价锁定在S1，起到了规避风险、套期保值的作用。

2. 钢厂。在T月，钢厂与投资银行订立在未来T+n月向投资银行购买1万吨铁矿石的掉期合同，买入价为S2；在T+n月，钢厂与投资银行就此铁矿石掉期合同进行结算。钢厂与投资银行既不发生1万吨铁矿石的实物转手，也不发生1万吨铁矿石购买本金的转移，两者仅就1万吨铁矿石在S2与P之间的价差进行结算。

从T月至T+n月，若现货市场处于上涨阶段，P>S2，则钢厂的此笔铁矿石掉期合同盈利，盈利为（P-S2）/吨，但是由于现货上涨，钢厂实际上在现货市场的采购成本上升，这笔铁矿石掉期的盈利显然降低了现货市场上的采购成本；若现货市场处于下跌阶段，P<S2，则钢厂的此笔铁矿石掉期合同亏损，亏损为（S2-P）/吨，但是由于现货下跌，钢厂实际上在现货市场的采购成本下降。

显然，通过与投资银行签订铁矿石掉期合同，钢厂将T+n月的1万吨铁矿石的买入价锁定在S2了，起到了规避风险、套期保值的作用。

3. 投资银行。在T月，投资银行与矿山订立在未来T+n月向矿山购买1万吨铁矿石的铁矿石掉期合同，买入价为S1。同时，投资银行又与钢厂订立在未来T+n月向钢厂出售1万吨铁矿石的铁矿石掉期合同，卖出价为S2。在T+n月，投资银行分别与矿山、钢厂就各自的铁矿石掉期合同进行结算。投资银行与矿山、钢厂既不发生1万吨铁矿石的实物转手，也不发生资金的转移，仅就1万吨铁矿石在S1与P、S2与P之间的价差进行结算。

投资银行与矿山的结算后盈亏为：P-S1

投资银行与钢厂的结算后盈亏为：S2-P

加总两笔铁矿石掉期合同的盈亏为：P-S1+S2-P=S2-S1

由上式可见，无论T月至T+n月的市场是上涨还是下跌，投资银行在参与铁矿石掉期交易中，只需保证S2>S1，即投资银行向钢厂出售的铁矿石价格S2高于它向矿山购买的价格 S1 即可。只要铁矿石现货价格存在足够大的波动，且有足够多的矿山、钢厂、铁矿石中间商愿意参与铁矿石掉期交易，作为做市商、中介机构的投资银行就可以获得稳定的价差收益。

### （六）怎么使用铁矿石掉期交易进行风险管理

**【案例 6-6】**

2010 年 1 月，中国的一家钢厂预计在 2010 年 3 月进口60 000吨铁矿石（62%），钢厂希望能锁定成本，因为刚敲定了一笔在 2010 年供应平板钢材的大单。为了对冲这一仓位，钢厂决定出价 104.00 美元/吨购买 2010 年 3 月的铁矿石掉期 CFR（62%），铁矿石现货价格为 103.00 美元/吨。

与此同时，一家拥有库存的铁矿石贸易商希望能降低可能因为铁矿石价格下跌而导致的库存价值下降的风险，该交易商希望能将铁矿石价格锁定在 106.00 美元/吨。

一家 OTC 经纪商将两个有不同需求的交易对手撮合在一起，商定了 105.50 美元/吨的价格，双方约定在 SGX Asia Clear 进行信用清算。

经纪商准备了一份商定的条款概要（见表 6-8）。

表 6-8　　　　条款概要

| | |
|---|---|
| 买方 | 钢厂 |
| 卖方 | 铁矿石交易商 |
| 产品 | 铁矿石 CFR 中国掉期（62%） |
| 数量 | 60 000 吨（120 手） |
| 合约价格 | 105.50/吨 |
| 结算日期 | 2010 年 3 月 31 日 |
| 结算原则 | 合约月份现货价格的平均值 |

2010 年 3 月 31 日，铁矿石掉期交易到期时，铁矿石价格上涨为 106.00 美元/吨，铁矿石掉期价格跟随铁矿石价格上涨，结算价格为 109.00 美元/吨。钢厂和铁矿石贸易商两方的对冲结果见表 6-9。

表 6-9　　　　对冲结果

| 对冲结果 | 钢厂（美元/吨） | 铁矿石贸易商（美元/吨） |
|---|---|---|
| 铁矿石掉期交易盈亏 | 109 - 105.5 = 3.5 | 105.5 - 109 = -3.5 |
| 铁矿石现货盈亏 | 103 - 106 = -3 | 106 - 103 = 3 |
| 总盈亏 | 3.5 - 3 = 0.5 | -3.5 + 3 = -0.5 |

## 六、海运费衍生品市场是如何运作的?

前面铁矿石掉期中，我们提到铁矿石指数的设计都是综合了海运费的，海运费价格对铁矿石价格指数影响之大，让我们无法忽略海运费这一领域。

### (一) 波罗的海交易所介绍

波罗的海交易所 (Baltic Exchange)，创立于1744年，是世界上最古老的航运市场。交易所总部设在伦敦，当时坐落在伦敦针线街的“维吉尼亚－玛丽兰咖啡屋”(后更名为“维吉尼亚－波罗的海咖啡屋”)，在这里定期聚集的贸易商和船主进行洽谈和交易。

波罗的海交易所是由全球航运市场核心成员组成的会员组织，每日向全球提供独立的航运市场信息。交易所通过电子交易平台——Baltex系统，为干货运价衍生品提供受监管的多方交易工具。

波罗的海交易所是公司制交易所，其中大部分股东都是会员公司。交易所由12至15名董事组成的董事会管理，12名董事由股东选举产生，3名董事由非股东成员选举产生。交易所近600家的公司会员可划分为船舶商、租船商以及经纪商，他们活跃于干散货以及油轮市场。

波罗的海交易所会员由四类群体构成：自己做贸易的客户（他们自有或经营船舶或有需要运输的货物）；经纪人（作为船舶所有人和货方的中间人，本身不做贸易）；与市场无关的，不在交易所从事贸易，但想与这个国际航运中枢联结的成员（包括海事律师、仲裁员、船舶投资人和其他海事机构）；使用波罗的海交易所的会议室和午餐设施的社会成员。

在波罗的海交易所会员里有一些正式的组织和团体为波罗的海交易所董事会提供直接的信息，有代表性的包括：

1. 远期运价协议经纪人协会（FFABA）。一个由波罗的海交易所远期运价协议经纪人成员构成的独立团体，1997年成立并接受波罗的海交易所服务。

2. 运价市场信息用户组织（FMIUG）。使用波罗的海交易所运价市场信息，并为其会员提供正式渠道，保障波罗的海交易所的服务满足船东、租家和运价衍生品交易者需要的客户组成。它分为干货和湿货两块。

3. 运价指数和期货委员会（FIFC）。由6名波罗的海董事组成，该委员会监督所有波罗的海交易所运价市场信息。运价指数和期货委员会定期咨询业内企业，以确保波罗的海交易所发布的信息是源自波罗的海交易所会员、运价信息报告小组、远期运价协议经纪人协会以及运价市场信息用户组织的见解。当然，其他从波罗的海交易所购买运价市场信息的交易所的需求也被纳入其中，需要考虑。

### （二）常见的运价指数

波罗的海航交所对运价指数的计算有着非常严格的规定，为其在国际上的公正性和权威性奠定了基础。

1. 波罗的海运价指数（Baltic Freight Index，BFI）。波罗的海运价指数由伦敦航运市场每天向世界公布。它是一个综合性指数，由全球传统的 12 条主要干散货船航线的运价按照各自在航运市场上的重要程度和所占比重构成。它是随着波罗的海国际运价期货交易所的设立而出现的。波罗的海运价指数以 1985 年 1 月 4 日为 1000 点。最初由 13 条航线的承租运价构成，后来调整为 12 条航线。20 世纪 90 年代初由于国际政治、经济形势的发展，使一些航线的重要程度发生了变化。波罗的海航交所于 1990 年 8 月 6 日和 1991 年 2 月 5 日分别就构成运价指数的航线进行了调整。尤其是 1999 年的 9 月 1 日，波罗的海航交所将原来反映巴拿马型船和好望角型船的 BFI 指数分解成 BCI 和 BPI 两个指数，这样与已设立的大灵便型船运价指数 BSI 共同组成三大船型运价指数。

2. BCI 指数（Baltic Capesize Index），是波罗的海海岬型船运价指数（见表 6－10）。吨位在 8 万长吨以上，主要运输的货物包括焦煤、燃煤、铁矿砂、磷矿石、铝矾土等工业原料，占 BDI 的权重是 1/3。

**表 6－10　　波罗的海海岬型船运价指数（BCI）**

| 航线 | 描　　述 |
|---|---|
| C2 | 160 000 长吨 图巴朗港—鹿特丹港 |
| C3 | 160 000 公吨 图巴朗港—青岛港 |
| C4 | 150 000 公吨 理查德湾—鹿特丹港 |
| C5 | 160 000 公吨 西澳—青岛港 |
| C7 | 150 000 公吨 玻利瓦尔港—鹿特丹港 |
| C8 03 | 172 000 公吨 直布罗陀/汉堡港 大西洋往返航次 |
| C9 03 | 172 000 公吨 欧洲大陆/地中海至远东航次期租 |
| C10 03 | 172 000 公吨 太平洋往返航次 |
| C11 03 | 172 000 公吨 中国/日本至地中海/欧洲大陆航次期租 |

3. BPI 指数（Baltic Panamax Index），是波罗的海巴拿马型船运价指数（见表 6－11）。吨位为 5 万 ~8 万公吨，主要运输的货物为民生物资及谷物等大宗物资，占 BDI 的权重为 1/3。

表 6-11　波罗的海巴拿马型船运价指数（BPI）

| 航线 | 描　述 |
|---|---|
| P1A 03 | 74 000 公吨 跨大西洋往返航次 |
| P2A 03 | 74 000 公吨 斯卡角—直布罗陀港/远东 |
| P3A 03 | 74 000 公吨 日本—韩国/太平洋往返航次 |
| P4 03 | 74 000 公吨 远东/北太平洋—澳洲/韩国—帕赛罗角 |

4. BHSI 指数（Baltic Handymax Index）是波罗的海灵便型船运价指数（见表 6-12）。吨位为 5 万长吨以下，主要运输的货物包括磷肥、碳酸钾、木屑、水泥，占 BDI 的权重为 1/3。

表 6-12　波罗的海灵便型船运价指数（BHSI）（28 000 吨载重量）

| | |
|---|---|
| 1 | 思科岛/巴塞罗—雷卡拉达/里约热内卢 |
| 2 | 思科岛/巴塞罗—波士顿/加尔维斯顿 |
| 3 | 雷卡拉达港/里约热内卢—思科岛/巴塞罗 |
| 4 | 美湾航线经美湾或南美北岸到思科岛/巴塞罗 |
| 5 | 东南亚航线经澳大利亚到新加坡/日本 |
| 6 | 韩国/日本经北太平洋到新加坡/日本 |

5. BDI 指数（Baltic Dry Index），波罗的海干散货运价指数的前身是波罗的海运价指数（Baltic Freight Index，简称 BFI），是国际干散货运输市场走势的晴雨表，是目前世界上衡量国际海运情况的权威指数，是反映国际贸易情况的领先指数。如果该指数出现显著的上扬，说明各国经济情况良好，国际贸易火热。前几年由于中国经济快速发展也带动了全球经济的复苏，全球对于原材料的需求大大增加，导致海运的快速繁荣。2008 年初，BDI 指数高达 11000 点，而到了 2008 年底，该指数就不足 1000 点。自 2009 年 7 月 1 日起，该指数是一个组合海岬型、巴拿马型、大灵便型和灵便型干散货船期租的平均值。

海运市场是国际贸易的派生需求，历来经受经济周期、局部战争、突发事件等国际因素的冲击，海运市场运费价格的变动也因此难以被掌控。以 2007 ~ 2008 年金融危机时期干散货市场为例，2007 年 6 月 18 日，BDI 指数一路暴跌，报收于 5154 点的低值。随后，纽卡斯尔港口拥挤、澳大利亚干旱和中国进口巴西铁矿石等因素的叠加，致使 BDI 指数一路暴涨，不断创造历史记录，2008 年 5 月 20 日创下了 11793 点的历史新高。如此剧烈的市场波动，足以让海运市场的参与者深刻认识到规避海运风险的重要性，海运衍生品应运而生。

### （三）海运运费衍生品种类

波罗的海国际运价期货、远期运费协议（FFA）和运费期权是三种主要的海运运费衍生品，其中，FFA 是目前交易量最大的海运运费衍生品。

1. 波罗的海国际运价期货。1985 年，波罗的海航交所开设波罗的海国际运价期货市场（Baltic International Freight Futures Exchange，BIFFEX），开始波罗的海运费指数期货交易，其标的为波罗的海运费指数。参与者使用 BIFFEX 提供的标准格式合约，利用 11 条标准航线计算得出的波罗的海运费指数进行套期保值。BIFFEX 一度得到市场的追捧，当年即创下近 2 万单交易量，1988 年更是创下近 10 万单的交易记录。但是，其固有的套期保值效率低和流动性不足等问题，最终导致 BIFFEX 在 2002 年退出交易市场。

2. 远期运费协议（Forward Freight Agreement，FFA）。1991 年，Clarksons 首次提出 FFA 的概念，即买卖双方针对将来某一特定时期内，具体航线上的具体船型制定的一种远期运价协议。协议规定了具体的航线、价格、数量、交割时期、交割价格计算方法等，双方约定在未来某一时点，收取或支付依据波罗的海航交所的官方运费指数价格与合同约定价格的运费差额。它以特定的航线指数为标的，包括 BFA Capesize（C3、C4、C5、C7、BCI T/C Average）、BFA Panamax（P2A、P3A、BPI T/C Average）等。

FFA 交易具有以下优点：期货指数和实际运费指数变动幅度相同，可以实现完全保值。双方可以根据实际需要，确定需保值的航线，在确定好与标准航线之间的固定差额的情况下即可进行套期保值；FFA 只需依旧标准合同确定时间和协议价格，具有良好的流动性等特点。

3. 运费期权（Freight Opitons）。2005 年 6 月，奥斯陆国际海运交易所（Imarex）联合挪威期货和期权结算所（NOS）推出最具流动性的液体散货运费远期 TD3 和 TC2 的认购和认沽的亚式期权，并推出了世界上第一个干散货运费远期 PM4TC 的期权合约，为规避运费风险提供了一种全新的工具。运费期权属于远期生效亚式期权，即远期生效的亚式选择权的执行价格是合约生效日后的某一时点开始至到期日（或到期前某一时间）的航线运费（运费指数）的平均价格。因巴拿马型船运费经常会出现大幅度波动，新的运费期权合约也是针对巴拿马型货船而产生的。目前，运费期权的交易量相对较少，但其已成为运费衍生品市场中的一支新生力量。

**（四）FFA 市场发展状况**

1992 年 10 月，欧洲船东 Bocimar 和 Burwain 进行了第一份干散货 FFA 交易。

目前，干散货 FFA 交易的航线发展到波罗的海干散货 24 条航线，包括 10 条 Capesize 航线、7 条 Panamax 航线和 5 条 Supramax 航线以及 2 条 Trial 航线；液体散货的交易航线也扩大到 15 条原油航线和 6 条成品油航线。2005 年以后，随着越来越多的航运公司（TMT、Oceanbulk 等）以及世界大型投资银行（Citibank、GMI 等）的介入，FFA 的成交量已经达到整个航运市场的 2/3，现货市场只占 1/3。

1. FFA 协议的主要条款：

（1）商定的航线；

（2）结算日期；

（3）合约数量；

（4）以何种合约差价进行结算。

2. FFA 交易的结算机制：

（1）结算价格为波罗的海航交所在每个结算期公布的合同航线平均价格；

（2）结算期是进行 6 条期租航线平均价格交易时整个月中所有指数的平均值，或者在就某单独航线交易时过去 7 天平均价格结算日为合同月中最后一期波罗的海航交所发布之日；

（3）结算金额等于固定价格与浮动价格之间的差乘以合同数量；

（4）合约双方在结算日后的 5 天内进行结算。

目前，进行 FFA 交易结算的交易所有挪威期货和期权清算所（NOS）、伦敦清算所（LCH）、新加坡交易所（SGX）以及芝加哥商品交易所（CME）。

3. FFA 的交易方式有场内交易和场外交易。FFA 交易最初源于 OTC（Over the Counter）方式，即买卖双方通过经纪人相互协商，在双方一致的基础上，进一步依据远期运费合约经纪协会（Forward Freight Agreement Brokers Association，FFABA）的合同进行最后谈判。合同的结算价格以波罗的海航交所公布的官方价格为准，在结算日一方支付对方的运费差额。直到 FFA 在奥斯陆国际海运交易所（Imarex）上市交易，并由挪威期货和期权清算所（NOS）提供结算服务，才有了场内交易方式，买卖双方在交易所内直接进行 FFA 交易，并且在清算所进行最终差额结算。两者最大差别在于，OTC 的结算风险由买卖双方直接承担（通过清算所结算除外），场内交易的风险则转嫁到清算所身上。OTC 的买卖双方大多为大船东、大货主等主要交易商，交易活动的出发点在于套期保值、规避海运运费风险。因此，OTC 的交易量、市场价值等占据 FFA 交易的绝大部分。

4. FFA 市场参与者主要包括以下四类公司。

（1）航运商：从事国际大宗散货运输的航运企业和运营商，如挪威的 KLAVENESS、丹麦的 NORDEN 等。

（2）贸易商：从事矿石、煤炭、粮食等大宗散货进出口的贸易企业，如世界四大粮食贸易集团——路易达孚、嘉吉、邦基和 ADM。

（3）生产商：从事矿石冶炼、粮食加工、电力、炼油等大宗原材料消耗的生产企业，如世界矿业巨头 BHPB 和 RIO。

（4）金融公司：各种投资银行、对冲基金和期货公司等，如高盛、摩根士丹利等。

### （五）如何应用 FFA 来进行海运费风险管理

由于现货市场和 FFA 市场的变化方向是相同的，具有高度的相关性和趋同性，可以用 FFA 交易来对冲现货市场的价格风险。

**【案例 6－7】**

2009 年下半年航运费一直高企，2010 年 3 月的 FFA 日租金高达45 000美元。某航运企业卖出 FFA 锁定航运利润，与某租船经纪人签订 2010 年 3 月的远期租赁合同，合同约定利用巴拿马型船从大西洋至远东航线运行。

假设合同约定天数为 90 天，合同到期时，日租金下跌至 40 000 美元/天，则该航运企业在 FFA 交易上获取盈利为：

（45 000－40 000）美元/天 ×90 天＝450 000（美元）

#### 延伸阅读

FFA 交易给航运市场提供了一个对冲风险的管理工具，然而，潜在的高额投机利润使它越来越像一个对赌的游戏，尤其是随着国际投资银行、资本大鳄的进入，FFA 交易作为一种金融衍生品，其投机性越来越大。

1. 航运费也可以“逼仓”吗

2006 年，中国台湾某航运公司，斥资数亿美元以 15 000 美元/天的价格买入 2006 年第四季度的巴拿马 FFA。随后，将其拥有的 10 条好望角型船闲置，人为造成运力紧张，推高了现货指数，待到合同结算期，FFA 价格飙升至 30 000 美元/天。这种类似期货市场的“逼仓”行为使该航运公司成为当年 FFA 市场上的最大赢家。

该航运公司最初通过 FFA 交易，将运费锁定在 15 000 美元/天，进行租金风险管理，同时利用 FFA 交易与现货市场方向变化的一致性，将自己控制的好望角型船闲置，强行推高现货指数，FFA 价格被动跟随上涨，为该航运公司赚得了巨额的利润。

2. 某中国企业 FFA 交易巨亏事件

2008 年上半年，波罗的海运价指数 BDI 处于历史高位，市场普遍预期未来航运市场需求依然会继续增加，运价仍有大幅上涨的可能性。于是，基于 BDI 指数的趋势性走势和公司的航运需求，某中国企业为锁定租入船的海运费成本，买入数量巨大的 FFA 交易。

随着 2008 年金融危机的爆发，国际贸易需求下降，航运市场走低，到 2008 年第三季度，BDI 指数跌幅高达 70%，进入第四季度，BDI 指数继续下跌，连续跌破 2000 点、1000 点，给该企业带来了数十亿元的亏损。

## 七、场外铜衍生品有哪些?

与其他商品衍生品一样，铜的场外衍生品交易包括铜远期交易、铜掉期交易和铜期权交易，其中铜期权交易属于场内合约、场外交易，实际上，LME 铜期权交易有场内交易和场外交易两种方式，只是场内交易成交量非常小，无法给市场参与者提供参考价格。下面我们介绍两种 LME 铜期权合约。

### （一）标准 LME 铜期权合约

标准 LME 铜期权合约见表 6 - 13。

表 6 - 13 标准 LME 铜期权合约

| | |
|---|---|
| 可交割日期 | 从首月至 63 个月每月一次 |
| 交割日期 | 交割月份的第三个星期三 |
| 行使日期 | 交割月份的第一个星期三 |
| 权利金单位 | 美元/吨 |
| 行使价格 | 行使量在 25 美元至 1 975 美元内，区间为 25 美元 |
| | 行使量在 2 000 美元至 4 950 美元内，区间为 50 美元 |
| | 行使量在 5 000 美元以上，区间为 100 美元 |
| 结算货币 | 行使价格区间与权利金的最小价格波动可以任何结算货币计 |

其中，行使日期是指，LME 规定，每个月的第一个星期三为该月份到期期权的行使日期，期权的买方必须在这一天宣布是否执行当月到期的期权，否则视为自动放弃，期权的卖方则被动地接受，当然，客户可以根据当时的市场价格取舍该期权。

### （二）成交平均价期权（TAPOS）

TAPOS（Traded Average Price Option），即成交平均价期权，是根据 LME 每月官方结算价设计的期权合约。该期权合约的结算日为合约月份到期后第一个月的第二个工作日，根据每月结算价，如果该期权处于获利状态，将自动宣布执行，客户不需要再宣布执行，该期权比普通期权便宜，一般是生产厂家购买，现在很多贸易商和消费商也开始使用这种期权。

### （三）怎样进行铜期权的交易

期权交易策略有很多种，买入/卖出看涨、看跌期权，牛市、熊市期权组合策略，跨式、勒式等期权组合策略。本质上，进行期权交易主要考虑三方面的内容：标的资产的价格变动、标的资产的波动率以及时间对期权价格的影响。

2012 年 5 月受欧债危机的影响，LME 铜由 8 400 美元/吨跌至 7 300 美元/吨，2012 年 6 月某投资公司在进行铜期权的交易策略抉择时，判断后市 LME 铜短期价格波动会较小，因此采用了卖出波动率的策略，具体如下：

2012 年 6 月 6 日，LME 铜期货价格 7 430 美元/吨，卖出下列期权（见表 6 – 14）：

表 6 – 14　期权交易

| 期权类型 | 执行价格 | 权利金 | 行使日期 | 交割日期 |
|---|---|---|---|---|
| 看涨期权 | 7 900 美元/吨 | 133 美元/吨 | 2012 年 8 月 1 日 | 2012 年 8 月 15 日 |
| 看跌期权 | 6 900 美元/吨 | 132 美元/吨 | 2012 年 8 月 1 日 | 2012 年 8 月 15 日 |

2012 年 8 月 1 日，LME 铜期权结算价为 7 446 美元/吨，2012 年 8 月 15 日，LME 铜期权结算价为 7 397 美元/吨，因此，该公司卖出的期权均不被触发，该公司可以盈利 133 + 132 = 265（美元/吨）。

## 八、大连商品交易所场外商品互换如何运作?

### （一）业务背景

2007 年美国发生次贷危机；2009 年 9 月，20 国集团（G20）领导人在匹兹堡峰会上达成加强场外衍生品监管的若干共识；2010 年，美国《多德 – 弗兰克法案》第七章对《商品交易法》进行重大修订，确立美国场外衍生品监管的新框架；2012 年 4 月，国际清算银行（CPSS）和国际证监会组织（IOSCO）发布新的金融市场基础设施标准（PFMI），提出中央对手方标准；2013 年 3 月 11 日起，美国已率先在部分利率互换和信用违约掉期产品上实现强制集中清算。

在以上背景下，大连商品交易所于 2014 年开展了掉期理论与铁矿石掉期业务的研究，经过 2017 年整年的试点论证，于 2018 年 6 月 14 日报中国证监会，并在 2018 年 11 月 30 日发布《商品互换业务管理办法》，正式展开业务。该业务最大特点是舍弃了原有场外业务对手方双边清算模式，变为中央对手方清算，由交易所代理交易双方进行清算。

### （二）商品互换参与者

商品互换的参与者主要包括产业客户、银行和期货风险管理子公司。

产业客户是各类商品衍生品工具的主要需求方，对互换的需求主要体现在：第一，对标的产品的种类、合约期限、市场容量等方面的个性化需求；第二，一些产业客户在参与场内期货市场还需面对较高的门槛，不仅仅体现为合规问题，也有场内市场专业性的需求，另外，对于手中有大量授信额度的客户来说，参与场内市场的成本较高，授信额度并不能有效转化为期货保证金；第三，受到场内市场容量和持仓管理的影响，产业客户需要新工具、新市场来满足其风险管理需要。

银行作为境内金融系统中重要的金融机构，具有信用好、违约风险低的特点，所以是场外产业客户交易的优质交易对手，同时银行发挥金融优势提供授信支持，可降低产业客户交易的资金成本。另外，由于银行无法直接参与商品市场，因此需要特殊的风险对冲机构，帮助其转移风险。银行参与的商品互换模式见图6－11。

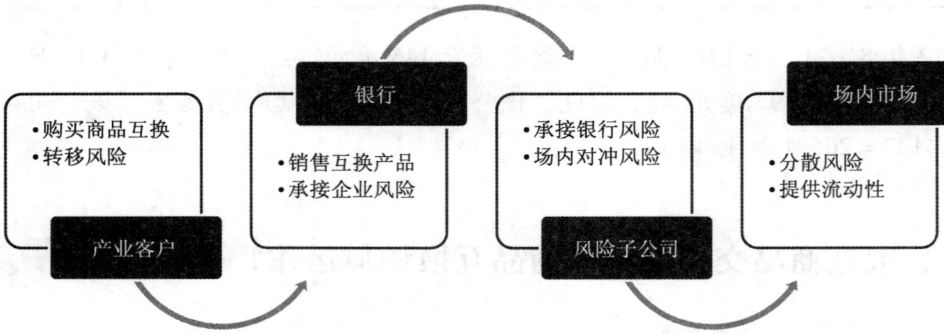


图6－11　银行参与的商品互换模式

期货风险管理子公司既可以作为产业客户的交易对手，又可以作为银行的风险转移者，承担更多的风险对冲的角色。非银行参与的商品互换模式见图6－12。

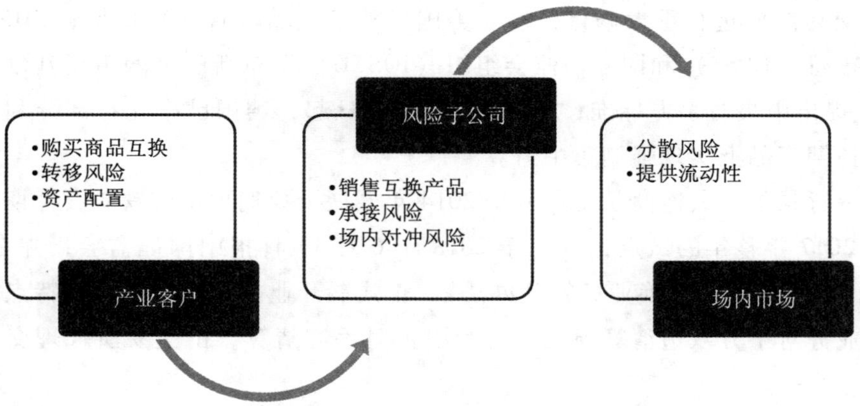


图6－12　非银行参与的商品互换模式

### （三）商品互换业务流程

互换业务流程包括开户准备、开户、交易、结算和违约处置，具体流程见图 6－13。

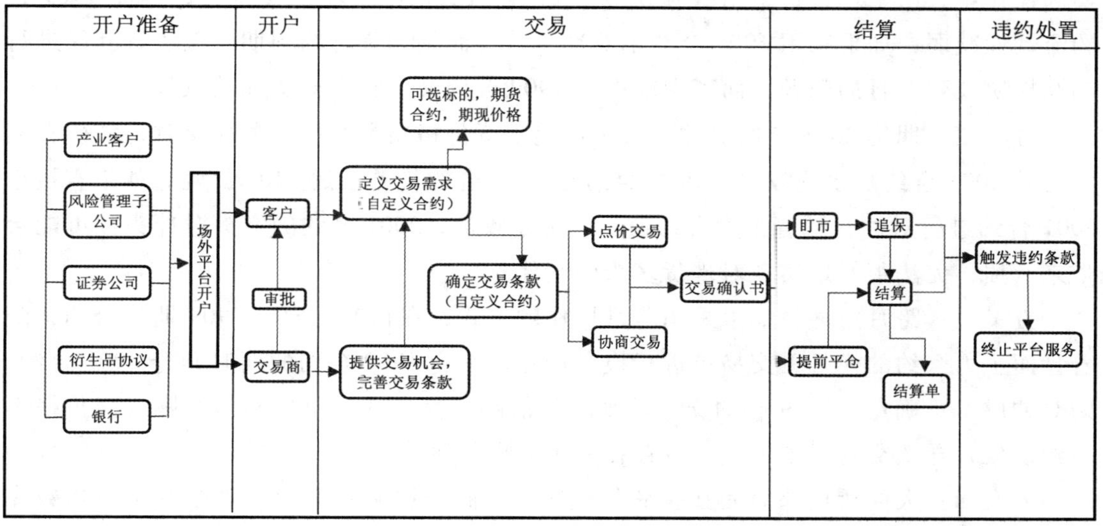


图 6－13　大连商品交易所商品互换流程

这里需要注意的是大商所场外平台的作用，当客户账户资金不足，无法按照要求补足保证金，或支付结算亏损时，触发违约，平台将终止服务，违约客户资金冻结或划转至守约方。

### （四）商品互换案例

背景：2019 年 1～7 月，由于巴西 VALE 溃坝、澳洲飓风等利多因素影响，铁矿石价格开启了一轮单边牛市行情，铁矿石期货指数涨幅 77.78%，现货普氏 62% 指数涨幅 74.64%。随后，受到环保政策、限产计划、成本上升等利空因素影响，螺纹钢价格预期下跌，铁矿石供需矛盾缓解，价格大幅回落。全年铁矿石价格波动处于较高水平。

头寸解析：8 月，根据产业客户（以下简称客户）需求，风险子公司（以下简称公司）与客户成交了 9 月中旬到期的铁矿石现货价格指数互换，公司持有现货价格指数互换多头。基于临近交割日基差会收敛的预期，为更准确地定价现货，现货价格指数互换定价挂钩的是铁矿石期货合约 1909，成交价格为 1909 合约价格减 6 元/吨，名义本金约为 1 000 万元。公司通过对当时铁矿石基本面分析，认为未来铁矿石价格将下降。彼时铁矿石的港口供应已经基本恢复，港口库存下降速度放缓，且由于限产和钢厂主动停产检修等原因，铁矿石的需求预期也在下滑。因此，公司看空 8～9 月时间段内的铁矿石价格，需要对现货价格指数互换的多头进行套保对冲。

方案一：期货1909合约对冲。该笔业务成交价格为1909合约价格减6元/吨，理论上应该用铁矿石1909合约来进行对冲，可以对冲掉除基差外的价格波动风险。但在实际操作中，由于现货价格指数互换业务到期时已经是1909的交割月，当时1909合约流动性减弱，如果采用1909合约来对冲，就会面临期货合约到期，无法将套保进行到互换协议到期日的问题，而若提前平仓1909合约又面临裸露头寸的风险。

方案二：期货2001合约对冲。由于该笔现货价格指数互换业务成交时，铁矿石期货合约2001合约贴水比较大，1909合约与2001合约价差接近140元/吨，如果直接用2001合约进行对冲，随着主力合约换月，价差收敛，2001合约的空头对冲头寸可能会带来亏损，无法很好地实现对现货多头的套保。

方案三：跨月对冲。如果采用跨月操作的方式，在初期先卖出1909期货合约，随着盘面主力合约的换月，交易员进行换月操作，平仓1909合约的同时开仓2001合约，则对冲成本不确定。1909合约交易越来越不活跃，易出现挂单价格与实际成交价格不一致现象，导致交易成本上升，且存在一定的操作风险。

方案四：大商所场外商品互换平台对冲。大商所铁矿石期货主力合约价格指数在638.5点时，公司卖出160手铁矿石期货主力合约价格指数互换，名义本金约1 000万元，用来对冲之前所持有的1 000万元规模的铁矿石现货价格指数互换。交易到期日也同铁矿石现货价格指数互换业务的到期日保持一致，保证完全套保，不留风险敞口。商品互换交易的初始保证金也同铁矿石期货合约保证金的水平保持一致，并逐日进行估值与追保。

实际效果（方案四）：在公司整个持仓期间，铁矿石价格大幅振荡，振幅超过17%。1909合约与2001合约的月间价差从138点跌到最低84点。截至到期日结算，公司现货价格指数互换端盈利45.14元/吨，商品互换套保端成本为32元/吨，组合整体获利约13元/吨。公司对套保资金进行了测算和对比后发现，用指数互换套保，把换月风险转嫁出去一部分，不会因为行情波动时换月操作不当带来额外成本，业务收益得到了较好的保障，整体效果超过预期。

## 九、“保险+期货”是如何服务实体经济的?

“保险+期货”实质是一种利用衍生品市场进行风险分散的新型农业保险，是在我国深化粮食收储制度与价格形成机制改革过程中，为解决既要确保粮食供给，又要防止谷贱伤农的问题，期货业携手保险机构融合各自风险管理优势所推出的一项金融创新模式。农民购买价格保险将风险转移到保险公司，保险公司再购买期货公司的看跌期权实现“再保险”，最后期货公司将风险分散到期货期权市场，完成风险的转移。下面通过案例分别介绍现有的“保险 + 期货”模式。

### （一）价格险

背景：参保对象为河北省邢台市广宗县、衡水市安平县的合作社和个体农户，包括部分建档立卡贫困户。邢台市广宗县属于国家级贫困县，耕地面积 10 万亩，平均亩产 1 000 斤，境内土壤经长期耕垦，熟化程度较高，此项目自县农业局统一协调以乡镇为单位投保，县扶贫办给予大力支持，并由县财政补贴 40%，推动项目落地；衡水市安平县是河北省产粮大县，耕地面积 49.7 万亩，2018 年玉米种植面积为 37 万亩，平均亩产 1 000 斤，该项目由县供销社牵头组织投保，金融办、扶贫办共同推进，安平县建卫种植专业合作社、安平县武营粮食种植专业合作社等新型农业经营主体出资 10%，县政府补贴 30% 促成该项目。

价格险流程见图 6 – 14。

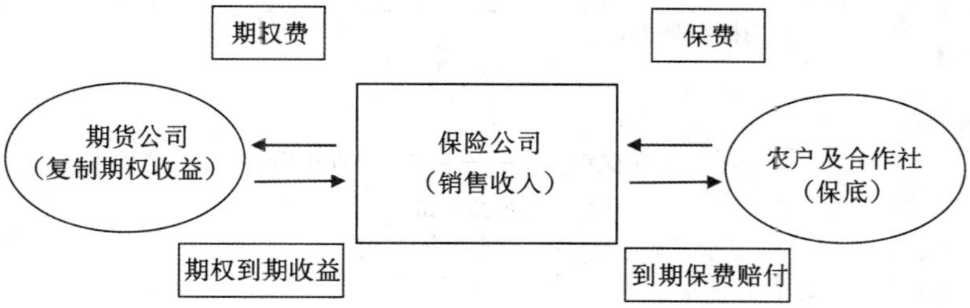


图 6 – 14　价格险流程

价格保险要素见表 6 – 15。

**表 6 – 15　价格险要素**

| | 广宗县 | 安平县 |
|---|---|---|
| 期限 | 2018 年 6 月 29 日 ~ 2018 年 10 月 28 日 | 2018 年 6 月 29 日 ~ 2018 年 10 月 28 日 |
| 投保亩数 | 6 万亩（3 万吨） | 6 万亩（3 万吨） |
| 价格标的 | 大商所 1901 合约 | 大商所 1901 合约 |
| 目标价格 | K：1 868 元/吨 | K：1 868 元/吨 |
| 结算周期 | 2018 年 9 月 22 日 ~ 2018 年 10 月 28 日 | 2018 年 9 月 22 日 ~ 2018 年 10 月 28 日 |
| 结算价格 | S：标的在结算周期内交易日的算术平均值 | S：标的在结算周期内交易日的算术平均值 |
| 赔付方案 | S > K，赔付 C = 0<br>K > S > K – 150，赔付 C = 0.5 × (K – S)<br>K – 150 > S，赔付 C = 75 + (K – 150 – S) | S > K，赔付 C = 0<br>K > S > K – 100　赔付 C = 0.5 × (K – S)<br>K – 100 > S，赔付 C = 50 + (K – 100 – S) |
| 保费 | 60 元/吨，折合 30 元/亩 | 60 元/吨，折合 30 元/亩 |

赔付情况：本次总承保户数21 540户，承保总面积12万亩，投保数量6万吨，于2018年10月28日结束，合作社和农户获得赔付49.5万元。

### （二）收入险

背景：逊克农场是黑龙江垦区大型农场之一，位于小兴安岭北麓黑龙江畔，与俄罗斯隔江相望。隶属于黑龙江垦区北安管理局，辖区总面积320万亩，其中耕地面积65万亩，是国家重要粮食生产基地。全场人口2.3万余人，农场拥有现代化大型农业机具3 238台/件，年产粮豆26万吨。经过实地调研，逊克农场对玉米收入保险产品有投保意向的玉米产量达1.5万吨。

收入险流程见图6－15。

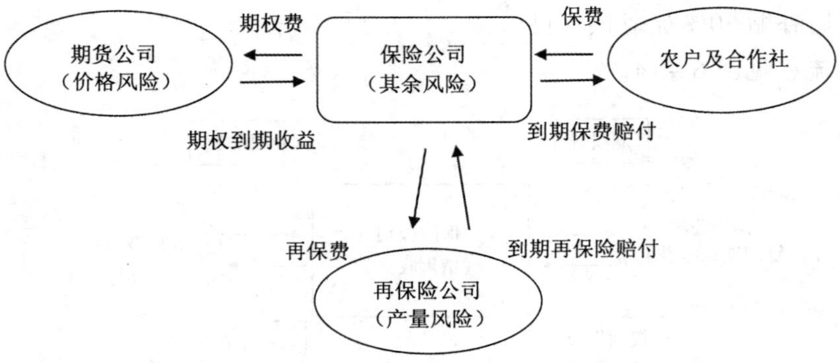


图6－15 收入险流程

收入保险要素见表6－16。

表6－16 收入保险要素

| | |
|---|---|
| 目标价格 | 1 720元/吨 |
| 目标收入 | 1 066.4元/亩 |
| 基准保险费率 | 10% |
| 投保量 | 1.5万吨 |
| 目标产量 | 0.62吨/亩 |
| 投保时间 | 2017年7月31日～2017年11月27日 |
| 理赔公式 | 理赔金额＝（目标产量×目标价格－实际平均亩产量×期货价格）×保险面积×保险责任水平<br>期货价格为大商所玉米期货1801合约最后一个月（2017年10月27日～2017年11月27日）的交易日收盘价格的算数平均值 |

赔付情况：试点项目场外期权产品设计为亚式看跌期权，采取现金结算。保险产品设计参考玉米期货C1801合约价格，约定目标价格为1 720元/吨，目标产量为0.62

吨/亩，保险期限4个月。经抽样调查和计算，鉴定承保玉米实际产量为0.506吨/亩，C1801合约在约定期间的平均结算价为1 682.33元/吨。最终核定每亩理赔金额为55.18元，总赔付133.5万元。

### （三）"订单+保险+期货"

订单是个很宽泛的概念，简单分为以下几类（见表6-17）。

表6-17　　订单分类

| 订单名称 | 定价模式 | 优点 | 缺点 | 避险手段 | 销售收入 |
| --- | --- | --- | --- | --- | --- |
| 远期交货合同 | 先定价后交货 | 锁定销售价格确保利润空间 | 失去价格上涨的获利机会 | 合作社签订合同同时卖出套保 | 合同规定价格 |
| 固定基差合同 | 先订基差后定期货价格 | 拥有价格上涨带来的获利机会 | 面临价格下跌带来收入损失 | 合作社农户点价后卖出套保 | 期货价格+基差 |
| 最低卖价合同 | 一口价+买入看涨期权 | 价格上涨，期权获利，收入增加 | 损失权利金 | 合作社买入看涨期权 | 一口价-权利金+上涨期权获得利润 |
| 延期定价合同 | 最后点价日前一口价点价 | 拥有价格上涨卖高价的机会，节省仓储损耗费用 | 面临价格下跌收入损失风险 | 买现货，买期货 | 点价价格 |

背景：黑龙江省桦川县是国家级贫困县，也是全国粮食主产区，主产玉米、大豆、水稻等粮食作物，农业产值占全县经济总值将近40%，农业产业发展对全县脱贫攻坚影响巨大。2018年，桦川县政府及当地农民进一步扩大试点范围，最终将"保险+期货+基差贸易"模式扩展到全县，完成县域全覆盖，真正实现了县域范围的"愿保尽保"。试点覆盖40余万亩24万吨玉米，为5 666户农户提供了保障。经协商，入场期货价格1 820元/吨，确定目标价格1 878元/吨，费率为3.37%，保费为63.24元/吨，主要由县政府承担。

"订单+保险+期货"流程见图6-16。

"订单+保险+期货"保险要素见表6-18。

赔付情况：为打通现货收购渠道，该风险子公司于2017年特地在桦川县设立了分公司，专门为现货收购提供支持，也为2018年的再次实践奠定了基础。为了确保现货收购顺利进行，子公司在当地设置了三个收粮点，为农民卖粮提供便利，现场进行质量检测和称重后，实时交付货款到农户。2018年10月至12月，子公司陆续收购玉米现货12 729.39吨，平均干粮采购价格为1 683.15元/吨，高出期初约定的现货综合保障价格100元/吨。价格保险赔付部分虽然为零，但是达到了保障富农的效果。

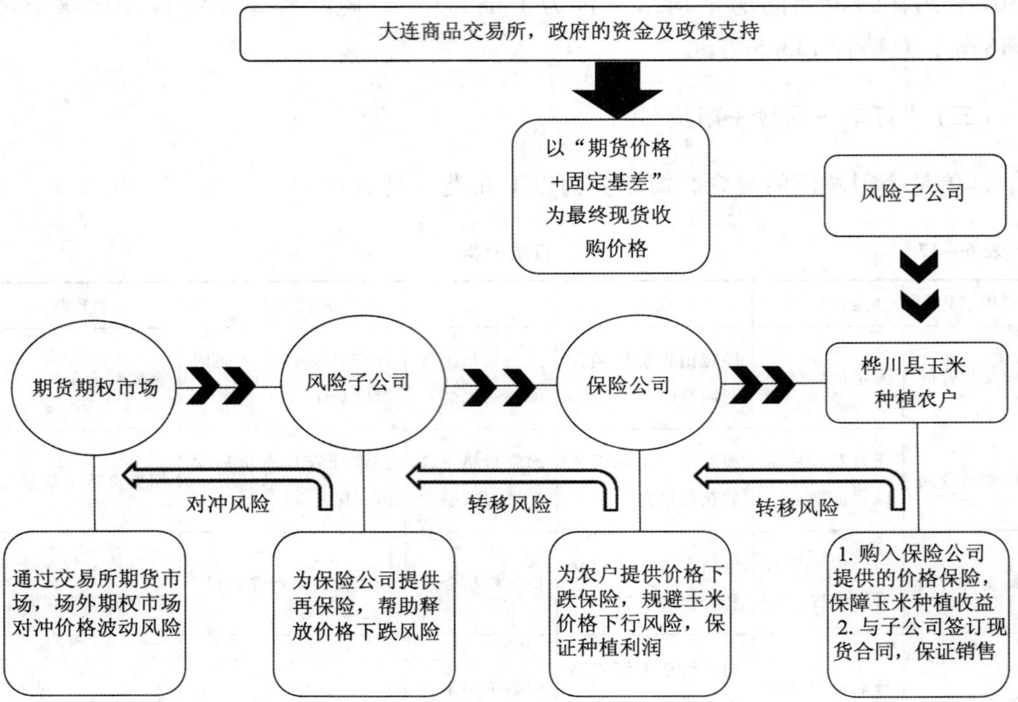


图 6－16　“订单＋保险＋期货”流程

**表 6－18　“订单＋保险＋期货”要素**

| | | |
|---|---|---|
| 品种及数量 | 玉米 24 万吨（41.09 万亩） | 确定亩产 0.58 吨（干粮），涉及农户 5 666 户，其中贫困户 477 户 |
| 保障期限 | 2018 年 7 月～2019 年 3 月 | 共 9 个月 |
| 保障价格 | 玉米 1901 合约 1 878 元/吨 | 入场价格 1 820 元/吨，阶梯入场，最终保障价格为 1 878 元/吨 |
| 保费 | 1 517.81 万元（63.24 元/吨） | 1. 农户及合作社承担 75.89 万元；2. 政府补贴 151.78 万元；3. 交易所补贴 1 290.13 万元 |
| 到期实际价格 | 平均 1 889.91 元/吨 | 玉米 1901 合约 2018 年 11 月中旬至 12 月中旬收盘价均价为 1 889.91 元/吨 |
| 保障效果 | 玉米价格上涨，结算期价格高于保障价格，未产生价格赔付。当地玉米种植户人均实现收益 4 500 元/年以上 | 在收获及售粮期内，玉米现货价格大幅上涨，基差变动较大，子公司按照对农民有利的固定基差收粮 2.4 万余吨，同时，延长基差收购的周期，确保试点发挥更大作用 |

### （四）未来展望

1. 保费补贴是前提：将“保险＋期货”模式纳入我国农业保险财政补贴范围。我国中央、省及县级财政对农业种植险保费补贴比例达到80%，而“保险＋期货”这种新型农业保险尚未纳入中央财政补贴范围。建议由政府相关部门牵头，尽快研究将“保险＋期货”纳入国家农业保险保费补贴框架，明确各级财政补贴比例合计达到80%。

2. 制订“保险＋期货”模式的试点计划。我国农业生产区域广泛，各地自然禀赋不同，农业产业基础不同，建议由相关部门牵头金融机构参与，共同研究建立和完善我国农业基础数据库，制定“保险＋期货”模式试点推进方案，选择条件成熟的地区开展试点，摸清大范围开展“保险＋期货”模式的边界技术条件，以点带面，稳步推进（见图6－17）。

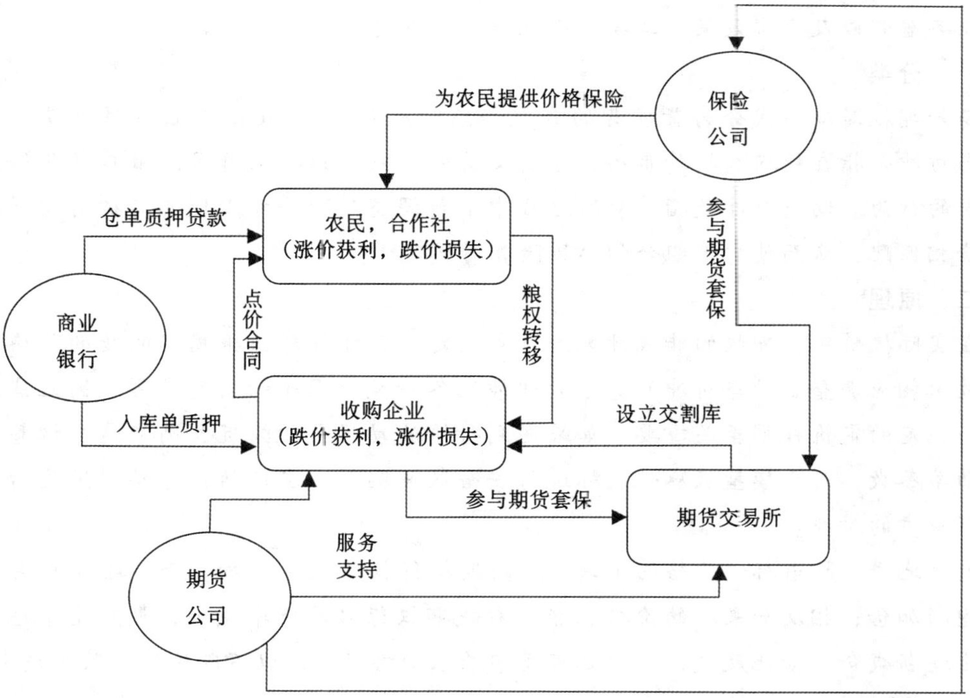


图5－17　完备的“保险＋期货”的模式

3. 加强对一线农业干部和金融干部的教育培训。“保险＋期货”模式跨越保险市场和期货市场，是解决农业市场风险的创新金融产品，直接服务和受益对象是普通种植者，但普通农户、基层政府对其认识不足，建议加强对一线农业干部和金融干部的教育培训，让他们能结合当地实际农情提出试点建议，在操作过程中具备与金融机构的议价能力和监督能力，为实施“保险+期货”这一新型农险提供组织保障。

4. 进一步丰富财政补贴的保险产品，给农户更多选择。近年来，我国已开始探索利用“保险+期货”模式来抵御市场风险，价格险已大范围试点，既可防范自然风险又可防范价格风险的收入险已开始探索。建议在相关产品技术成熟且纳入补贴的前提下，将农产品价格险、收入险与种植险一并提供给农民，由农民根据自身农情需要选择投保品种，提高保障效率，减轻农民负担。

**延伸阅读**

### 场外期权的风险对冲管理

场外期权合约风险对冲作为场外衍生品业务的重要环节之一，对冲的效果直接影响业务盈利以及亏损效果，其操作规范性非常重要。

**一、分类**

场外期权对冲模式分为背靠背的直接静态对冲和动态 Delta 中性对冲两类。直接静态对冲是指在场内和场外市场，通过交易的方式直接将自身风险敞口转移给交易对手的行为。动态对冲是指在对冲过程中不断调整对冲头寸以使其与被对冲资产的风险相匹配，从而使资产组合的总风险相对固定。

**二、原理**

在实际操作中，期权的非线性风险特点决定了头寸管理应根据标的物的价格变化而做出相应调整。动态对冲的头寸管理涉及各种风险因子的实时计算，因此建立准确而稳定的定价模型至关重要。如果遇到行情波动巨大的情况，则应适当调整模型波动率参数，对于模型敏感性指标进行安全区间测算，在评估持仓整体风险后再进行下一步的对冲。

通俗地讲，随着标的价格的下跌，看跌期权行权的概率增加，期货空单也会相应地逐渐加仓；相反如果标的价格上涨，看跌期权行权的概率减小，期货空单也会相应地逐渐减仓。如此反复，在期货市场中紧跟价格变化，以不断追涨杀跌为成本，使价格风险得到充分对冲。

具体而言，在期权定价的基础上，通过对期权价格求偏导或差分的方法可以计算出标的价格、到期时间、波动率等因素对期权价值的影响，从而实现对相应风险的对冲。一般情况下，我们主要对冲标的价格变动带来的方向性风险，即 Delta 风险。Delta = 期权价格变化/期权标的物价格变化，即标的价格变动 1 个点，期权理论价格变动 Delta。假设我们有一个 Delta 为 -0.3 的持仓，则意味着当标的物价格上涨 1 个点时，我们的持仓理论价格将会损失 0.3 个点。这时我们只要再添加 1 个 Delta 为 +0.3 的持仓部位来抵消之前的 -0.3 就可以了。我们知道，标的物的 Delta 是 1（显然标的物与自身有绝对的相关性），因此我们只需要买入 0.3 个标的物就构成了 1 个 Delta 为 +0.3 的持仓，这时我们总持仓的 Delta 就为 0。当然，在现实生活中我们买不到 0.3 个标的物，但如果我们拥有 10 份 Delta 为 -0.3 的期权头寸，则总头寸的 Delta 为 3，我们就可通过买入 3 个标的物来实现 Delta 对冲，保证我们头寸 Delta 中性。

**三、对冲流程**

第一，根据标的期货品种历史上的波动情况，计算出其历史波动率，再根据交易的场外期权产品要素，如行权价格、期限等，计算该笔场外期权产品的 Delta 敞口。

第二，交易达成后，在期货市场买入或卖出相应的头寸，用以对冲因期权成交所产生的 Delta 敞口，保证组合 Delta 敞口为中性或在可接受风险范围内。

第三，在期权合约存续期内，跟踪因为标的期货价格变动而导致的 Delta 敞口变化，并进行相应的动态调整，使组合的 Delta 敞口维持为中性或在可接受区间。

第四，持有头寸至到期，了结对冲头寸。

**四、案例**

客户向公司购买 1 000 吨 1 个月后到期、行权价为 3 800 元/吨、以大豆期货合约 A1901 为标的的看跌期权，若此时大豆期货合约 A1901 的价格为 3 800 元/吨，则对冲过程如下：

根据大豆期货合约的历史数据，计算得到大豆期货合约 A1901 近期波动率为 15%。根据成交规模，初期确定 Delta 敞口阈值为 ±3 手。根据以上波动率计算，场外期权成交后公司将面临 50 手 A1901 的正向敞口，因此公司立刻在期货市场卖出 50 手 A1901 合约使敞口在可接受范围内。在随后的过程中，若 A1901 价格涨到 3 960 元/吨，总体 Delta 敞口变为 44 手，因此需要公司空平 6 手 A1901 合约，以使 Delta 维持在可接受区间；若 A1901 合约价格跌到 3 740 元/吨，总体头寸敞口变为 52 手，则在期货市场再做空 2 手期货合约。如此往复，随着行情变化，不断对冲，但始终控制总体头寸的 Delta 敞口在 ±3 手范围内，直至期权到期，期货剩余头寸全部平出了结。

**五、风险对冲管理每日工作情景**

1. 8：30～9：00，开盘前对前一日市场基本面进行梳理，交易员根据市场状况决定对交易参数的调整，做好开盘对冲的准备工作。

2. 9：00～15：00，交易时段，跟踪期货的价格波动情况以及已实现波动率的运行情况，观察动态调整期货头寸，进行相应的头寸调仓处理，并做好交易记录。在交易同时风控人员根据模型盯住盘中交易情况，并核对头寸。

3. 15：00～17：00，进行结算，对动态对冲头寸估算净值，包括期权当前净值以及到期日损益情况，计算希腊字母监控风险度，并对夜盘以及周末长假等特殊时段做出提前准备。

4. 21：00～23：30（可能延至凌晨1：30），值班交易员跟踪夜盘交易走势，观察动态调整期货头寸，进行相应的头寸调仓处理，并做好交易记录。

# 第七章　场外衍生品的监管

## 本章要点

通过阅读本章，我们可以了解场外衍生品市场的监管目的和原则，认识监管在衍生品市场发展中的重要作用。本章在介绍美国金融市场监管历程时，着重突出了其场外衍生品的监管体系，以及涉及美国场外衍生品监管的《多德－弗兰克华尔街改革与消费者保护法案》；比较了欧洲市场次贷危机前后，场外衍生品市场监管体系的发展历程及相关规则《欧洲市场基础设施监管条例》，分析了上述法案和条例对场外衍生品市场的影响。此外，本章还介绍了新加坡和中国香港场外衍生品市场监管发展的最新状况，并在最后为我国发展场外衍生品市场提出了相关建议。

从20世纪80年代到次贷危机发生前，各国对场外衍生品市场的监管都是比较宽松的，原因有两个：一是要促进金融市场发展和金融创新；二是这段时期场外衍生品市场比较平稳，没有较大波动和危机。当时的监管主要是靠金融机构内部风控体系进行自我监督管理。但是，次贷危机的爆发让监管部门认识到市场运行的不透明会导致监管的缺失，而金融机构在贪婪的驱动下会放松对风险的控制，进而威胁整个金融市场的健康发展。因此，各国政府和国际组织就如何对场外衍生品市场进行有效监管，维护金融市场稳定，并防止类似事件再次发生展开了讨论，出台并实施了一系列新的监管措施。

事实上，在次贷危机之前，针对场外衍生品的监管问题就存在争议，曾出现过两种不同的观点：严格监管和放松监管。其中，放松监管主要是受金融自由化理论的影响，认为场外衍生品市场的风险不会比场内衍生品的风险更高。场外衍生品虽然杠杆较高，但是有利于投资者进行风险管理和套期保值，监管违背了自由市场的精神，而且会使得交易机构过分依赖政府监管而放松自身监管，因而不需要新增监管机构或者法律来对场外交易进行约束和监管，只需要加强交易机构和行业的自律监管即可。前美联储主席格林斯潘和诺贝尔经济学奖获得者莫顿均持有这种观点。严格监管主要是依据海曼·明斯基的“金融不稳定假说”，他认为不稳定性是现代金融制度的基本特征。一方面，场外衍生品市场发展迅速，监管的缺乏不仅无法把握市场的运行全貌，更无法衡量市场存在的风险；另一方面，场外衍生品的交易机制容易传染到整个金融市场，造成更大的危害。

这两种观点孰好孰坏难以评断，但合适的时候采用合适的监管体系是很有必要的。20世纪80年代监管的放松造就了场外衍生品市场的繁荣，但相对混乱；次贷危机爆发后，为了促使场外市场更加规范、统一，对其进行有效的监管已经成为各国政府和国际组织的共识。这也是防范系统风险，推进金融创新，营造更为安全、稳定的金融环境的需要。

监管并不会抑制市场发展。相反，从监管的目的看，监管正是为了维护市场秩序，保护投资者的合法权益，进而促进市场功能的发挥，提高市场的整体效率。从监管原则看，是在协调场外衍生品市场与现货市场、场内衍生品市场的基础上，秉持公开、公平、公正的原则，实现市场发展的同时，也不妨碍行业的自由竞争和创新，并在监管中强调国际合作。

## 一、美国场外衍生品的监管体系是怎样的?

美国是现代衍生品的发源地，市场交易活跃，品种丰富，其规模和创新能力都在世界衍生品市场占据主导地位。美国对衍生品的监管因场内和场外的区别而有所不同。其中，场内衍生品的监管体制比较完善，法律体系比较完整。场外衍生品的监管体制在次贷危机前较为松散，对金融机构和金融市场的监管都比较宽松，存在一定漏洞，对投资者保护力度不够；在次贷危机后美国加强了对场外衍生品市场的监管。从场外衍生品的监管体系看，美国实行的是机构型监管和功能型监管并存的双重监管体制，以及政府监管、行业自律监管和交易机构内部控制相结合的三级监管模式。从监管内容看，在次贷危机后，在《多德－弗兰克华尔街改革与消费者保护法案》（以下简称《多德－弗兰克法案》）签署后，场外衍生品也纳入了监管范围。

### （一）美国金融业监管的发展历程与相关法案

从美国金融监管的发展情况看，监管体系的整体发展可以概括为自由竞争—监管—放松监管—再监管四个过程。美国金融业监管体系和法案的变化通常伴随着经济环境的变化。当经济环境发展较好时，监管环境相对比较宽松；当经济进入萧条时，监管环境变得比较严格。尤其是当较大的金融危机来临时，美国便会通过严格的法律来约束和监管整个金融行业，因此，金融危机在美国金融监管体制的演变上起关键的作用。

自从 1781 年美国第一家银行——美洲银行注册成立后，美国金融业就开始了蓬勃的发展。早期的金融市场基本属于自由竞争市场，仅在各州出台了一些监管、注册和经营的规则，同时限制其他州的银行在本州开展业务，形成了“单一州原则”。这导致金融体系混乱。为此，美国于 1864 年通过了《国民银行法》，建立货币监理署，采用“自愿监管原则”对在联邦政府注册的国民银行进行监管。美国早期的金融市场的主要特征是自由竞争，基本没有监管，一方面形成了美国联邦政府层和州政府层的双层金融体系；另一方面确立了双层监管体系。这种金融体系和监管体系延续至今。

由于银行有选择申请加入国民银行体系的权利，并且美国缺乏统一的机构来制定并实施货币政策和监管政策，在 20 世纪初期，美国金融体系仍处于动荡之中，金融危机也频频发生。1907 年银行危机的爆发迫使美国通过了《1913 年联邦储备法》（《欧文 - 格拉斯法案》），并建立了以美联储为基础的美国中央银行制度，强调了美联储的监管职能。但是，当时的监管仍然不充分，金融机构通过各种途径规避了监管，又引发了 20 世纪 30 年代的大萧条。大萧条催生了《1933 年银行法》（《格拉斯 - 斯蒂格尔法案》）。该法案一方面确立了商业银行与投资银行的分业经营体制，放松了对全国性银行设立分支机构的限制，并首次对银行控股公司进行监管；另一方面创立了存款保险制度，成立了联邦存款保险公司（FDIC），后者也成为美国银行业监管体系的重要一员。之后，分别依据《1934 年证券交易法》和《1974 年商品交易法》，美国成立了证券交易委员会（SEC）和商品期货交易委员会（CFTC）对相应市场进行监管，促成了全国证券交易和期货交易的监管体系的建立。依据《1945 年麦克兰 · 法格逊法》，美国的保险行业原则上由各州进行监管，并没有统一的联邦监管部门，这种情况在次贷危机后发生了改变，美国在财政部下成立了联邦保险局（FIO），确立了分州监管、联邦协调的保险业监管模式。此外，美国政府也相应出台了一系列法律，美国金融体系逐渐走向了分业经营模式，并实行了分业监管的模式。在这一时期，美国金融市场形成了在联邦政府层面上由多个联邦银行业监管机构、专门的联邦证券和期货监管机构组成的监管机构，以及在州政府层面上的监管机构，分别负责对不同市场和金融机构进行监管，这导致监管难以避免重复或者存在漏洞。这一监管模式也一直延续到现在。

随着经济的长期繁荣，监管层和金融机构对金融监管的态度也发生了改变，认为监管是华尔街发展的障碍。在此背景下，20 世纪 80 年代以来，美国金融市场开始了放松监管的浪潮，逐步取消了银行经营的地域限制，并逐步放松分业经营的限制。1999 年，美国颁布了《1999 年金融服务现代化法案》，正式废除了《格拉斯 - 斯蒂格尔法案》，允许银行控股公司以“金融控股公司”的形式进行横跨银行、证券、保险业的混业经营。该法案的出台宣告了分业经营模式的结束，标志着金融领域去监管化的全面胜利，但并没有使金融市场的分业监管模式发生质的变化。

自 2008 年以来，美国和世界遭遇了自大萧条以来最为严重的金融危机，这也是放松监管和自由金融背景下长期积累的金融风险的大爆发。这次金融危机集中暴露了美国现有金融监管体系的弱点，主要包括：缺乏对系统性风险的监管；“大而不倒”问题突出，道德风险严重，金融机构过度冒险；对金融消费者和投资者保护不足；对大型复杂金融机构监管不力；对规模巨大的场外衍生品市场和影子银行体系缺乏监管。针对这些问题，美国自 2009 年 6 月开始，对金融监管体系进行了自大萧条以来最重大的改革，奥巴马总统于 2010 年 7 月 21 日正式签署了《多德 - 弗兰克华尔街改革与消费者保护法案》（Dodd - Frank Wall Street Reform and Consumer Protection Act，也被称为《金融监管改革法案》或《多德 - 弗兰克法案》，以下均称《多德 - 弗兰克法案》）。该法案对美国金融监管体系进行了大幅度的调整，同时也彻底扭转了金融领域放松监管的趋势，对政府监管和市场自由进行了再平衡。自此，美国金融体系完成了从无监管到有监管，从放松监管到再监管的一个完整轮回。

需要提及的是，涉及场外衍生品市场建设、交易和监管的法律除了上述提到的法律外，还包括《1933 年证券法》《1992 年期货交易惯例法》和《2000 年商品期货现代化法》等相关法律和一些规则报告，这一系列法律法规奠定了场外衍生市场监管的基础。

### （二）场外衍生品市场监管组织体系

从监管组织体系上看，美国场外衍生品的监管主要包括政府外部监管、行业自律监管和市场参与者的内部监管等。

在政府监管部分，主要分为功能型监管和机构型监管两类。其中，功能型监管是监管衍生品和市场本身，以保护投资者和市场的有序运行；机构型监管主要是对衍生品的投资机构进行监管，用以保证金融机构和金融系统的稳健运行。

从对场外衍生品市场和产品的监管看，美国对场外衍生品的监管主要是根据各种衍生品的特质加以区分。如果一个衍生品被认定为证券，那么将会根据《证券法》和《证券交易法》，受到 SEC 监管；如果认定为商品，则根据《商品交易法》，受到 CFTC 监管；如果既不属于商品，也不属于证券，就不受联邦机构监管。所以说，对商品和证券的定义是确定衍生品和市场监管权的关键。

对于场外期权市场而言，商品期货期权、政府证券期货、期货期权和股指期货、期货期权都由 CFTC 管辖；证券期权和外汇期权由 SEC 监管；而互换期权和利率保护协议期权一般不受 CFTC 或者 SEC 的监管。对于场外市场远期交易而言，《商品交易法》排除了 CFTC 对场外远期合约的管辖，同时 CFTC 发布了针对场外远期合约的非期货产品监管豁免的文件。对于场外市场的互换交易而言，在《多德－弗兰克法案》签署之前，由于互换不属于证券，SEC 没有监管权限，又由于互换与期货类似，CFTC 曾发布声明，满足一定条件的互换和互换期权可以免受 CFTC 的监管。

从机构型监管角度看，美国首先关注的是对存款机构的监管。目前，在联邦政府层面主要有五家机构对存款机构进行监管，其中，财政部货币监理署（Office of Comptroller of the Currency，OCC）、联邦储备理事会（Federal Reserve Board of Governors，FRB）、联邦存款保险公司（Federal Deposit Insurance Corporation，FDIC）负责监管商业银行；储蓄机构监理署（Office of Thrift Supervision，OTS）监管储蓄机构；国家信贷管理局（National Credit Union Administration，UCNA）监管信贷联合会。这些监管机构除了 NCUA 外，权限划分得比较模糊并且重复，主要按金融机构市场准入的审批权限进行监管。此外，对证券公司、期货公司和投资银行而言，主要监管者为 SEC 和 CFTC，但是一般而言，除非场外金融衍生品的交易双方都是证券和商品交易的机构，否则 SEC 和 CFTC 不会对场外衍生品或者其交易商进行监管。同时，SEC 和 CFTC 仅对经纪交易商拥有管辖权，并没有权力监管经纪交易商的附属子公司，因此，绝大多数证券公司和期货公司都通过附属子公司进行场外衍生品交易，从而规避 SEC 和 CFTC 的监管。

在行业自律监管部分，主要是一些行业协会进行监管。例如，金融衍生品政策委员会（Derivatives Policy Group，DPG）可以对在 SEC 和 CFTC 注册的期货佣金商的附属子公司所从事的金融衍生品交易进行检查；再如，美国联邦会计准则委员会（Financial Accounting Standard Board，FASB）通过设立指南解决金融衍生品分类带来的会计问题；ISDA 则为场外金融衍生品交易提供了标准定义文件和主协议文件等。

在市场参与者的内部监管方面，参与者被要求满足资本金需求，并需要制定关于交易的风控措施和程序，遵守相关的法律、规则和政策。

### （三）场外衍生品市场监管内容

从监管内容看，美国对场外衍生品市场的监管主要体现在对参与者资本充足性监管、内部控制的监管、市场准入方面的监管、会计要求和信息披露的监管、市场行为的监管和投资者保护的监管等几个方面。其中，涉及资本充足性和市场准入方面的监管尤为重要。

在资本充足性监管方面，通常有两个要求：一是最低资本金要求，二是合理地确定资本与风险的关系。针对最低资本金方面，SEC在1999年规定，场外金融衍生品交易必须持有不少于2 000万美元的净资本以保障良好的资金流动性。此外，《巴塞尔资本协议》也要求银行满足关于资本充足率的规定，要求证券公司使用本国证券法对资本金的规定等。针对风险和资本的关系，要求明确交易当事人的实际可用资本状况以及可能遭受的损失，并鼓励风险控制，促进审慎经营。SEC和CFTC等监管机构要求资本标准以风险为基础，通过适当的调整，促进合理的、合乎要求的风险管理机制和技术发展等。

在市场准入方面的监管主要体现在三个方面：首先，在金融机构准入方面，不同类型金融机构的审批和监管部门不同。例如，全国性的商业银行参与衍生品市场主要是受到OCC的审批和监管，州银行是受到州监管机构的审批，并受FRB或者FDIC的监管；又如，《商品期货现代化法案》以合格的合约参与者（Eligible Contract Participant，ECP）来界定场外市场的参与者资格，从而排除了CFTC对场外衍生品的监管权限。其次，在交易场所的设立监管方面，《商品期货现代化法案》依据产品特征和市场参与者的不同将衍生品交易市场分为三类——制定合约市场、衍生品交易执行设施和豁免市场，并确立了不同的监管要求。其中，豁免市场只能是“合格的合约参与者”，交易产品只能是除证券类合约之外的金融衍生品，除了反欺诈和反垄断条款外，其余监管要求都可以豁免。《商品期货现代化法案》的目的之一就是为场外交易提供更为宽松的环境，稳定场外衍生品的法律地位。最后，在交易产品的设立上，CFTC或者SEC都会在适当的时候禁止或者开放某些类型衍生品的交易。例如，CFTC曾多次禁止和开放了商品期权的交易，又如《期货交易惯例法》规定，只要有利于公共利益，且合约双方都是合适主体（Appropriate Persons，AP），CFTC就可以允许该合约的投资者进行场外交易，并不受《商品交易法》的限制。

## 二、美国《多德-弗兰克法案》在哪些方面进行了完善?

次贷危机爆发后，美国监管机构也一直反思并寻求改革之路。《多德-弗兰克法案》主要从五个方面对美国的监管体制进行了完善。

### （一）调整了监管机构的职责

撤销、合并了一些部门的部分监管权力，协调了不同机构之间的监管职责，增设了由财政部部长牵头、主要监管机构负责人组成的金融稳定监督委员会（Financial Stability Oversight Council，FSOC），负责监测和处理威胁国家金融稳定的系统性风险。

### （二）加强了对金融机构的监管

例如，限制银行自营交易及高风险的衍生品交易，提高银行或者银行控股公司的资本金标准，强化银行与其子公司之间的防火墙，限制高管人员的薪酬，设立新的破产清算机制等。其中，在衍生品交易方面，该法案要求金融机构将农产品互换、能源互换、多数金属互换等风险最大的衍生品交易业务拆分到附属公司，但自身可保留利率互换、外汇互换以及金银互换等业务。

### （三）完善了对金融市场的监管

该法案主要是将资产支持证券市场和场外衍生品市场纳入一致协调的监管中，并要求标准化场外金融衍生品必须在交易所通过第三方清算公司进行交易。

### （四）建立了更加全面的消费者利益保护机制

在美国联邦储备委员会下设立了新的消费者金融保护局，对提供信用卡、抵押贷款和其他贷款等金融产品及服务的金融机构实施监管。

### （五）赋予美联储更大的监管职责，同时美联储也将受到更严格的监管

美国国会下属政府问责局将对美联储向银行发放的紧急贷款、低息贷款以及为执行利率政策进行的公开市场交易等行为进行审计和监督。

与场外衍生品监管有关的规定主要在《多德－弗兰克法案》的第七章，该章也被称为《2010年华尔街透明度和问责法案》（Wall Street Transparency and Accountability Act of 2010）。该章的主要内容以美国参议院农业委员会主席林肯提出的加强对场外衍生品市场监管的法案为基础，对《商品交易法》和《证券交易法》等进行了重要修改，为SEC和CFTC对场外衍生品市场、产品和参与方实施全面监管增加了大量新的授权，提出了一系列新要求。该章在划分场外衍生品属性的基础上，确立了场外衍生品的监管权，并提出了交易的基本准则，主要包括以下几个部分：定义和注册规定，互换推出规则，清算、交易和报告要求，资本金和保证金要求，税收待遇，合规、商业行为准则和利益冲突，仓位限制，资产隔离，海外问题，反欺诈和反市场操纵以及其他方面的规定。

依据该法案第七章的规定，CFTC和SEC有权对互换和证券基准互换进行定义和监管。其中，“互换”被定义为任何以基础金融产品或与金融产品有关事件的发生为基础的协议、合约或交易，包括利率互换、外汇互换、信用违约互换以及商品互换；“证券基准互换”被定义为基于以下基础的协议、合约或交易：（1）一个狭窄基础的证券指数（Narrow－Based Security Index），包括该指数的权益或价值；（2）一个单独

的证券或贷款，包括其任何权益或价值；（3）与狭窄基础的证券指数中的单个证券发行者有关的财务报表、财务状况或金融债务。其中，该法案对狭窄基础的证券指数也下了明确的定义。由此看，一方面，该法案修订了《证券法》和《证券交易法》中关于证券的定义，将证券基准互换包含在证券中。这一修订使得很多原本不受监管的许多业务纳入 SEC 的监管范围。例如，由于贷款被包括在证券基准互换的定义内，某些贷款和贷款份额将受到 SEC 监管。另一方面，股权互换和股指互换被该法案定义为“互换”，从而受到 CFTC 的管辖，即任何在股权互换或股权指数互换方面做市或持有重要仓位的市场参与方都将被 CFTC 而不是 SEC 监管。

通过上述定义，该法案总体上确立了 CFTC 对互换（Swaps）、互换交易商（Swap Dealer）和主要互换参与方的形式上的监管权；SEC 对证券基准互换（Security - Based Swaps）、证券基准互换交易商以及主要证券基准互换参与方行使监管权；CFTC 和 SEC 协商制定混合互换（Mixed Swap）监管规则，共同监管混合互换。在新的监管框架下，互换交易商、证券基准互换交易商、主要互换参与方和主要证券基准互换参与方（合称为“互换市场参与方”）还要受到有关审慎监管机构（包括美联储、FDIC、OCC 等监管机构）、CFTC 或 SEC 规定的资本金和保证金的约束，并遵守有关商业行为准则。此外，该法案还要求 CFTC 和 SEC 以及有关审慎监管机构尽量互相协商、协调，并规定在监管规则出现冲突时，CFTC 和 SEC 可以在华盛顿特区联邦上诉法院挑战对方的规则。

为了提高市场透明度，该法案同时要求互换市场参与方必须在中央交易所或受监管的场所进行交易，并通过受监管的清算所进行清算。具体而言：（1）要求衍生品清算组织和清算所必须分别在 CFTC 和 SEC 注册，同时要求如果清算机构提供互换和证券基准互换的清算服务，且 CFTC 或 SEC 要求该互换或证券基准互换必须清算，那么互换和证券基准互换必须通过受监管的清算机构进行清算；（2）所有必须被清算的互换和证券基准互换都必须在受监管的交易所、交易系统或者交易平台等互换执行机构（SFE）交易，除非没有互换执行机构愿意对该互换或证券基准互换挂牌，或者该证券基准互换符合强制清算要求的需例外规定；（3）CFTC 或 SEC 必须制定互换执行机构的信息披露要求，将有关价格、交易量和其他互换交易数据及时公开披露。该法案还授权 CFTC 和 SEC 这两个监管机构对有关信息披露要求做出具体规定，以有利于市场的价格发现。同时，该法案还要求不参加清算的全部互换和证券基准互换用户（包括其非金融最终用户）须向互换库或 CFTC 报告，并由互换库或 CFTC 公开披露未交割互换的有关数据。在清算要求出台之前达成的互换不必参加清算，但是必须向互换库、CFTC 或 SEC 报告。上述三个要求被形象地称为“三进”要求，即进清算所、进交易所、进登记所。

**延伸阅读**

**美国金融监管改革立法大事记**

2009 年 6 月 17 日，奥巴马政府正式公布全面金融监管改革方案，从金融机构监管、金融市场监管、消费者权益保护、危机处理和国际合作等方面构筑安全防线，期望以此恢复对美国金融体系的信心。

2009 年 12 月 11 日，众议院以 223 票赞成、202 票反对的结果通过了金融监管改革法案。根据该法案，美国金融监管体系将被全面重塑，美联储将成为“超级监管者”，全面加强对大型金融机构的监管。同时，新设消费者金融保护局，赋予其超越目前监管机构的权力。

2010 年 5 月 20 日，参议院以 59 票赞成、39 票反对的结果通过了金融监管改革法案。与众议院版本相比，参议院版本法案在监管措施方面更为严厉。两院需协商统一文本后各自重新进行投票表决。

2010 年 6 月 30 日，众议院以 237 票赞成、192 票反对的结果通过了两院统一版本的金融监管改革法案。

2010 年 7 月 15 日，参议院以 60 票赞成、39 票反对的结果通过了最终版本金融监管改革法案，为该法案最终成为法律清除了最后障碍。

2010 年 7 月 21 日，美国总统奥巴马正式签署了《多德 – 弗兰克华尔街改革与消费者保护法案》(Dodd – Frank Wall Street Reform and Consumer Protection Act)。

## 三、欧洲监管体系的发展历程是怎样的?

### (一) 次贷危机前的欧洲监管体系

在次贷危机之前，针对欧洲金融体系和场外衍生品的监管是比较分散的，欧盟并不存在一个完全统一的金融监管机构，其金融监管的具体职能主要由各个成员国的金融监管机构承担。欧洲理事会和欧洲议会通过立法程序规定欧盟金融监管框架，由欧盟委员会协调各个成员国的金融监管机构负责实施，并通过欧盟建立了多个金融监管委员会，负责对包括银行等信贷机构、证券市场和保险业在内的各个金融部门进行监管。此外，欧洲央行也承担了一部分欧盟金融监管的职能。整体看，其金融监管机构主要由包括金融监管机构和行业协会等自律监管组织组成。

从欧盟设立的金融监管机构看，这些机构主要包括负责监管银行等信贷机构的银行业咨询委员会、欧洲银行监督管理委员会和联络小组，负责监管证券市场的欧洲证券监管委员会、欧洲证券委员会等，负责监管保险业的保险监管者委员会、保险委员会等，以及负责跨部门监管的跨部门监管者圆桌会议和混合技术小组。此外，欧盟各成员国还会在其监管当局或中央银行之间通过签署双边协议或者多边谅解备忘录的形式建立跨国监管的体系和平台。

在行业自律方面，主要包括一些国际性的行业协会，例如ISDA、期货期权协会(FOA)、国际资本市场协会（ICMA）等，以及欧盟各国的行业协会，如BBA等，进行自律监管。

从法律方面看，主要包括2000年通过的“金融服务行动计划（Financial Services Action Plan，FSAP)”和相关的一些指引文件。前者主要是纲领性的文件，目标是加快金融立法现代化，促进欧洲金融市场一体化；而后者由欧盟部长理事会（The Council of Ministers）通过，对特定会员国有约束力，特定会员国通过国内法律程序将指引内容转化为本国国内法。相关的指引文件主要包括投资服务指引（Investment Service Directive，ISD)、金融工具市场指引（MiFID)、抵押品指引，以及包括招股说明书指引、透明度指引和反内幕交易和市场操纵指引在内的一级市场指引等。其中，涉及场外衍生品相关的指引主要是MiFID。该指引主要包括市场准入、金融工具与投资服务的相关规定、交易相关规定、投资者保护以及监管机构的有关规定等方面的内容。

在市场准入方面，MiFID并没有规定市场准入要求，只对投资公司的准入原则进行了规定，其中，投资公司的定义基本涵盖了所有类型的金融机构，也包括中介组织。在金融工具方面，MiFID规定了其监管的金融工具、投资服务和辅助服务的范围，其中，金融工具几乎包括了所有类型的金融衍生品，但是不通过被监管市场或MTF交易以及不通过清算所清算、以实物结算的商品挂钩的衍生品合约不在此列当中。

由此可见，次贷危机前，欧洲并没有统一的监管机构和法律，主要是在欧盟的法规和相关委员会的指引下，各国独立监管或者合作监管。这种过度宽松的监管环境导致了过度的金融自由化，并使得欧洲金融机构在次贷危机中几乎瘫痪，进而催生了新的欧盟金融监管体系。

### （二）新的欧洲金融监管框架

2010年9月22日，欧洲议会投票通过了《欧洲金融监管改革法案》，并于2011年启动了这项法案，针对金融危机暴露出来的监管弱点，欧洲对现有金融监管体制进行了大刀阔斧的改革。它标志着成员国部分金融监管权限开始向欧盟转移，这一新体系为不同国家金融监管机构的合作开创了先例，是对金融过度自由化的一种矫正。

新的欧洲金融监管框架由一个设立于欧洲中央银行下的欧洲系统风险委员会

（European Systemic Risk Board，ESRB）和三个欧洲监管署（European Supervisory Authorities，ESAs）构成。前者负责金融稳定和宏观审慎监管，关注系统性风险的早期预警并提出应对建议；后者是分别以伦敦为基地的欧洲银行署（EBA）、以法兰克福为基地的欧洲保险和职业年金管理署（EIOPA）和以巴黎为基地的欧洲证券和市场管理署（ESMA），它们设立于欧洲中央银行下，取代了原有的三个监管委员会，互相协调，并与各国监管机构配合，从事机构层面上的微观审慎监管并履行金融消费者保护的职责。新的ESAs网络将各国的监管与欧洲层面上的协调相结合，以促进欧洲监管的统一。

新的ESAs并不是要取代各国监管机构，而是要与各国监管当局协调配合，并在涉及跨国监管、统一标准、解决争议、执行欧盟法律和处理紧急情况时发挥主导作用。值得注意的是，为解决这一跨国监管体制的有效性问题，ESAs不仅有权对不同国家监管机构之间的争端进行调解，而且可以在有关国家不能达成共识的时候对有关金融机构直接采取监管措施。此外，ESAs可以主动行使调节权，而不必等待争议相关方请求。在监管各国监管机构执行欧盟法律时，如发现不当之处，ESAs有权向有关国家监管机构发出指令；若仍未得到遵守，则有权直接命令违法的金融机构采取纠正行动。

ESAs的核心职责是保护投资者。为保护投资者利益，ESAs有权对金融机构、金融产品或金融业务（如"裸卖空"）展开调查，评估风险，并在必要时发布警告。在获得具体法律授权时，ESAs可以暂时禁止或限制有害的金融业务或产品，并可建议欧盟委员会进行相关立法以永久性地禁止或限制有害业务或产品。

此外，欧盟在制度设计上为欧洲监管框架保留了今后进一步成长的弹性和空间。例如，规定欧盟委员会必须随着市场的发展，每三年向欧洲议会汇报是否有必要将三个欧洲监管机构合为一家，以及ESAs是否应被赋予更多的监管权。

总体上，欧洲在金融监管一体化方面取得了实质性进展，在解决经济金融一体化与监管国别化的矛盾方面迈出了重要一步。但是，这一区域监管构架能否克服各种监管冲突和协调欧盟内部矛盾达到一致，其有效性还有待实践检验。比如，在要求成员国出资资助银行等极端情况下，成员国政府仍可以以财政主权为由挑战新的欧洲监管机构的决定，并由成员国财务部部长会议做出最后的裁决。这将损害监管的实效性。此外，目前ESAs对金融产品的监管仅限于已经被监管的产品，额外的监管需要新的法律授权，这也可能会留下监管漏洞。

## 四、《场外衍生品、中央对手方和交易存管机构条例》的规定有哪些？

次贷危机后，欧洲各国监管者和投资者开始重视场外衍生品交易，并出台了一系列条例规范场外衍生品的交易和清算。2012 年 6 月 4 日，《场外衍生品、中央对手方和交易存管机构条例》（Regulation on OTC Derivatives，Central Counterparties and Trade Repositories）被欧盟采纳，并于 2012 年 8 月 16 日强制实施。该条例也被称为《欧洲市场基础设施监管条例》（European Market Infrastructure Regulation，EMIR），是金融危机后欧盟委员会为了加强场外衍生品交易的监管而推出的，它建立了中央对手方清算制度和交易记录库的监管条例。

欧盟委员会通过该条例的目的是为了改变金融危机之前对场外衍生品交易监管过松的状态。在 EMIR 下，主要的义务包括：（1）为某些场外衍生品建立专门的中央清算中心；（2）对不在中央清算中心清算的衍生品提出必要的风险缓释要求，如预留足够的资本金等；（3）报告交易头寸；（4）对中央对手方提出相关规定，包括严格的组织，商业管理和审慎要求；（5）对交易存托机构提出相关规定，包括提供市场相关数据，并向公众和相关监管当局公布。

从整体看，一方面 EMIR 要求所有欧洲衍生品交易商都需要通过交易存托机构报告其相关信息；另一方面，该条例也要求标准的衍生品合约必须通过中央对手方进行清算，并对这些中央对手方及其协调制度都提出了基本要求，如建立严格的组织、商业管理和审慎要求。通过建立中央对手方集中清算制度来减少信用风险和操作风险，这样的做法极大地增加了金融的稳定性和安全性，以避免某个金融公司的破产引发其他公司接连破产的连锁反应。这种市场衍生品交易的报告要求和合规场外衍生品的清算义务要求，使场外监管机构可以非常方便地通过中央对手方对交易记录库的交易报告和存托机构的头寸报告得到场外衍生品交易的具体情况，以便监管当局了解市场的全貌，制定相关的政策。

根据 EMIR 的内容，欧盟要求最晚在 2012 年末所有的标准化场外衍生品合约都应该通过交易所或者电子交易平台达成交易，并通过中央对手方来进行清算，将交易信息报告给交易记录库。同时，EMIR 也要求建立新的技术标准规则或者对现行的技术标准进行改进，只有这些技术标准开始实施后，EMIR 才能真正起作用。2012 年 12 月 19 日，欧盟委员会已经通过了 9 个相应的技术标准。这 9 个被采纳的技术标准与强制清算和交易报告的要求相一致，涉及对中央对手方的要求、对交易者报告交易存管机构的要求和交易存管机构报告相关市场信息的要求。欧盟议会和欧盟理事会于 2013 年 2 月 19 日通过了该技术标准，场外衍生品的技术标准于 2013 年 3 月 15 日开始起作用。

## 五、新的监管法案对全球场外衍生品市场的影响有哪些？

EMIR 以增强透明度、减少对手方信用风险和操作风险为目标，引入了场外衍生品的报告义务、合格场外衍生品的清算义务、双边清算的场外衍生品对手方信用与操作风险的缓释措施、中央对手方和交易数据存管机构的一般性规定，以及中央对手方之间的互操作性等规定。

美国《多德-弗兰克法案》为监管场外衍生品扫除了障碍，并要求场外衍生品市场参与方必须在中央交易所或受监管的场所进行交易，须通过受监管的清算所进行清算。

美欧的这些改革都顺应了G20峰会的要求，即“所有标准化的场外衍生品均应通过中央对手方清算，所有的场外衍生品合约均应向交易存管机构报告”。这一系列监管法规的出台必然会对整个场外衍生品市场产生重大影响。

首先，场外衍生品随着清算统一化、场内化的进行，市场运行会更加健康有序。在场外衍生品交易中，对手的信用风险是市场参与者所面对的主要风险。由于场外衍生品合约所涉及的利率、汇率等价格因素和交易对手经营状况等因素会在交易过程中不断变化，当交易对手不能履行或不能全部履行合约的承诺时，可能会给参与者带来巨大的经济损失。对场外衍生品进行场内清算，将交易所或清算组织作为中央对手方充当交易中买方的卖方和卖方的买方，能保证交易的顺利进行。通过对中央对手方提出一般性风险管理的规定，并通过保证金、抵押品、净额结算等措施，能够有效地保证交易中合约更替和担保交收的安全，从而降低了整个场外衍生品市场的信用风险，市场运行更加平稳。

其次，监管更强调交易方的资本充足率和低杠杆率，使高杠杆的场外衍生品逐渐退出市场，更容易发挥场外衍生品的基础市场功能。次贷危机前，监管层允许金融机构在没有充足资本保证的情况下，可以销售针对某些风险的保护产品，因而大量银行、对冲基金、保险等机构买卖杠杆比例较高，设计的信用衍生品又比较复杂，直接导致银行的资本充足率不足，使用杠杆过高。次贷危机后，美国金融监管机构要求场外衍生品交易商和参与方资本金要满足一定的交易保证金要求，并要求对不采取标准合同、不通过中央交易对手进行结算的衍生品交易有更为严格的资本金保护。这些措施使场外衍生品市场将不再是冒险者的天堂，更容易发挥场外衍生品的基础功能。

最后，随着场外衍生品市场的透明度的上升，市场运行会更加平稳。在次贷危机之前，场外衍生品市场的不透明性使得投资者看不清市场巨大的风险积累，监管者、评级机构也因为无数据可查，无法把握整个市场的系统性风险。尤其是场外衍生品可以被不断包装或者再包装，因此所有市场参与者都没有采取足够的审慎态度来对待反复增加的风险。一旦发生金融危机，市场参与者只能估计或者猜测各自的风险暴露程度，使场外衍生品成为“有毒资产”。随着监管对市场透明度的要求，交易者被要求报告其持有头寸，通过中央交易对手方进行结算，并向投资者和监管部门公开。这些措施和要求都是为了让监管者和投资者可以在第一时间内了解到场外衍生品市场的动态，防范可能出现的系统性风险。

## 六、其他主要市场场外衍生品监管体系是怎样的?

次贷危机以来，各个国家和地区监管当局和金融机构都对场外衍生品市场高度关注。在G20的主导下，各个国家和地区都对场外衍生品监管进行了相关改革，这里介绍一下新加坡和中国香港的场外衍生品市场的监管。

### (一) 新加坡场外衍生品市场的监管

新加坡金融市场，尤其是其离岸金融市场在亚洲乃至世界金融市场中都占据重要的地位。新加坡的金融业高度开放，金融市场监管的模式也比较特别。总体看，新加坡对金融业的监管采用中央银行统一管理、行业进行自律管理的模式进行，其监管部门主要为新加坡金融管理局，监管范围包括银行、证券和保险业在内的所有金融行业和机构。

新加坡金融管理局（MAS）是新加坡的中央银行，成立于1971年1月1日，依据《新加坡金融管理局法案》监管金融服务部门。最初，新加坡金融管理局仅负责监管银行业及其相关部门，1977年4月和1984年9月开始监管保险和证券行业。目前，新加坡金融管理局已成为一个全能型监管机构，管理与金融业相关的一般行业和部门。除了监管权力外，新加坡金融管理局还负责货币发行、货币政策的制定、监管支付结算系统、外汇储备的管理等，维护整个金融市场的稳定，维持新加坡国际金融中心的地位。尽管新加坡监管体系比较特别，由央行统管，不同于世界上绝大多数国家，但其运行得非常成功。

新加坡金融管理局依据不同的职责和工作内容，下设不同的小组，小组中又下设不同的部门负责具体的工作，此外还包括部长办公室和一些委员会。其中，金融市场监管小组主要包括银行保险组、资本市场组和政策、风险与监督组；银行保险组又分为银行部Ⅰ、Ⅱ、Ⅲ部和保险部，负责监管不同类别的银行和保险公司，维护银行和保险行业的稳定发展。资本市场组包括资本市场部、资本市场中介机构部和投资中介机构部，负责监管证券市场中的相关部门、机构和交易，维护资本市场的稳定。政策、风险与监督组包括宏观监督部、审慎政策部和特殊风险部，从宏观的方面制定相关方针和政策。这些部门相互协调，共同维护新加坡金融市场的稳定。

在场外衍生品监管方面，新加坡金融管理局主要以《证券期货法》为基础，相关的行业法规，如《银行法》《保险法》《商业信托法》《财务顾问法》等为辅助，负责监管市场准入和市场运行。目前，新加坡金融管理局对场外衍生品的监管仅局限在场外金融衍生品的范畴，场外商品衍生品主要是由新加坡贸工部下属的新加坡国际企业发展局（IES）在《商品交易法》授权下进行监管。但是，近几年，这种监管部门按交易标的划分的情况正在逐渐发生改变，即所有的场内外衍生品市场均由新加坡金融管理局统一管理。首先，在2008年2月27日，为了使商品期货合约与其他金融期货合约在一个监管体系内，并由新加坡金融管理局统一颁发经营执照，新加坡政府通过修改相关法律，将商品期货合约、相关中介机构、投资顾问、清算所及整个商品期货市场等的监管权由国际企业发展局让渡给金融管理局；其次，为了更好地促进不同场外衍生品监管方案协同作用的良好发挥，保证参与者参与商品衍生品的透明度，新加坡金融管理局和国际企业发展局在2012年2月联合发布了关于将所有商品衍生品的监管权由国际企业发展局让渡给新加坡金融管理局的咨询文件。

2012年以来，新加坡金融管理局还对场外衍生品的金融市场基础设施（FMI）的监管进行了一系列改革，主要涉及清算、结算和支付、证券、衍生品和其他金融交易的记录等，以增加场外衍生品市场的透明度，保证金融市场的安全和效率。改革主要依据国际支付结算体系委员会（CPSS）和国际证监会组织（IOSCO）于2012年4月提出的金融市场基础设施原则（PFMI）。2012年2月，新加坡金融管理局就扩大《证券期货法》规定的场外衍生品市场监管范围发布了咨询文件，内容主要包括授权特定场外衍生品的清算和报告中心，深化场外衍生品关于市场运营商、清算设施和资本市场中介机构的改革，引入对交易数据库的新的监管制度等。同年5月和8月，发布了与清算设施和交易数据库等相关法规的更改草案的咨询文件。经过相关讨论和修改后于2012年11月得到了国会的批准。相关法案被称为《证券和期货（增补）法案2012》[SF（A）ACT 2012]。2013年1月，新加坡金融管理局再次针对交易数据库和清算设施发布了咨询文件，在SF（A）ACT 2012的框架下，依据PFMI发布新的条例，即《2013年证券和期货（交易数据库）条例》[SF（TR）R]和《2013年证券和期货（清算设施）条例》[SF（CF）R]。前者涉及许可的交易数据库（LTR）和许可的外国交易数据库（LFTR），后者涉及认可的清算所（ACH）和注册的清算所（RCH）。

依据2013年1月新加坡金融管理局发布的《新加坡金融市场基础设施监管》文件，新加坡资本市场的基础设施主要包括中央存托有限公司（CDP）、新加坡外汇衍生品清算有限公司（SGX－DC）和新加坡商品交易所清算公司（SMXCC）。其中，CDP主要作为与股票和债券交易相关的中央对手方，并为其提供相关的清算和结算服务；SMXCC主要为在新加坡商品交易所交易的商品期货合约提供清算和结算服务；SGX－DC主要为在新加坡衍生品交易所交易的利率、股指、红利指数、商品期货和期权提供清算和结算服务。同时，场外商品和金融衍生品的清算也主要由SGX－DC提供，相关品种主要包括原油互换、煤互换、远期运费协议、利率互换和无本金交割的外汇远期合约等。

### （二）中国香港场外衍生品市场的监管

中国香港在国际金融市场中占有重要地位。中国香港在积极发展金融市场的同时，不断借鉴国际经验，探索与建立了一套具有特色的监管体制。总体看，中国香港的金融市场体系和监管体系与美国有些类似，实行的基本是混业经营、分业监管，其金融业的监管构架主要分为政府、监管机构、行业自律协会三个层次。其中，监管机构在监管中处于最为重要的地位，不仅涉及日常的事物监管，而且会制定相关的政策和要求。主要的监管机构是负责监管银行业和整个金融市场基建的中国香港金融管理局（金管局），负责监管证券期货行业的是证券及期货事务监察委员会（证监会），负责监管保险业的是保险业监理处（保监处，属于财政司下财经事务及库务局管辖），负责管理强制性公积金和职业退休计划的是强制性公积金计划管理局。政府作为第一个层次，不涉及日常事务监管，主要依据中国香港《基本法》第 109 条，专注于提供适当的经济和法律环境，以保持市场公平、透明和有序，维持中国香港国际金融中心的地位。作为第三层次，行业自律协会主要承担自我管理的角色，并执行某些公共职能，如风险管理及市场监管等，其中，证券行业的自律协会主要由香港联合交易所、香港商品交易所和相应的结算机构组成。

整体看，中国香港金融监管制度的特点主要体现在三个方面：一是中国香港以法律制度为中心的管理体系。以法律为根本手段，中国香港政府和监管部门通过修正已不合时宜的金融法律和规定，制定适应市场情况的监管规则，为中国香港金融业提供一个规范的环境。二是科学合理的监管组织架构。与美国分行业、地区的复杂管理构架相比，这种相对简洁的管理构架既保证了市场监管的全面，又保证了监管分工的合理与有效。三是在完善市场环境中的自律行为。这种自律行为的有效运作一方面依靠市场规则的不断完善与有效施行，另一方面有利于激烈的竞争中行业的长期发展。此外，中国香港金融市场监管还非常注重国际合作，注重信息披露与透明制度，重视对投资者和社会公众的教育。

场外衍生品市场主要是接受中国香港证监会和金管局的联合监管。中国香港证监会于 1989 年成立，属于独立的法定机构，依据《证券及期货事务监察委员会条例》和《证券及期货条例》监管香港地区的证券和期货市场的运作，确保市场有序，使投资者利益得到保障。其中，《证券及期货条例》在 2002 年 3 月 13 日通过成为法例，并于 2003 年 4 月生效，它整合并革新了过去监管证券和期货市场的 10 条现行法例，在多个方面都有比较重大的改善。金管局由外汇基金管理局与银行业监理处于 1993 年合并成立，主要负责维持货币稳定、监管银行业、进行外汇管理、保证金融市场稳定等，向财政司司长负责，属于兼具货币政策制定和金融市场监管为一体的中央银行。

从对场外衍生品市场基建部分的监管看，金管局负责监察的金融市场基建包括

《结算及交收系统条例》下指定的系统，以及由金管局成立和运作的交易资料储存库；证监会负责监察的金融市场基建则为《证券及期货条例》下认可的结算所。通过证监会和金管局的联合监管和相互配合，中国香港建立了场外衍生品市场健全有效的监管体系，保证了场外衍生品交易的公正性、合法性和透明性。

在次贷危机后，为了提高场外市场的透明度，减少交易对手风险，中国香港金管局和证监会针对场外衍生品市场推出了改革方案，主要包括法律的完善和市场操作的规定等两个方面。

从法律的完善看，中国香港对场外衍生工具的监管并没有确定的法律，尤其是《证券及期货条例》中没有规定场外衍生品的范畴。对此，监管部门依据《证券及期货条例》第392条做出了临时性的法例修订——《2012年证券及期货（期货合约）公告》（第392条公告）。该公告实际上将场外衍生交易在若干限度下视为期货合约，其整体效果是将《证券及期货条例》的适用范围扩大，涵盖了通过认可的结算所结算和变更以及受认可的交易所的规章约束的场外衍生工具。

从市场操作的规定看，主要包括投资者需向交易资料储存库汇报所有场外衍生品交易，并规定所有标准化场外衍生品交易都要经中央交易对手结算所结算。其中，交易资料储存库是保存场外衍生工具交易历史记录的中央电子数据库，其提供的服务包括交易汇报服务和交易配对与确认服务，其功能是收集并保证数据质量，并向监管机构提供场外衍生工具交易的数据，这有助于提高市场的透明度及标准化程度，维持金融市场稳定。金管局场外衍生工具交易资料债务工具中央结算系统（CMU）之下设立香港储存库，并与香港交易及结算所有限公司（属于香港交易所）推出的场外衍生工具中央交易对手结算所建立联网，使符合资格的交易能传送至中央交易对手结算所进行中央结算。

从整体来看，依据现行法律和有关规定，中国香港监管机构要求任何机构或个人在使用香港储存库服务前，必须加入香港储存库，成为CMU储存库成员，并要求遵守强制汇报规定的机构或个人必须使用香港储存库的交易报告服务，向香港储存库汇报，但没有要求遵守强制结算规定的机构或个人必须使用香港储存库的服务，来配对及确认必须进行强制结算的交易。

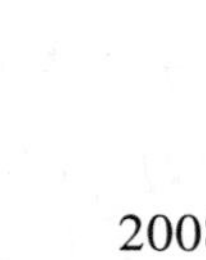

**延伸阅读**

**香港场外衍生工具资料储存库**

2008年的全球金融危机触发国际社会采取行动，针对场外衍生工具市场的各个范畴推出改革方案，以提高市场的透明度及降低涉及的交易对手风险。国际监管机构所采取的改革措施包括规定向交易资料储存库（储存库）汇报所有场外衍生工具交易，以及所有标准化场外衍生工具交易都要经中央交易对手结算所结算。

香港场外衍生工具交易资料储存库是保存场外衍生工具交易记录的中央电子资料库，收集并向监管机构提供场外衍生工具交易的资料，为监管机构履行监察市场的职责提供重要支援，有助于维持金融稳定。储存库亦有助提高市场的透明度，促进市场标准化，并在一定程度上保障交易资料的质素和可获取性。

金管局与政府以及证券及期货事务监察委员会，在《证券及期货条例》之下制定场外衍生工具市场的监管制度（场外衍生工具监管制度），其中包括向香港储存库汇报指定场外衍生工具交易及经指定中央交易对手结算所结算指定交易的强制规定。

金管局于2013年8月引入暂行汇报安排，规定持牌银行须向金管局所设的储存库汇报其与其他持牌银行进行的场外衍生工具交易。立法会于2014年3月26日颁布《2014年证券及期货（修订）条例》，订立香港场外衍生工具市场的监管框架。《证券及期货（场外衍生工具交易——汇报及备存纪录责任）规则》（即《汇报规则》）已分两阶段生效，于2015年7月10日开始的第一阶段汇报，引入某些掉期息率及不交收远期交易的强制性汇报，暂行汇报规定于《汇报规则》生效时停止。扩大强制性汇报，又称第二阶段汇报，已于2017年7月1日起实施，所有五个主要资产类别（即利率、外汇、股票、信贷和商品）的场外衍生工具均被涵盖。

## 七、我国场外衍生品市场有哪些监管政策和自律规则？

我国已形成两个主要的场外衍生品市场：银行间市场和机构间市场。银行间场外衍生品市场主要包括以利率、外汇和信用为标的的金融衍生品市场。机构间场外衍生品市场可以划分为权益类衍生品市场和商品类衍生品市场。从交易规模上看，银行间场外衍生品市场占主导，机构间场外衍生品市场交易起步较晚，规模较小，发展空间较大。

### （一）监管体系

在“分业经营、分业监管”的体系下，我国目前尚未制定场外衍生品市场统一法律法规体系，各种监管规则散落于中国银保监会、中国证监会和三个行业协会所制定的部门规章和规范性文件中。现有场外衍生品市场监管规则通常是针对特定一个产品或业务制定的。

在汇率类场外衍生品的监管中，外汇远期、人民币外汇利率互换和人民币外汇货币互换的推出都由中国人民银行发布相关通知，但人民币对外汇期权的相关规定则由外汇管理局发布。相关的监管制度文件包括《远期结售汇业务暂行管理办法》《关于扩大外汇指定银行对客户远期结售汇业务和开办人民币与外币掉期业务有关问题的通知》以及《关于人民币对外汇期权交易有关问题的通知》等。

在利率类场外衍生品监管方面，我国2005年起才陆续交易利率类场外衍生品。2005年，中国人民银行发布了《全国银行间债券市场债券远期交易管理规定》，并配套印发了交易主协议、交易规则和结算规则，明确了债券远期交易的相关监管政策体系。2006年，中国人民银行发布了《关于开展人民币利率互换交易试点有关事宜的通知》；2008年则发布了《关于开展人民币利率互换业务有关事宜的通知》，宣布正式开展人民币利率互换业务，参与机构扩展到所有银行间债券市场参与者。

在权益类和商品类场外衍生品方面则以自律性规则为主。2013年中国证券业协会发布了《证券公司金融衍生品柜台业务规范》以及配套的风险管理指引、SAC主协议和补充协议等规范文件，使证券公司开始积极参与机构间场外衍生品市场的交易。2012年中国期货业协会发布《期货公司设立子公司开展以风险管理为主的业务试点工作指引》，促进期货公司积极开展大宗商品类场外衍生品业务；而2019年2月发布的《期货公司风险管理公司业务试点指引》及配套文件则明确了期货公司开展场外衍生品业务的基本规范。期间发布了一系列涉及投资者适当性、业务备案、业务范围和业务资格等方面的指导性文件。

### （二）行为监管

在中央对手方结算方面，我国的上海清算所是初步的尝试。上海清算所是我国场外衍生品进行中央对手方集中结算的平台和系统，主要开展人民币利率互换、外汇远期、外汇掉期、人民币远期运费协议等场外衍生品的中央对手结算业务。相关的规范文件包括《人民币利率互换清算业务规则》和《人民币远期运费协议中央对手清算业务规则》等。目前，上海清算所承担的集中结算业务较为有限，但是其风险管理基本模式采用国际流行的瀑布式风险防范结构，是比较先进的模式。

在履约法律制度方面，基于我国银行间场外衍生品市场与机构间场外衍生品市场分受不同的监管机构进行监管，所以各自采用各自的交易主协议作为场外衍生品交易的法律框架，但是二者在基本框架上是相近的。其中，中国银行间市场交易商协会（NAFMII）作为银行间市场的自律组织首次将ISDA主协议引入中国，其在2007年制定了《中国银行间市场金融衍生品交易主协议》。2009年3月16日，中国人民银行和国家外汇管理局同意中国银行间市场交易商协会发布新的《中国银行间市场金融衍生品交易主协议》，简称为NAFMII主协议。2013年3月，中国证券业协会发布了《中国证券市场金融衍生品交易主协议（2013 年版）》及补充协议。2014 年 8 月，随着期货公司的场外衍生品业务试点的推开，为解决跨行业进行场外衍生品交易的问题，中国证券业协会、中国期货业协会、中国证券投资基金业协会在《中国证券市场金融衍生品交易主协议（2013 年版）》的基础上，联合制定发布了《中国证券期货市场场外衍生品交易主协议（2014 年版）》及补充协议。2018 年 12 月，中国证券业协会、中国期货业协会、中国证券投资基金业协会将《中国证券期货市场场外衍生品交易主协议（2014 年版）》的名称修改为《中国证券期货市场衍生品交易主协议》（简称“SAC 主协议”）。

在信息报告和交易报告库制度方面，现阶段我国金融统计与监管模式有密切联系，采用中国人民银行、中国银保监会、中国证监会和外汇管理局分业统计，各有侧重，但各机构的统计之间缺乏统一标准，尚未形成协调一致的金融信息共享体系。相关的法律文件包括原银监会 2011 年修订发布的《金融机构衍生产品交易业务管理暂行办法》，国资委 2009 年发布的《关于进一步加强中央企业金融衍生品业务监管的通知》，中国银行间交易商协会 2009 年发布的《银行间市场金融衍生产品交易内部风险管理指引》、NAFMII 主协议及相关配套文件，中国证券业协会 2015 年发布的《场外证券业务备案管理办法》，2017 年发布的《关于加强场外衍生品业务自律管理的通知》，以及中国期货业协会 2019 年发布的《期货公司风险管理公司业务试点指引》等。

在投资者适当性规则方面，原银监会 2011 年修订了《金融机构衍生产品交易业务管理暂行办法》明确规定，银行类金融机构应当制定评估交易对手适当性的相关政策，完善客户适合度评估制度，建立客户的信用评级制度等。中国证监会在 2016 年发布了《证券期货投资者适当性管理办法》，规定向投资者销售证券期货产品或者提供证券期货服务的机构在销售产品或者提供服务的过程中，应勤勉尽责，审慎履职，全面了解投资者情况，深入调查分析产品或者服务信息，科学有效评估，充分揭示风险，基于投资者的不同风险承受能力以及产品或者服务的不同风险等级等因素，提出明确的适当性匹配意见，将适当的产品或者服务销售或者提供给适合的投资者，并对违法违规行为承担法律责任。具体到场外衍生品业务，中国期货业协会于 2017 年发出《关于加强风险管理公司场外衍生品业务适当性管理的通知》，明确风险管理公司不得与自然人客户开展场外衍生品交易业务。中国证监会则在 2018 年叫停了期货公司风险管理子公司与私募基金开展的场外期权业务，并在当年发布的《关于进一步加强证券公司场外期权业务监管的通知》《关于进一步加强证券公司场外期权业务自律管理的通知》中大幅提高准入门槛，要求对交易商实行分级管理，要求设立场内对冲专门账户，加强投资者适当性管理。

# 参考文献


1. 巴曙松:《2010 年全球金融衍生品市场发展报告》,北京大学出版社 2010 年版。

2. 高峦主编:《中国场外交易市场发展报告(2010~2011)》,社会科学文献出版社。

3. 劳伦特·雅克著,刘镇夷译:《滥用之灾:该死的金融衍生品》,北京大学出版社 2012 年版。

4. 约翰·C. 赫尔著,王勇、索吾林译:《期权、期货及其他衍生产品(原书第 8 版)》,机械工业出版社 2011 年版。

5. 弗兰克·J. 法博齐(Frank J. Fabozzi)、弗兰科·莫迪利亚尼(Franco Modigliani)、弗兰克·J. 琼斯(Frank J. Jones),孔爱国、胡畏、张湄等译:《金融市场与金融机构基础》,机械工业出版社 2011 年版。

6. 程国荣:《利率衍生性商品》,1994 年版。

7. 赵美贞:"人民币对外汇期权业务发展现状及对策建议"。

8. 范希文、孙建:《信用衍生品理论与实务——金融创新中的机遇与挑战》,中国经济出版社 2010 年版。

9. 瑟维吉尼、雷荣特著,潘永泉等译:《信用风险度量与管理》,机械工业出版社 2012 年版。

10. 安德鲁·卡萨皮斯著:《精通信用衍生品》,人民邮电出版社 2012 年版。

11. 李志斌:《后危机时代的金融衍生品市场监管——基于美国〈金融监管改革法案〉的思考》,中国金融出版社 2012 年版。

12. "场外金融衍生产品市场监管问题研究"课题组:《场外金融衍生产品市场监管国际经验与中国实践》,中国金融出版社 2009 年版。

13. 虞立戎:《航空公司在纸货市场上的套期保值交易策略》,东航期货。

14. 陈晔:《铁矿石掉期的风险分析》,上海期货交易所博士后科研工作站。

15. 陈小龙、范芳芳、蒋林:《浅析 FFA 的应用对我国航运业发展启示》。

16. 陈蓉、郑振龙:"各国 NDF 市场比较与借鉴",《国际金融研究》2008 年第 9 期。

17. 苏瑞什·M. 桑德瑞森著,龙永红等译:《固定收益证券市场以及衍生产品(第二版)》,中国人民大学出版社 2006 年版。

18. 法博齐编著,任若恩、李焰等译:《固定收益证券手册(第六版)》,中国人民大学出版社 2005 年版。

19. 姚长辉：《固定收益证券——定价与利率风险管理（第二版）》，北京大学出版社 2013 年版。

20. 郭志辉：《人民币利率互换套利交易研究》，博士论文。

21. 中国银行间市场利率衍生产品交易定义文件（2012 年版）。

22. 郭伟杰："借鉴境外发展经验　完善我国互换市场"，《期货日报》，2012 年 12 月 27 日。

23. 赵宇华：《资产证券化原理与实务》，中国人民大学出版社 2007 年版。

24. 《中国外汇交易中心产品指引（外汇市场）》，2011 年 4 月。

25. 王珊珊：《远期利率协议》。

26. 郭伟杰："境外 OTC 衍生品市场的双边清算模式"，《期货日报》，2013 年 1 月 22 日。

27. Derivative Usage Survey ISDA April 23, 2009.

28. JPMORGANE QUITYDERIVATIVES STRATEGY, J. P. Morgan Securities Inc. 2004. 04.

29. OTC Derivatives Market Analysis Mid - Year 2012, ISDA, 2012, 12.

30. Over - the - counter interest rate options. Richhild Moessner of the Bank's Gilt - edged and Money Markets Division.

31. The Informational Content of Over - The - Counter Currency Options. European Central Bank. 2004. 06.

32. OTC derivatives: A new market infrastructure is taking shape, Deutsche Bank Research 2010, 4, 28.

33. 《OTC Derivatives Market Analysis, Mid - Year 2012》, ISDA.

34. 《Mortgage - Backed Securities, Products, Structuring, and Analytical Techniques》, FRANK J. FABOZZI.

35. 《Guide to Mortgage——Backed and Asset——Backed Securities》, Salomon Smith Barney.

# 后　记

新版《金融衍生品系列丛书》适合于对金融衍生品感兴趣的投资者阅读，同时也可作为期货业内及相关领域从业人员的专业参考书使用。

新版《金融衍生品系列丛书》是在第一版丛书的基础上修订而来的。本次修订承继了第一版丛书的特点与体例，仍采用问答形式，并通过“小贴士”“延伸阅读”等内容增加信息量，提高阅读的趣味性、可读性、通俗性。另外，在内容上将《股指期货》纳入丛书体系。本次修订在第一版的基础上增加了新的金融衍生品品种的介绍，选取了新的金融衍生品实操案例，也更新了各种数据，以便更加符合金融衍生品市场发展现状。

与证券、债券等金融工具相比，期货作为风险管理工具，专业性更强，杠杆率更高，风险更大，这在客观上要求投资者具备更专业的投资知识、经济实力以及风险承受能力。

“期市有风险，入市需谨慎!”

作为《金融衍生品系列丛书》之一，本书由中国期货业协会组织编写，中国期货业协会原副会长李强负责拟定大纲并修改定稿。参加本书的编纂人员有马刚、粟坤全、周博，同时还要感谢本书第一版编写人员崔伟、杨冰笋、陈颖、王荆杰对本书的贡献。

因编写水平有限，书中难免存在错误与不足，敬请业内人士与广大投资者批评指正。

**《金融衍生品系列丛书》编委会**

2020 年 3 月